U0021632

在承認與平等之間

思想視角下的「馬華問題」

許德發 By KHOR TEIK HUAT

BETWEEN RECOGNITION
AND EQUALITY

"Malaysian Chinese Problems" from the Perspective of Thoughts

浮羅人文

高嘉謙｜主編

時報文化出版企業股份有限公司　編輯委員會

王德威（召集人）

王智明、李有成、李孝悌、李毓中、沈　冬、林啟屏

胡曉真、高嘉謙、梅家玲、黃冠閔、鄭毓瑜、蕭阿勤

人文・學術・思想

目次

第十章　代結論：國家權力邊緣下的馬華文化記憶傳承與文化再生產問題

附錄：評論

「浮羅人文書系」編輯前言

高嘉謙

　　島嶼，相對於大陸是邊緣或邊陲，這是地理學視野下的認知。但從人文地理和地緣政治而言，島嶼自然可以是中心，一個帶有意義的「地方」（place），或現象學意義上的「場所」（site），展示其存在位置及主體性。從島嶼往外跨足，由近海到遠洋，面向淺灘、海灣、海峽，或礁島、群島、半島，點與點的鏈接，帶我們跨入廣袤和不同的海陸區域、季風地帶。但回看島嶼方位，我們探問的是一種攸關存在、感知、生活的立足點和視點，一種從島嶼外延的追尋。

　　臺灣孤懸中國大陸南方海角一隅，北邊有琉球、日本，南方則是菲律賓群島。臺灣有漢人與漢文化的播遷、繼承與新創，然而同時作為南島文化圈的一環，臺灣可辨識存在過的南島語就有二十八種之多，在語言學和人類學家眼中，臺灣甚至是南島語族的原鄉。這說明自古早時期，臺灣島的外延意義，不始於大航海時代荷蘭和西班牙的短暫佔領，以及明鄭時期接軌日本、中國和東南亞的海上貿易圈，而有更早南島語族的跨海遷徙。這是一種移動的世界觀，在模糊的疆界和邊域裡遷徙、游移。透過歷史的縱深，自我觀照，探索外邊的文化與知識創造，形塑了值得我們重新省思的島嶼精神。

　　在南島語系裡，馬來—玻里尼西亞語族（Proto-Malayo-Polynesian）稱呼島嶼有一組相近的名稱。馬來語稱pulau，印尼

爪哇的巽他族（Sundanese）稱pulo，菲律賓呂宋島使用的他加祿語（Tagalog）也稱pulo，菲律賓的伊洛卡諾語（Ilocano）則稱puro。這些詞彙都可以音譯為中文的「浮羅」一詞。換言之，浮羅人文，等同於島嶼人文，補上了一個南島視點。

以浮羅人文為書系命名，其實另有島鏈，或島線的涵義。在冷戰期間的島鏈（island chain）有其戰略意義，目的在於圍堵或防衛，封鎖社會主義政治和思潮的擴張。諸如屬於第一島鏈的臺灣，就在冷戰氛圍裡接受了美援文化。但從文化意義而言，島鏈作為一種跨海域的島嶼連結，也啟動了地緣知識、區域研究、地方風土的知識體系的建構。在這層意義上，浮羅人文的積極意義，正是從島嶼走向他方，展開知識的連結與播遷。

本書系強調的是海洋視角，從陸地往離岸的遠海，在海洋之間尋找支點，接連另一片陸地，重新扎根再遷徙，走出一個文化與文明世界。這類似早期南島文化的播遷，從島嶼出發，沿航路移動，文化循線交融與生根，視野超越陸地疆界，跨海和越境締造知識的新視野。

高嘉謙，國立臺灣大學中國文學系副教授，著有《遺民、疆界與現代性：漢詩的南方離散與抒情（一八九五－一九四五）》、《國族與歷史的隱喻：近現代武俠傳奇的精神史考察（一八九五－一九四九）》、《馬華文學批評大系：高嘉謙》等。

序一

錢永祥

　　從一九九〇年代開始,「承認」成為政治哲學的核心議題之一。它的產生背景,當然是文化多元主義的崛起,在社會、文化、政治領域中,對通行的一元、同質的民族國家觀構成了挑戰。挑戰的方式,就是要求「承認」。在這裡先說明一下這個問題的起源,有助於我們掌握許德發先生在這本書裡所動用的理論資源。

　　族群以及文化的雜多,原本是歷史上各種因素積累而成的常態,在許多社會中,不同族群、文化的地位不盡相同,並且經常演變成嚴苛的差別待遇甚至於歧視、壓迫。近代國家思想的主流是,構想出一種無差別的公民身份,取代社會上的不同族群(最初指宗教教派)的分歧身份,希望用同性質、同份量的公民權,泯除族群之間的差別待遇、壓迫以及歧視,避免族群的衝突撕裂國家。這中間的想法是:既然所有的成員都具有一種同樣的身份:公民,那麼國家的一元與同質也獲得了形式的保障。到了今天,幾乎所有的國家,都會認定全體人民界定了國家主權,而個別公民無論種族、性別、宗教、階級、黨派,都享有平等的基本權利。這種一元、同質的國家觀與公民觀高懸「平等」的理念,是各種意識型態都肯定的,無論是自由主義還是社會主義。

　　但是「公民」身份的問題是,它的權利停留在法律的規定

上：在公領域，每個人都平等地擁有一些權利，不過這些權利上的平等，很難撼動在社會實質生活裡的差別以及歧視。年輕時的馬克思已經質疑過，公民的「政治解放」不等於「人的解放」，「具有感性的、單個的、直接存在的人」。到了二十世紀後期，女性、黑人、原住民，以社會運動的方式，提出了同樣的質疑。在公民身份所賦予的平等權利之下，這些居於少數、弱勢的族群所受到的歧視和剝奪並沒有根本的改善。相反，由於主流的政治論述用公民身份壟斷了「平等」一詞，社會上大量的不平等，反而不再被視為平等的理念必須解決的問題，例如經濟上的不平等，似乎不再構成對平等理念的嘲弄，必須處理。與此類似，特殊族群的身份與需求的不平等，也不被看成平等問題的一個部份。結果，一方面，平等這個理念被架空，尤其失去了它的社會實質意義；另一方面，少數族群的不平等處境，也被主流政治論述所遺忘。

在這個背景之下，多元文化主義以及身份認同的「承認」問題應運而生，承認特殊身份的平等地位，承認特定族群的特殊權利具有平等的正當性，就成為各種訴求與抗爭的焦點。過去幾十年之間的進展是，從普遍公民身份的平等，進而延伸到了特殊族群的平等；「承認」不再只是事實上、法律上的承認，更加上了對特殊族群的獨特集體身份要有平等的尊重，也就是承認他們所要求的特殊待遇雖然表面上看非其他公民所能享有，卻是合理、合法的。換言之，多元文化主義意義下的承認，給「平等」這個概念更為豐富、多樣，以及具體的內容。這方面的發展，有其積極的意義，自由主義政治哲學在其中發揮了正面的功能。泰勒、金里卡，以及黑人、原住民的運動和女性主義，也分別提供了重要的理論貢獻和現實動力。

許德發教授這本《在承認與平等之間：思想視角下的「馬

華問題」》，正是吸收了西方當代政治哲學在「承認」以及「多元平等」這些問題上的思路之後，利用這些資源，探討馬來西亞的少數族群──特別是華人──的艱難處境。這是一本用哲學分析以及歷史敘述重新認識現實的重要著作。

在上面的簡單回顧中我們看到，「承認」問題在西方的出現有一個歷史的背景，那就是公民意義的「平等」先成為事實，「公民」的權利、義務的平等，在憲法、法律，以及政治生活中已經是共識，構成了鞏固的制度。之後，到了進一步提出多元承認的訴求的時候，目的是要矯正這種平等的空洞與不足。可以說，這是兩個階段的發展。前一個階段追求「公民」權利的普及，進行了數百年，逐漸取得成效。後一個階段是近幾十年的新生事物，雖然有一定的成就，不過多數社會中因為差異而存在的歧視、壓迫乃是歷史的沉重積累，也反映著人們的成見與自私，要完全消除，還有很長的路要走。

但是這種階段論，對馬來西亞並不適用。讀許教授這本書，可以看出馬來西亞的特殊性就在於，它必須同時面對上述兩個階段的問題。從立憲建國時期開始，主流馬來人族群就堅持馬來西亞必須是「馬來人的國家」；只有馬來人以及馬來文化才能壟斷這個國家的主權、治權，以及文化上的霸權。佔人口23%的華人以及7%的印度裔人口，不僅是外來者，並且永遠不可能分享國家的主權。由此而生的各種政治、法律、教育、職業等多面的不平等，將華人打成了二等國民。換言之，上述第一個階段的平等公民身份，在馬來西亞一直沒有實現。幾十年來華人在這方面屢試屢敗，已經逐漸從失望到絕望，迫使不少人準備離開這個他們幾代先人參與耕耘開發的南洋家園，另覓出路。

但是許德發教授逆勢而行，反而認為馬來西亞華人必須認

清，在這樣一個從憲法就一路設定族群歧視的國家裡，爭取合法地位的途徑不能局限在個人層面上的權利以及機會的平等，而是要超過自由主義的公民權利論述，採取多元文化主義的觀點，積極地要求、爭取華人族群作為一個整體在馬來西亞的政治和社會上的合法性；華人文化群體的社會身份以及地位，必須獲得平等的法律、政治以及社會上的承認。既要堅持每一個公民都獲得平等的權利，也要要求華人的族群身份獲得平等的承認，普遍權利與特殊權利根本是同一個問題、同一場奮鬥的兩個面向。德發教授在書裡指出了在馬來西亞「承認」與「平等」鬥爭的這種雙元、共時性格，這是本書的一個重要的論述。

　　幾年之前我應馬來西亞華社研究中心（中心的大門掛有余英時先生的題字）之邀，去吉隆坡演講、開會，會後由德發教授引領，參觀遊覽之外，聽他介紹馬華的歷史以及處境，目睹七百萬華人在種種艱困之中努力維繫華人特有的生活方式、宗親組織、社會服務，敬佩與感嘆之餘，也感到強烈的困惑和不平，無法想像在今天，在這樣一個相當現代化的「民主國家」，仍然有這樣的種族不平等堂而皇之地公然存在。另一方面，國家的教育體系雖然給華人設下重重障礙，但幾代華人依然合力締造了一個完整的華文教育體系，幾乎可以與中國大陸以及臺灣媲美，讓遭到主流教育排擠的年輕世代，接受完整的華文教育，並且在通曉馬來語文之外還熟悉中華文化。這一群人南渡定居，孤懸海外，周圍是並不友善的政治制度和排他文化，加上強勢的伊斯蘭半國教。想到他們的處境與奮鬥，不能不感到敬佩與不忍。

　　其實臺灣跟馬來西亞華人的關係深厚，只舉「馬華文學」一端，即可以知道馬來西亞知識人對臺灣文化的貢獻。而當然，臺灣曾經為無數馬華年輕人提供高等教育的機會，我們幾

代人都有過馬華的同學與朋友，也加深了雙方的情誼。我所編輯的《思想》界定自己為「華人刊物」，曾經兩次推出馬來西亞專輯，分別是第二十八期的《大馬華人與族群政治》跟第四十三期的《五一三的幽靈》，此外尚發表過多篇和馬來西亞的歷史、政治、文學有關的文章。這樣做的目的是，透過一個嚴肅的中文知識平台，建立各地華人的溝通交往，包括讓大家瞭解馬來西亞華人的處境和經驗。如今許德發教授這本《在承認與平等之間：思想視角下的「馬華問題」》在臺灣出版，蒙他之邀，我懷著同樣的敬重心情，寫下這篇序言。我相信，藉著這本書，各地的讀者可望對馬來西亞特別是馬國的華人，多一些認識和關懷。

2022 年 6 月於南港

錢永祥，《思想》雜誌總編輯。

序二

張景雲

2018年馬來西亞第十四屆全國大選是個分水嶺事件，自建國以來一直老樹盤根的巫統嚴重分裂，三股在野的進步力量結成聯盟，致使政治版圖大幅重劃，然而希望聯盟執政不到兩年後就被出賣，從而把大馬國運拋入一個形形色色的極端種族主義四處飛颺的軌道。馬來西亞政治的發展今天已經墜入一個前所未見的新底點，就連一些長年深藏不露的溫和的開明馬來知識階層人士也被迫伸出頭來發出聲音，人們甚至可以聽到一、兩個馬來政治人物把馬來西亞形容為「a failed state」。

把馬來西亞推向這個境地的人，或者可以說是一個特殊的階層，我們稱之為政客——或者是從政者或政治人物。在一九五〇年代中，我這一輩青年學子讀到當年（也是當地）的文化啟蒙者連士升先生告訴他的讀者：政客不可為！政客是負面人物！我依稀記得他把作為政治人物的人格／行為標準定得很高，幾近於古書裡所形容的聖賢或君子。Hannah Arendt（漢娜·鄂蘭）對西方（歐洲）的政治傳統（暨其與西方〔歐美〕現世的政治型態之比較）做了哲學兼歷史的考察，她著重指出在古羅馬城邦政治裡，從政本然意味著義務，而執政遂意味著權貴地位以義務為天職（noblesse oblige）。這個權貴意涵在於義務的原則，可以在神州大地農村社會的民間秩序裡見到，當然這是在儒家思想的天幕下自然生發，紳農門第建宗祠和藏書

館、辦社塾、施醫贈藥、為鄉黨排難解紛，不一而足。

在資本主義商業社會的全面改造下，名義上的民主政治體制（nominal democracy）也帶出了一類特殊人物：政客／從政者，以及他們的組織——政黨。巫統建黨之初，組黨人之中有幾人會意識到這組織將會發展成一個獨立國度的現代型態的執政黨——他們之中有些人是某個馬來王室的權貴，也有些紳農型人物，有些人在跟英殖民當局的官員交往中受到政治啟蒙，以及小學教員之類的初級知識階層。創黨十年之後，這些人轉型成為一個新獨立國家的掌權人，再過二十年，他們以及後來的追隨者們就蛻變成為一個牢固執政集團的既得利益群體，隨著時間的推移，它和他們也日益僵化和腐化，國家機器變成私人利益輸送的渠道，三權分立的制度淪為虛文，權力沒有受到正當的監督和制約，治理機關從服務型惡質化為近乎專制的管制型政府，制度極度缺乏糾錯的空隙和自我修復能力，制度及其具體操作缺乏確定性，致使民心渙散，國運日衰。不言而喻的，經典資本主義自由市場的理性在全球經貿一體化和本國的內部利益勾兌的交叉作用下，腐化為一種只能說是弱肉強食型經濟（predatorial economy），以及它賴以滋長並對之交叉滋養的金牛犢崇拜社會文化，市場上人人絕對的拜金主義，對財富和權力的絕對崇拜，也只有在這種鄙劣的社會文化底下，我們才能看到一個被控告偷竊數以億計國家資財並已定罪的政府首長到處招搖，並且受到民眾報以「我的領袖」（Bossku）的歡呼。

兩年前希望聯盟政府倒臺之後，馬來西亞政治就落入一種西班牙畫家果雅（Francisco Goya）所說的「當理性入睡之後，惡魔四處飛竄」的可悲境地。兩年來國人不斷聽到種族和宗教極端份子此起彼伏的叫囂，潛伏在體制內不同階層的皂吏甚至

囂張地使用公權力、司法體制、憲法等手段，挑戰立國之初早已規定的規範多元種族關係的憲制性安排，細如Timah（馬來文，意為錫）牌威士忌酒受攻擊刁難，鉅如國內非馬來族母語學校的合法性受到司法挑戰，委實令人痛心疾首。

今天國家的領導層基本上是一種盲人下棋的型態，掌權的嘴臉們不懂國家治理（governance）為何物，連他們用冠冕堂皇的智囊機構去豢養的摩登博士師爺們也拿不出什麼亮眼的宏大論述（grand narrative）來蒙騙底層蟻民了，來來去去在「我們都是一家人」的濫口號打轉。極端種族主義姿態和排他論述是如此猖獗，就連老成持重的回教宗教學家、中庸的退休外交官以及過去操縱某種權柄的前部長都感覺不能不出聲批駁。

極端種族主義政客集團何以能這麼長久地操控政治權力呢？一言以蔽之，那「論述」就是所謂的馬來人至上原則（Malay Supremacy）及其旗下所推行的施政議程（Malay Agenda），這套論述長久以來既俘虜了基層馬來民眾，特別是鄉村和園坵的農民（半島的國會選區結構的比例形勢基本上是「鄉村包圍城市」），甚至城鎮的低收入階層和小知識群體也受其蠱惑難解。1969年大選後爆發種族衝突，嗣後推出「新經濟政策」，在分配正義的名義下大規模推行扶助馬來族經濟力量的各種行政計劃；這政策原定只實施二十年，然而至今仍沒有結束。今天已經有馬來人物發出呼聲，主張結束給予馬來人特別保護和扶持的新經濟政策，那是馬來人經濟學界的老行尊。還有馬來政治界的後起之秀也在說，馬來人在經濟領域受到優待，最終不過是害到馬來族本身。如果我們翻查舊資料就會發現，近似這樣的言論早在馬哈迪第一段執政時期就已經出現了。

在一個實行名義上的民主政體的多元國家裡，經濟利益的分配正義是不可或缺的，這是用來平衡經濟原生態固有的有與

無、多與少不均衡的紛爭與缺陷，然而人工的行政糾謬手段不能粗暴地劫甲濟乙，不能違背自由市場的正當規律，也不能忽視機會自由相輔相成的重要。

極端種族主義的馬來權貴集團何以能長期操控政治權力而主宰著國家的治理議程呢？一位馬來人政治新秀說破了一般既得利益集團同流人所不敢更不願坦白的原因——實在是一個政治與經濟操作上的小邏輯，那就是操弄在民主政治和族群均勢的大棋盤上佔最大優勢的馬來群眾／選民，特別是底下層勞苦人民，一則以大量大規模以扶貧為名的行政措施來收買鄉村農耕人民（包括拓殖區小園主）（這就是在馬來西亞政治語境裡所俗稱的「拐杖」），一則以喪失這些特權／優惠為利器來威懾馬來選民。當然在這整個鋪天蓋地的行政攏絡底下，媒體（馬來西亞媒體業大概是全世界極少數幾乎完全由執政黨擁有和操控的國家）和教育體系也就扮演了愚民的角色，使那廣大的長久獲得免費利益的低下階層民眾不願意離開那拐杖所賜予的舒服區（comfort zone），而變成上世紀一位從蘇聯「鐵幕」裡流亡出來的詩人Czesław Miłosz所說的「被俘虜／禁錮的心靈」（captive mind）。人們常說：人人嚮往自由，自由可貴，其實在真實的世界裡這格言雋語並不實用，在今天這個複雜而黑白不分的世界裡，自由意味著責任，對自己負責，對個人的生活負責，更對自己的良心負責，而這是極其可怕的一件事：對自己負責，而天底下卻有難以計數的心靈是沒有內在能力和外在條件對自己負責任的，這就是那二戰時期流亡到美國的佛朗克佛學派心理學家弗羅姆（Erich Fromm）所說的「逃離自由」：別給我自由，自由可怕！

是的，我們何以會有如許多腦殘政客盤踞在國家機器的內內外外，把國家不斷推向「濫貨國家」（pariah state）的深淵？

簡單的答覆是：「不是你們這些蠢貨投票選我們出來捧上政權寶座的嗎？」當然我們是應該去追尋一個更全面的答案的。這使我想起《聖經》裡的一則寓言：薅稗子的權柄。（在這裡我是抄書，一部聖書，但我得聲明我不是基督教徒，我堅持自己是個無神論者，一個Christopher Hitchens／Richard Dawkin派無神論者，至少是一個樸素的神滅論者，一個在日常生活裡也喜歡隨緣進出佛堂、神廟、基督教堂、興都廟堂等聖地的無神論者。）

〈馬太福音〉第十三章說：耶穌設個比喻說：「天國好像人撒好種在田裡，及至人睡覺的時候，有仇敵來，將稗子撒在麥子裡就走了。到長苗吐穗的時候，稗子也顯出來了。田主的僕人來告訴他說，主啊，你不是撒好種在田裡嗎？從哪裡來的稗子呢？田主說，這是仇敵做的。僕人說，你要我們去薅出來嗎？田主說，不必，恐怕薅稗子，連麥子也拔出來。容這兩樣一起長，等著收割。當收割的時候，我要對收割的人說，先將稗子薅出來，捆成捆，留著燒；惟有麥子要收在倉裡。」

是的，壞稗子在適當時機要薅出去，好的麥子則要收在倉裡。這就是所謂的權柄，就是選民善用手中的選票，知道何者為稗子，何者為麥子，並把稗子薅出去，除此我們別無其他通往天國的門票。

三年前當新上臺的希望聯盟政府準備啟動立法程序，讓馬來西亞向全球百餘個聯合國會員看齊，簽署「消除一切形式種族歧視之國際條約（ICERD）」時，立刻引發巫統的強烈反對，屬於希盟執政集團一員的土著團結黨也加入反對的行列──儘管簽署此條約本是希盟競選宣言中的一個信條。這些馬來政黨當然以馬來人社會代言人自居，就是因為馬來人社會大多數都是常年處在Miłosz所形容的精神境地，少數清醒的人也不

想做出頭鳥。清除一切形式的種族歧視難道不是一條普世價值嗎？馬來民眾不是也能受到這個條約的保護嗎？其實這些都不成問題，巫統和土團黨人所不能解開的一個死結是馬來社會歷來所享受到的特權和優惠將如何可以和此條約所主張的基本主張和信條並行不悖。馬來亞／馬來西亞立國之初，在前殖民地主子英國的斟酌之下，就承認馬來人是這個新國家的定義性族群（definitive race）；由此衍伸的特別條件就是規定馬來語文為國家語文，馬來人普遍信仰的宗教（清真教）為官方宗教，而公民地位則採取兼容的政策，即對馬來族是採血緣法則（Jus Sanguinis），而對非馬來人如華人、印度人這些僑居客則採取土生法則（Jus Soli），即土生華印人可申請成為公民。這個兼容原則符合了馬來亞一位建國思想先行者陳禎祿在一九三〇年代以及在日據時期他在印度避難時所鼓吹的原則。這幾條立國時規定的特權都載入了憲法裡，所以沒有什麼可以爭論，其他嗣後在巫統長久執政期間通過立法和行政措施，如新經濟政策後期乖離原初精神，馬哈迪以強人優勢推行的朋黨主義措施，以及國家與民爭利的現象，都在種族均勢上出現分配的偏差，則是要令人詬病的。這些措施都是以保護土著、為土著提供優惠的大論述作為宣傳幌子，也就變成了政治禁忌，馬來政黨不願去碰，非馬來人政黨或多元種族政黨也不敢冒險去碰，以免闖到地雷。

　　那麼像消除種族歧視公約這樣一條主張普世價值的國際公約是否（不是應該或不應該）可能在國會通過呢？朝野政黨其實可以嘗試斟酌提出一條附加條款（rider），規定那些既有的土著特權和優惠／扶持措施（在國會決定要廢除之前）不受此條約所影響，然而沒有任何政黨願意踏出這一步，因為政客們都不願在這個敏感而棘手的課題上付出任何溝通、交流與斟盤的

些許政治成本。

人人生而平等，這是一種何其可貴的理想，然而事實上普天之下人人生來就不平等，而這種不平等的現象最顯著的是表現在經濟與社會生活的差距上，諸如經濟生活的貧富不均以及相隨的機會落差上。美國數十年來實行的平權政策就是旨在男性與女性以及白人與黑人／有色人種社群之間彌補社會生活方方面面所原生的機會不平等弊病；這裡所謂原生意指資本主義自由市場之下私有財產制度所規定的內在條件。當然從政治經濟學的角度言，原生的弊病並非不可改革和修理的，而這也不僅僅是做制度修補師傅的工作，而是從根本上糾正制度的原生瑕疵，避免富者越富、貧者越貧的現象。此外，近年來一些社會思想家也注意到不平等的現象不僅如此，原本立意良好的優則（Meritocracy）法則和制度，即在社會上推行選拔優秀人材的制度不意造成機會自由和分配正義都淪為空談，使平等更加遙不可及。

在馬來西亞，華人社會一直都在對分配和機會這個雖二而一的政策困境感到揪心，這問題甚且影響到很多人的安身立命的考慮。大多數華人並不介意，甚至相當認可政府採取平權政策來扶助和提攜在經濟條件和生產技能上較落後的馬來人，諸如鄉村農戶和園坵小園主，甚至經濟條件是城市裡的低薪階層，然而歷屆政府的平權政策實在是聲東擊西，扶助並不到位，常常大撒幣都是為了買選票和支持，更是在施政制度上製造建國初年都聞所未聞的種種問題。其中最大的弊端就是朋黨作風，最早是在國家企業私營化運動之下，把大量國家財富私相授受的輸送給朋友、親戚和政治支持者，基礎建設項目、官營公司、發展項目等等，就是如此這般像肉包打狗似的落入有關係的人手中，製造了馬來西亞社會過往從未見識過的在品德

和識見上都不符地位的種族權貴階層。另外，歷任首相無一例外的運用特權把官聯公司（通常都是壟斷企業）的高管職位當做政治禮物般賞賜給政治附庸，諸如選舉落敗的部長，或執政黨內爛泥般扶不上壁的死忠支持者，給大馬政治帶進了惡劣的「旋轉門」（political revolving door）現象，另一方面把呆滯的血液注射入原可發揮創造力的企業肌體內。

　　我個人最不願見到的現象，則是如此這般胡搞，社會上貧富差距日益擴大，特別是一線城市內各族市民中的貧民階層低端人口，很多人都是基本生存條件都說不上。一方面過去半個世紀隨著經濟發展的需求而造成國內境內移民（interior immigrants）大量增加，鄉區居民大量湧入城市，另一邊廂歷屆國陣政府厲行壓制工人運動，不允許新興企業組織全國性職工會，與此同時又壓低最低工資水平，直至最近三、兩年才稍微鬆綁。凡此種種惡劣措施使得城市貧民生活苦不堪言，很多人都得靠兩份工作來維持基本生活、子女教育、醫療、養老、單親母親福利等等，其他需求就得仰賴政府的「手杖」施捨，很多馬來貧民就如此這般成為執政黨的政治禁臠。

　　許博士這部巨製讓我寫序，寫了上面那些霉氣十足的話，實在是佛頭著糞，自己都覺得很難為情，無奈我這傢伙就是積習難改，自己給人寫序，從來就是服膺知堂老人所說的「以不切題為旨」的作序章法，反正我一身野狐味，實在沒有學力摸索學術這門廟堂功夫，只能找個旁門左道遁逸而去。許博士從青少年時期就關注馬來西亞華人問題，出道後更長期研究思索，冀為這個問題梳理出個明晰的脈絡，這無疑是項艱鉅的思想工作；所謂馬來西亞華人問題，既是在國家實際政治中不斷擺盪變化的問題，更是在歷史的嬗替中基本上已經定格的問題，前賢的足跡似真似幻有如摸象，要描述出個全豹殊非易

易，而許博士卻能將之作為長年治學的關注對象，每能在紛繁的歷史沉跡中剖肌析理，洞見癥結，實為難能可貴。

我與德發相識近三十年，當年在華研《資料與研究》的編輯會議初識，後來更在華研共事，常有機會共餐聚談，其間最親切的經驗莫過於共同編輯《人文雜誌》，定期前往「永遠的文藝青年」莊若住家監督排版工作直至深夜。青年學人德發很早就透露出以學術為終身志業的生命取向，我還記得他說的治學範圍是思想史領域，透露出他秉性深遠的終極關懷，而他嗣後的生命軌跡也確實是循這條路徑前進。德發秉賦耿直敦厚而樸素，在這個流光溢彩、錢權橫流的時世，他是個處士型的現代學人。

2022 年 6 月吉隆坡

張景雲，2007年退休前長期從事新聞工作，歷任《新通報》、《南洋商報》、《東方日報》總主筆。曾受聘為馬來西亞華社研究中心研究員，兼《人文雜誌》主編。參與創辦中文評論網站《燧火評論》。2010年膺佛光山星雲大師新聞傳播大獎（大馬區）。著有《言筌集》、《見素小品》、《雲無心，水長東》、《犬耳零箋》、《反芻煙霞》、《炎方叢脞：東南亞歷史隨筆》等書。編著《馬來西亞建國三十五年華裔美術史料》、《當代馬華文存》、《威北華文藝創作集》等。

謹將此書

獻給

我的父親許克富和母親黃錦瑞——

他們可說代表了第二代華人那「承先啟後」的價值，
奠定了華人的文化與生活基礎。

「馬華」作為問題與研究的態度

　　本書主要整理、修訂與結集自筆者於2006至2016年十年間
所寫就的有關馬來西亞華人政治思想與文化論文。2006年從新
加坡國立大學提交博士論文後回到華社研究中心復職，筆者有
幸參與了《馬來西亞華人與國家建構》研究計劃，是以，開始
圍繞著相關議題撰寫了這些原本都是獨立的單篇論文。其中在
這十年間發生的政治發展，尤其是2008年大選之後所牽引出的
問題與爭議亦成了本書思考的面向，形成了本書的思考既是歷
史的，亦是現實的。然而，這些論文都是在同一個思路與關懷
下撰寫的，甚至**中心思想亦離不開馬來西亞華人社會的核心問
題**，並嘗試追尋問題的基本根源，及探析在這一問題脈絡下華
人社會文化的限制、型態與社群建構。這裡所謂的問題，其實
是猶如林毓生教授所謂的「問題叢聚」（problematiques），即不
是單一的問題，而是指謂一連串或一組相關相扣的問題（林毓
生，2019: 420）。也就是說，本書各章節基本上可說是相關問
題的開展、或側寫或綜論或橫述，但背後的關懷是一貫的，即
便思路與方法也是相同的。首先，這裡有必要對本書各章思路
與研究途徑略作闡述。

一、危機意識、「平等敘述」與「馬華問題」的根源

　　馬來西亞華人社會的現代重大變遷，始於二戰之後。馬來
民族主義的崛起、國共內戰、中共上臺、緊急狀態及獨立解放
運動以至獨立建國之發生，大體都形塑了華人乃至整體馬來西
亞的當下。對筆者而言，身處於馬來西亞，這幾乎命定了吾輩
必須思索「馬華問題」、為其糾結，甚至這是跨代華人的共同
命運。因此更具體說，本書所收各章大多雖成於過去十年中，
但許多思考則遠自於作為一介普通華人與生而來的日常處境，

是一種來自於對自身生存語境的感受與自省。

從歷史角度來看，自一九五〇年代馬來西亞華人進入獨立運動時期之後，那種「感時憂國」的精神逐漸發展成了馬華社會的初始性格，「憂患意識」也變成了一種永恆的基調，甚至於貫穿了華人社會自獨立以來的各種大小事件。張灝曾經在一篇演講中談到近代中國人的「危機意識」與危機發生的時間節奏有關（張灝，2002年4月27日）。他指出，自1840年鴉片戰爭以後，西方列強對中國的侵略是一種「慢性病」，他們十年、二十年來一次，主要目的是經濟上的榨取，不是領土上的掠奪和軍事上的佔領。但是到了1895年甲午戰爭之後，「慢性病」卻驟然變為「急性病」。具體到馬來西亞華人而論，自獨立以來，其社會一直是一個不斷受挫的群體，置華人社會於不利與存亡窘境的政策與事件接踵而至，這表明華人社會危機的速率也是相當高的。在面臨這些繁複叢生的危機時，一股不安的情緒一直都在社會中流動，也使得這個社會總不能完全安頓下來。然而與「危機意識」的頻率快速的情形相悖反，「馬華問題」之解決卻呈現出一種「慢節奏」的態勢，甚至於問題又有不斷深化之勢，新舊問題相互迭現交集。

實際上，獨立前華團領袖劉伯群針對憲法制定的疾呼最能反映這一「危機意識」，他當時高呼：「**全馬華人已面臨了最後關頭，如不及時爭取，恐已無機會了。**」這是劉氏在華人團體會議上議決遠赴英倫爭取憲法平等時所說的話。據當時的新聞報導，華團會議已深知他們正處在一個關鍵的歷史時刻：

> 經過冗長時間之討論，（會議）乃認為目前本邦**華人已面臨了生死關頭**，非從速派出代表團赴英向英廷**力爭平等待遇**不可。為了我們下一代，為了我們的子子孫孫，非

力爭不可。（馬團工委會力爭憲制四大要求　決派代表團赴
英請願　鄭重聲明馬華公會僅為普通政黨　不能代表全馬華
人公意，1957）

　　所謂「**生死關頭**」深切道出了他們心中的焦慮與緊迫，
這一英倫之行可謂乃**華人社會嘗試從根本上解決族群不平等問
題**，但最後以失敗告終。以上這一會議言辭值得加以援引（本
書也一再引述），因為它標誌著現代華人社會沿襲超過半個世
紀之「危機敘事」的最初表述，而且也揭示了華人危機意識的
根本核心源頭──即「平等」仍是未解決的優先問題，自此亦
形成了華人的「平等敘事」。「馬華問題」之大者，實際上即
是「族群平等」問題，並由此延伸至自身社群之文化與社會建
構的困擾。可以這麼說，從獨立憲制談判與政治博弈開始，國
家（state）與華人民間社會之間的代溝日益增大，這是「馬華
問題」叢聚的另一面向。獨立至今數十年中，華人命運多舛，
遭際叫人太深沉，國家卻始終未能改弦易轍，華人的危機心態
也一直在沉積之中。尤其是1969年五一三事件遭遇流血教訓之
後，華人的危機意識可謂達到了極點。
　　步入慘劇之後的一九七○至八○年代，華人大體已知「可
為者」已不多，然而伴隨著新經濟政策、國家文化政策、大學
名額制、工業協調法令等一系列不平等事件，卻是華人社會一
場又一場或許不到「壯闊」，但絕對是「激情」的政治與文化
運動。在這二十年間，華人社會從徬徨到反叛，[1]經歷了全國華
團文化大會、華團宣言、合作社集資運動，再到政治上的民權

1　祝家華語，見〈從吶喊、徬徨到反叛：平等的夢魇──華裔馬來西亞人的權利平等運動以及中產
階級的反叛〉，收入何啟良主編（1994：1-44）。

之提倡、兩線政治的追求、華團參政等，但明顯的，整個七
○、八○年代的實際政治實踐結果並不理想。著名政治學者何
啟良當時即指出，「八○年代開始，更有種族兩極化現象的產
生。許多分析家以為，即使2020經濟宏願能夠如期達致，國內
種族權益的不平衡狀況似乎在可預期的未來不可能扭轉，華裔
公民的地位亦不會有多大正面的改變；反而，各種跡象皆顯示
了大馬華人政治邊緣化的趨勢」（何啟良，1994: ii）。一九九
○年代以後，從華人對人口比率急速下降的焦慮反應可知，華
人的危機意識猶在，但形勢比人強，華人已經察覺自身的「無
力回天」。與1969年以前興起的反對政治與左翼政治狂飆相
比，華人對政治喪失了比較積極進取的態勢，並轉向一種消極
的「認命」意識。經歷大半世紀之後，一般華人在政治期待上
趨向於保守、悲觀，甚至移民、出走，據鄭乃平指出，獨立至
一九九○年代已有上百萬華人移居他處，相當於今日華人人口
的約15%強。[2] 許多人大概都可以在日常生活上感受到華人社會
這股或許可稱為「前所未有」的「大局底定」情緒，他們深刻
懷疑自身在馬來西亞的前途。當然，自2008年三○八的「意外
選情」至2018年五○九「意外變天」之間，華人社會從意外、
低沉到興奮的循環中似乎有了命運的轉折，但2020年之希盟
「意外倒臺」一切似乎又回到了原點，這是後話。

　　馬來西亞華人的這種感時憂國的時代精神輻射極大，除
了貫穿於華人政治、社團組織，它也都反映在文學、文化與學
術各層面上。夏志清曾針對中國現代文學指出，近代中國感時

---

2 從1957至1991年，華人人口的自然增長是338萬人，但同時華人的「淨遷出數」是110萬。這表
示「淨遷出數」是自然增長總數的三分之一。僅在一九八○年代那十年，增長的華人數量就有一半
離開馬來西亞（391, 801），使到人口淨增長減至39萬，可見數目之大（文平強，2004: 64；亦見
Tey Nai Peng, 2004: 22）。

憂國的精神傳統使得中國作家把主要目光集中到文學的內容而不是形式上，即集中到得天獨厚的「現實主義」上（夏志清，1979: 17）。談到馬華文學，馬華問題也同樣把作家們長期收攏到現實主義的懷抱之中。在學術研究上，議題則呈現不斷當下化的歸趨，這與一九五〇年代「南洋學會」諸人如許雲樵、姚楠等學人純粹注重南洋的風土歷史有極大的差距。實際上，危機的解決是與觀念的形成相互對應的。危機意識積累到一定程度就會使自身對周邊世界的認知態度發生改變，並形成新的觀念力量。但是，由於馬來西亞華人社會結構性的困局使然，學術領域自身還遠未形成一股具有獨立規範的領域與建制力量，而且未能出現有創造性的論述以引導社會，使得馬華人雖有一種強烈的現實感，學術與社會卻基本無涉，危機意識自無相應的實際對應。對馬來西亞華人而言，可以預見的是，本世紀將依舊可見他們踽踽尋思出路的身影（以上可詳見許德發，2007a: 7-10）。簡言之，要了解馬來西亞華人社會及其各領域之發展，幾乎不可不理解造成其憂患的「馬華問題」。

二、思想史途徑、自由主義視角與「馬華問題」叢聚

綜上所述，我們可以說，馬華社會存有其特殊的「基本問題」，這一馬華問題糾結了幾代人，也正如前述，它是一個問題叢聚。概括的說，華人問題的根源筆者將之歸結為土著「原地主義」，而這其中迴避不了**族群主義、與國家的關係以及憲法諸問題之糾葛**。「原地主義」的題中必有之義必然又帶來了**不平等與正義問題**，以及隨之而來的各種政經文教困境。讀者當可從本書中看到這些關鍵詞的連貫交錯。

所謂「基本問題」在海德格爾（Martin Heidegger）看來，

是不可能解決的，從而誘使知識份子不斷地深化他們對各自國族問題的理解，並設法去解決之，比如德國人曾受「德國人不是二等法國人」的「德國問題」困擾，近代中國更有其「三千年來未有之變局」的「中國問題」（參閱汪丁丁，1997: 38-42）。以林毓生的概念，他在解釋problematiques這一詞彙時，亦嘗譯為「無法獲得確解的問題」，這意即「馬華社會問題」就是一個如此的複雜境況——既相互糾結，亦無法確解。當問題永遠不能解決並且永遠成為問題時，一個社會的聚焦點乃至看待問題、提出問題的方式與觀念傳統——「問題意識」於焉形成。此處所謂「意識」是一種「自覺」，而「問題意識」（problematic）意指「自覺於自己所提出及要解決的問題」。此一自覺來自於自身所具備的一套基本想法與思路。問題意識的養成，可說取決於現實生活中出現的基本問題，因此釐清「馬華問題」洵為重要（許德發，2000: 2）。

對筆者而言，這樣的「問題意識」實有兩個層面的意義：首先是作為身在其中的研究人員觀察問題的意識與態度，即作為一個馬華社會中文學術人員——筆者念茲在茲的關懷。這個問題意識使一位研究者能自覺於學術研究課題與自身生存機遇之連接，正如溝口雄三所質問的那樣，他說「在日本的中國研究者中，不斷對自己追問下面這個問題的人並不很多：我們日本人研究中國的作品和文獻意義何在？準確地說，追問的人是極為少見的。而竹內好，是這極為少見的追問者之一。比如，他曾經在一九四○年2月的《中國文學月報》中寫文章批判後來成為中國古典文學大家的目加田誠，挪揄說他過著『每天早上夾著皮包到支那文學事務所去上班的生活』」（溝口雄三，2005: 82-87）。但上述日本情境畢竟還隔著一個以中國作為其媒介的中間物，再進而把現代日本「問題化」，但馬華問題於吾

輩而言，其「問題化」卻是那麼的真切與自動化。

第二層面的意義在於「馬華問題意識」作為一種研究對象與觀察方法。本書的基本題旨即在於尋繹一系列馬來西亞華人的問題及其原因與歷史過程，意即筆者嘗試做「起源學」（genetic method）的溯述，企圖以此一方法去思考問題和求證過去。所謂「起源學」可歸屬於歷史的範疇，它主要從本質與根本的角度探討現象發生及其之所以得以存在的關鍵因素及過程，尤其追問現象或事物最初發生以及之後持續存在的動力。易言之，本書嘗試捕捉馬華問題的根源，以及引發這現象的背後關鍵動力。此一取徑方式與筆者的現代思想史訓練有關，就如斯特龍伯格（Roland N. Stromberg）在著述《西方現代思想史》（*An intellectual history of modern Europe*）一書中所說的：「思想史研究者通常堅信，任何一個時代（各個時代不同）都有一種時代精神，這種時代精神影響著思想和表達的所有領域」（斯特龍伯格，2005: 5-7）。他進而認為，**思想史應該揭示思想發生的語境，顯示這些思想是如何在大文化語境中相互聯繫**。我們必須具備一種發生學的意識，把最具關鍵意義的時代特徵、事件與思想言論加以貫通，點明它們之間的邏輯與因果關係。

顯然，馬華社會語境自有其時代特徵，因此其問題的形成自然是在這些因素的基礎上生成的。故此，要追溯與理解馬華社會問題及其形成過程，我們必須把它置放於馬來西亞特殊格局中加以考察，尊重問題本身在脈絡中的顯現。我們首先**必須追問華人社會所對應的語境是什麼，而這個語境又為他們形成怎樣的問題意識**。如上所述，問題意識乃一種對所尋求解答的意向上的引導，它總是指向一些基本問題。對當時關懷局勢者而言，他們主要關心的是社會中存在的基本問題，他們為基本

問題而感到焦慮和衝動。而對基本問題的把握，往往必須依靠一種時刻圍繞著他們的氛圍。那需要一種直覺、一種對應與基本問題相關的一切問題和一切事物的敏感性（汪丁丁，1997：38-42）。每一個時代其實都有各自的問題意識，許多思想與思索便是在這個背景下進行的。顯而易見，當下的問題是一個決定他們如何走下一步的其中一大關鍵。不從此處著眼，就看不到也感受不到他們的感受與所思所想了。有時問題之所在，其實就是答案之所在。故此，本書將嘗試揭示當時人所梳理的、認知的、眼中的馬華社會基本問題以及問題意識。從歷史角度來說，過去各時代都有它特定的善惡標準，以及身處其時的特有感受。當時代氛圍隨著事過境遷而消散時，人們就不再掌握當時人對事件的真實感受。我們這一代人的感受不會比他們來得真確。歷史評價一方面要求距離感，另一方面要求在重返歷史現場之基礎上，了解以前的人是怎樣感受的，而切忌以今天時代的標準或局面去斷定或控訴過去。有時通過當時人的問題意識或能彰顯從資料條文中難以顯現的語境，它不僅有助於解開文本語意，更重要的是展現了文本以外的實情與氛圍，從而為深入一步理解歷史的真實提供了密鑰，不至於為後視的各種意見籠罩與遮蔽。因此，本書資料尤重當時的報刊資料，以還原或更接近當時人的輿論氛圍及他們的心態。自近代中國改良與革命之爭延伸至馬來亞以來，中文報刊成為了兩派的宣傳重地，但報刊自二戰之後，逐漸將關懷重心轉向本地社會，並成為馬來亞華人的喉舌、華人社會三大支柱之一。[3] 故此，通過華文報刊，我們可以顯見華人社會的時代脈動與精神。實際上，近代報刊理論中影響最深的是哈伯瑪斯（Jürgen Habermas）所

3　三大支柱或謂「華僑三寶」，即指維持與支撐海外華人社會的主要機制，包括華人社會組織、華文報館與華文學校（詳見第九、十章）。

提出的「公共領域」（public sphere）。他指出，此一「公共領域」包含實質空間（如咖啡店）與抽象空間如報刊，而其「公共性」使得各階層的意見得以反應。必須指出的，馬華社會是本研究的「客體對象」，而中文報刊可提供我們理解當時此一「客體對象」所身處的氛圍及其反應，但不代表筆者認為報刊中的見解或報導是完全真實可信的。相反地，筆者將借鑑其他相關研究以互證歷史的事實。

因此，本書基本上仍舊是歷史學的，並兼以思想史視角切入問題，因此書中所援引的自由主義、社群主義學說及其視角，主要是從思想角度出發，希望藉此庶機可更深入揭示馬華政治與歷史問題，開拓馬華研究的視野。此書因此並非政治學或政治哲學著述，自然無意跟隨政治哲學或自由主義的研究典範去開展問題。筆者主要是不滿意於現有的相關歷史研究之純粹客觀陳述，因為它顯然無法解釋或回應馬來西亞與華人所積累的政治現實與歷史問題。晚近幾十年來，對應於美國及西方的社會變化，自由主義發展出了回應社會不公的「平等自由主義」，以及回應多元認同與文化族群的多元文化主義。「平等自由主義」這一由羅爾斯（John Rawls）所主張與開展的自由主義基於回應西方世界的社會不平等狀況，強調「機會平等」，關注起點的平等，但又同時堅持效率優先（約翰·羅爾斯，1988）。在羅爾斯的理論下，「處境最不利者」是他差別原則論述的適用對象，而他的社會契約論、反思平衡的方法，及其所追求的良序社會目標，恰恰是要在多元社會中尋求關於社會基本結構的原則共識。這一點特別重要，它最能啟示於馬來西亞這一價值分歧問題嚴重的多元社會，尤其是針對馬來西亞的扶弱政策與土著主義。馬來西亞各族間的價值分歧，如特殊地位vs普遍公民權、歷史統緒vs平等價值等是本書特別關懷的。筆

者認為，必須承認馬來西亞的一些價值分歧與紛呈是「無法通約共量」（incommensurable）的，甚至是本質上的，故此本書援引了另一位自由主義學者格雷（John Gray）的「暫定協議」（modus vivendi），加以論述了馬來西亞獨立憲法之擬定（詳見第二章）。這其實也說明本書對華人或馬來人的基本立場，即兩者之間的一些價值矛盾與分歧並非是完全對錯分明的。

然而，由於馬來西亞特殊的歷史與現實語境之不可複製，美國或西方國家的某一個理論並非可以完全對應的。比如，馬來西亞面對的問題並非純粹「個人與個人」之間的平等問題，更是多族群之間、原住民與移民之間，或者如金里卡（Will Kymlicka）所說的，是「文化社群」之間的問題，也就是「認同差異」的問題，而非個人自由主義論述可完全對應的。猶如以上所略述那樣，在馬來「原地主義」主張底下，馬來民族主義者認為移民與土著之間的「差異」造成國民之間不能平等，馬來人因此獲得特別權利。易言之，馬來西亞的權利載體（rights-holder）一部份在於族群，而非個人，其不平等待遇是集體性的、制度性的，因此從自由主義內部回應多元文化主義挑戰的金卡里之論述值得借鑑。實際上，筆者討論社群權利並非否定普遍的自由人權概念，只是認為社群權利論述有利於馬來西亞的普遍平等權利之追求。作為自由主義多元文化主義理論家的金里卡，他嘗試以「多元文化公民資格」（multicultural citizenship）、「文化權」等概念取代或補充自由主義傳統中的普遍公民與普世人權概念。在金里卡的論述中，他認為自由主義和文化權利、族群差異等概念並不衝突，[4]自由主義的個人應該被看成是某一個文化社群的個人，其所具有之文化身份是一項基本的善（good），因此文化社群必須被尊重（2005b:

---

4 如從西方的語境出發，金里卡主張提升少數族群到平等的地位只是暫時措施，而非永遠的憲法差別待遇，因為對自由主義本身而言，憲法本身就必須平等（2005b: 172）。

173）。雖然，自由主義強調個人自我選擇價值的重要性，但是任何個人的選擇都是從我們認為有價值的選項（options）中進行，而選項的範圍卻不是我們可以選擇，而是由文化傳統所決定或是在文化的脈絡中進行的（林火旺，1999: 2）。而自由主義與多元主義在社會的實踐上有三個層次：客觀、價值與實踐。綜觀馬來西亞情境，它很大程度上只停留在第一層次，即國家與社會雖然具有客觀事實上的多元族群、宗教與文化語境，但對於第二層次上的「多元文化」之價值珍惜，則仍然存有極大爭議，右翼民族主義勢力仍然是主流，肯認多元價值的重要性、必要性與共生很大程度上只停留於表面上，而未充份落實到制度上、政策上，也即是第三個層次上。第三層次必須通過自由主義多元主義「承認／肯認」（recognition），而基本上金里卡的自由主義多元主義即努力於追尋對少數族群、移民社群「認同差異」的認可。由於「差異」造成了「肯認」上的衝突，他主張因族群各自擁有不同的文化認同對象，這需要以「承認」或「肯認」來解決。如上所述，「肯認」必須回到第三層次的政治與政策之上，這其中又無法忽略憲政之設計，在這一方面，主張多元主義加拿大麥克基爾大學哲學教授詹姆斯·塔利（James Tully）認為，現代憲政主義過度側重普遍性與一致性，無法面對文化歧異性的事實，這亦是非常重要、可借鑑的理論視角。

　　「差異」與「承認」可以有各種思想資源的追溯，而查爾斯·泰勒（Charles Taylor）有關現代認同（modern Identity）和「承認政治」（politics of recognition）的理論可說佔據其中一個關鍵位置（何懷宏，2019）。實際上，「承認」這一詞彙自泰勒之後才成為一九九〇年代以來政治哲學的關鍵概念，用以討論與說明身份認同與文化差異的重要性，他將多元文化主

義的核心思想直接表述為「承認的政治」命題，成為社會各種社會平等運動的動力，甚至取代傳統政治哲學對資源重新分配的關懷。「承認」最早是黑格爾古典哲學的概念，其基本含義是指個體與個體之間、個體與共同體之間、不同的群體之間在平等基礎上的相互認可或確認。泰勒從對自我認同的根源之探討到認同的建構都與「承認的政治」相勾連，即在強調主體性的同時，他發現自我的形成和發展既離不開他者，更離不開他自己所處的社群。故此，泰勒的承認理論重視其對話特徵，他站在對話者的立場或社會立場來表達集體權利的訴求，把問題從「認同的政治」（politics of identity）轉向「承認的政治」（程廣雲、鹿雲，2014: 5-6）。一九九〇年代中期，阿克塞爾・霍耐特（Axel Honneth）與泰勒遙呼相應，他更深入的發展「承認」理論，描述了社會承認關係結構，把「承認模式」分為三種——愛、法律和團結，即分別體現於自信、法律承認與社會重視，同時指出「蔑視」作為「承認關係」的反向等價物（2005: 101）——包括強暴、剝奪權利、侮辱三種。霍耐特將社會進化的模式描述為：蔑視、鬥爭和承認，鬥爭是過程，蔑視是其動力，承認是其目標，從而闡發了社會承認關係結構（2005）。然而必須說明，本書主旨不在於描述以上霍耐特所著重的理論問題，故未加以討論，但其承認的模式與拒絕承認的傷害之論述其實都與本書所談到的馬來西亞華人不被承認及其問題有關。

　　本書主要是從社群主義（communitarianism）角度略援引查爾斯・泰勒的「承認的政治」論述以闡釋馬來西亞政治與「馬華問題」。泰勒的「承認政治」或可分成三個層面，即發現自己本真性的「自我認同」、與同類人群連結的「群體認同」，並確立自身所屬群體的本真意識，而最後則通過文化的鬥爭和

政治的手段實現他人與社會對自身所屬群體的「社會承認」（何懷宏，2019；Taylor, 1994）。泰勒與社群主義者認為，個人被深深地「嵌入」某些社群之中，自己所擁有的社群關係直接構成自我的社會身份和地位。歸結而言，社群主義主張自我之定位須於特定歷史文化脈絡中尋得，自我不能像自由主義所主張那樣具有充份選擇人生目的及歸屬認同的能力（江宜樺，1997: 85-110）。實際上，馬來西亞被公認與黎巴嫩類似，都是對其各族群人口比率最敏感的國家。在這兩個國家中，族裔身份最具政治意涵，許多公共課題如選區的種族結構均與人口比率密切相關，使得國家具有一種百分比心態（percentage mentality）（孫和聲，2017）。馬來西亞的族群政治化與制度化使得各族群之間的族群身份之自我肯定，一直都處於強化的狀態中，然而這種強烈的自我肯定卻未形成完整的制度性承認（institional recognition）。社群主義所認為的，任何文化群體的社會身份與地位都應該獲得平等的「社會承認」，這對馬來西亞是相當具有啟示的。認同問題實乃任何社會最深層、最根本的問題，尤其在馬來西亞的語境下，社群主義恰能解釋本書論述對象的多元族群特質與結構。當然，社群主義可能流於民族主義或為其所用，這是必須加以警惕的。但必須指出的是，社群主義者相對注重社會共善與個人自由之平衡，他們多半既重社群文化，也重自由主義所主張的共同目的，甚至有學者認為二者之間並非可截然切開，而是相互補充（江宜樺，1997：106）。無論如何，不論平等自由主義、多元主義或社群主義，都強調對公民權利的尊重，同時力主社會平等，只是一個要求「機會平等」，另一個注重「結果平等」。此外，上述理論除了作為一種分析範疇，本書亦希望通過這些論述與理論資源，可以提供讀者思考在馬來西亞這個價值多元呈現、缺乏「公共理性共識」

的社會中，究竟什麼是「正當性」、「合理性」的基礎。羅爾斯的分配正義理論不僅僅是對社會經濟層面上的平等訴求，其出發點更是針對深層次的政治正當性問題。同樣的，社群主義所堅持的差異認同的被「肯認」，亦是在追求一種群體性的合理秩序安排。

　　惟仍必須再強調的是，「馬華問題」皆非西方學者及其理論可涵蓋的。自由主義或多元主義儘管有助於一個更公正社會的形成，然而不管金里卡、泰勒等人的論述，都只針對西方的語境，他們在承認弱勢者如原住民、加拿大法國後裔等少數群體時，卻忽略了土著主義在成為國族／國家之後所形成的剛性結構所造成的壓迫。比如延伸來說，馬來西亞雖也處於後殖民情境，亦已經歷了去殖民化，但後殖民理論卻未必適用。在西方後殖民理論中，儘管它探究「基於歐洲殖民主義的歷史事實以及這一現象所造成的各種後果」（參閱羅鋼、劉象愚，1999: 2），並批評殖民者及其知識的壓迫性，或批判西方中心主義、帝國主義，但卻未充份注意到殖民地所造就的土著與移民社群的二元化性質，因此忽略了原住民的去殖民勢力者最後卻形成另一股步上殖民者後塵的國族宰制力量，對移民社群造成沉重的壓力。例如駱里山（Lisa Lowe）於2015年出版《四大洲的親密性》（*The Intimacies of Four Continents*）雖重點批判西方「自由主義」在廢奴之後，歐洲殖民者卻又從亞洲與印度引進大量的苦力勞工，並沒有帶來真正的自由與解放，但土著原地主義論述及其權力宰制同樣不在其視野之內。

三、本書架構與研究思路

　　本書所有文字皆與「馬華問題」有關，因此本書第一編「獨立建國時期：馬華問題的歷史根源」先集中討論「馬華問題」及其根源與本質，並將時間點緊扣於一九五〇年代馬來西亞獨立建國這一「關鍵時刻」。謂為「關鍵時刻」是因其具有巨大的歷史輻射力量，對後人產生決定性影響，而今天華人的地位很大程度上即繫於此。首章〈原地主義與華人的「承認之鬥爭」的源起〉先闡述馬來西亞華人所面對的最基本問題之根源──「原地主義」，而這一問題自英國殖民時代華人大量移民馬來亞即已啟始。筆者以「原地主義」指謂「因土著身份而獲得特權」現象，這一主義的立足點在於強調「土著」與土地的自然關係，而它之後再順延至馬來西亞建國之後，並實質進入國家憲制與體制之中，故討論馬來西亞華人問題不得繞過這一根源。本章嘗試從歷史的縱向視角切入，並借用上文提及的一些有關社群主義的少數群體及其處境之研究論述，尤其是泰勒的「承認的政治」理論所提供的進路，以解剖華人社會作為移民社會後裔在「原地主義」操作下「不被承認（nonrecognition）／要求承認」之根源及其所造成之困擾與影響。原地主義與華人社會「不被承認」之困境實乃一體之兩面。第二章〈徘徊於獨立大局與平等困局中的華人社會〉，討論了獨立運動時期華人在面對這一其來有自的「原地主義」之順延時，所經歷的爭取與鬥爭運動，他們夾處於「國家獨立」與「族群平等」之間而不可兼得，面對了某種程度的張力。在殖民宗主國即將撤退之際，他們欠缺政治法統與現實實力，因此所謂的「獨立」或「民族自決」往往不在他們「天賦」的平等權利之中，這是少數族群與非土著移民的悲劇，也預示了之後數十年他們在馬來西亞的政治地位格局。本章通過當時的中文報刊輿論，探視華人社會在「獨立建國」的時代大局、大蠹下，其所

得所失與進退失據的處境。而第三章〈馬來民族主義與「解放」「獨立」的本質〉則是在上一章的基礎上，從近代「民族自決權」與「民族解放」思潮脈絡進一步聚焦於追問「獨立」與馬來民族建國力量的實質，指出二者之目的不在於追求個人自由與民權，而是以「民族」解放為鵠的。通過省思「獨立」之於國家的意義，我們可以叩問當年響徹雲霄的「民族解放」口號意味著什麼？尤其是馬來亞之獨立，對於作為非土著和少數族群的華人社會又意味著什麼？

憲法是一個現代國家的基本治國大法。故此，馬來西亞華人問題之被制度化必須回到憲法的層面去理解，第四章〈「憲政時刻」中的族群糾葛與憲政闕失〉處理了這一問題。實際上，憲政認同之建構對多元族群國家尤其重要，因此，立憲基礎的關鍵並非去尋根或尋求原生血緣和族群意識，而主要是應考量賦予人民普及公民權，以促進公民不分族群地向國家歸屬與整合。然而，在一九五〇年代的馬來亞獨立憲法擬定之過程中，卻嵌入了過多的族群化想像與血緣歷史論述，使得馬來亞憲法烙印著族群主義多於上述公民憲政精神。作為研究途徑，本章也主要通過當時華文報刊中所呈現的爭論與語境，以探討馬來亞獨立運動時期族群認同及政治權益博弈對立國憲法的影響與衝擊，如何使得憲政認同建構失去了先天條件。此外，本章聚焦於李特憲制委員會（Reid Commission）所提呈的「李特憲制報告書」及隨後的爭議與修訂，乃至馬來亞正式憲法確立之過程，並嘗試以思想史的角度分析此過程中所揭示的馬來亞憲政闕失，以及種族主義大潮與各族之間的憲政創造力量及資源之匱乏對馬來西亞憲政進程的戕害。本章亦將借用上述格雷的多元主義的自由主義視角檢視「李特憲制報告書」，最後將指出種族主義與憲政之間的嚴重矛盾與緊張關係，並因此預示了馬

來西亞憲政之路的維艱與難行，也宣告族群主義制度化後的難解。

　　第五章〈政治變動下的華巫關係與次族群間之整合〉則是處理馬來西亞「原地主義」底下另一無法迴避的重要問題——族群／種族問題。在一九五〇年代馬來亞獨立運動期間，馬來亞此一英殖民地正大步邁向立國之際，英國人即將撤離，而馬來人、華人、印度人則正在為新興的國家建構方向爭論不休。由於在英國統治底下，馬來亞複雜的族群結構被化約為所謂的「三大族群」單位，而在獨立建國前夕紛亂的政治博弈之中，族群利益也主要以此為分配及談判單位。本章以此脈絡為研究進路，著重探討在這段關鍵及高度政治化的時期，華人社會與馬來族群在權利競逐下（也略提及印度人社群），兩方互為他者，內部次族群（／方言群）之間的關係如何產生整合及其演化。過去的研究都較著重於整體華巫之間的關係，而忽略了這兩大族群內部的複雜性。本章將揭示華人與馬來族群互為他者的族群建構性面向，說明政治變遷與族群博弈如何一方面強化了兩大族群內部原已在發生中的內聚，一方面又淡化了內在差異，並兼論人口普查族群分類在其中之作用。

　　本書第二編「獨立建國之後：平等追求與文化困局」則主要具體探析了「原地主義」所輻射的各種問題，而這首先必須先追溯馬來西亞獨立之後所發生的、最劃時代的大事——「五一三事件」——這是因為此一事件強化、固化了已然的族群不平等。1969年5月12日全國大選乃兩大族群爭奪國家機器的高潮，但最後卻以暴動與國會終止運作以及隨之而來的一系列族群政治失衡告終。第六章即以〈「五一三」之發生、記憶政治與華人的受創意識〉為題，一方面對各方各族的記憶分歧現象做敘述，以勾勒「五一三」的不同理解，另一方面也將揭示

「五一三」記憶已成為一種記憶符號，為官方所使用以及其對華人社會所造成的衝擊。「五一三」之後，不僅是事件過後的整個一九七〇年代，也不只是八〇或九〇年代，至今它依然時而繼續在政治變動的裂縫之中浮出歷史地表，作為最具恐嚇性和政治工具性的歷史幽靈復活於大馬社會的各個死角。對華人來說，華人在「五一三事件」中受到的創傷乃國家機關與政客、暴民的有機結合之結果。自「五一三」以後，華人普遍上更深化了對政府的不信任態度，雖然華人另一方面又希望爭取更多的政治權利及國家機關在各個領域的資助，因此可以這麼說：華人覺得國家機關終究「可愛而不可信」──可愛，因為華人需要政府的資助；不可信，因為國家機關的濫用。如上所述，國家（state）與華人民間社會之關係是一個重要議題，將在此章稍做處理。所謂「一切歷史都是當代史」，歷史終究逃不過當下的影響，官方的「五一三事件」闡釋亦進一步具體化了「原地主義」為更具族群性的現實政策，如一九七〇年代修改憲法以固化馬來人地位與「新經濟政策」的執行。客觀的說，「五一三」使華人陷入長期的政治從屬地位與難以解魅的記憶恐懼之中。第七章〈「五一三」戒嚴中的華巫報章敘事與官方論述的形塑〉則通過對當時的中文報《南洋商報》與馬來文報《每日新聞》（Berita Harian）之研究，管窺「五一三」戒嚴時期的言說空間以及此一空間限度與族群政治環境下所形塑的不同記憶與敘事型態，揭示中文及馬來文報刊敘事的差異及他們在馬來西亞記憶政治形塑中所起的作用。這其中尤其關注它對官方論述與記憶塑造的影響，同時也將考察在戒嚴下，報章敘事中所呈現的一些官方行為與人民日常生活，以窺見日常生活實踐所透露的「弱者的實踐藝術」。

　　「五一三事件」之後，除了「新經濟政策」貫徹了強烈的原

地主義實質，各種文化、教育政策也一樣雷厲風行，馬來西亞華人社會面對了更為嚴峻、凜然的「平等」問題。第八章〈「平等」與「公正」：分歧的華巫族群社會正義觀〉闡述了這一現象。自一九五〇年代馬來亞獨立憲制之擬定與談判時期開始，出於族群利益分配之博弈，公平、平等這些屬於「社會正義觀念」的詞語也夾雜在族群動員之中，充塞於馬來西亞各種政治文字與社會話語之中。如上所述，馬來西亞的最基本問題是種族問題，社會的利益分化和對立往往都被族群化，而階級問題則相對被模糊化，這使得族群之分歧造就了對「社會正義觀念」的不同視角及詮釋，進而形構了相異的社會正義觀。顯然，對任何一個現代國家而言，不管對其政治、經濟和社會的體制，如果要穩定和持續發展，都必須表達基本的社會正義。儘管此議題及概念如此重要，但有關馬來西亞社會之內的正義觀之研究似乎闕如。本章嘗試通過獨立以來國內兩大族群，即馬來人（尤其是以長期執政的巫統為主的主流民族主義者）及華人社會的幾個相關概念如平等、公正及公平之論述，探討馬來西亞社會內的正義觀之歷史起源、本質及其演變，並從羅爾斯的平等自由主義視角對之進行初步評價。在很大的程度上，馬來人原地主義與特殊地位論述主要建構於歷史因素之上，那麼在歷史統緒與華人所追求的普遍價值——平等價值——之間，應當如何兼容？兩者之間應如何維持適當的限度？這實乃馬來西亞華人必須面對的大問題，本書第九章〈歷史統緒與平等價值之間：華人的多元文化追求向度〉嘗試探視此議題及爭論，通過華人社會在文化（尤其在教育）上的平等訴求之目的和型態切入，概括地檢視馬來西亞華人社會對馬來特權所能接受的限度，同時揭示華人社會所追求的乃一種多元文化主義的向度，並沒有完全否定國家的歷史結構。

延續本書有關馬華社會在憲法與文化權利上之闕失脈絡下，作為「代結論」，本書最後一章〈國家權力邊緣下的馬華文化記憶傳承與文化再生產問題〉將通過歷史記憶傳承的途徑分析馬華社會文化的發展，並將其與國家權力相關聯進而考察華人文化建構與國家互動的型態，從而反思在集體記憶傳承過程中所面對的種種挑戰及因應而來的曲折演變。本章將嘗試追問：作為一個移民社會，其移民性如何主宰它的文化取向？在失卻有效的國家／官方機制與管道，甚至面對國家意識型態與國家機器之壓力下，華人社會長期以來僅靠民間體制力量如何維繫及傳送其集體記憶，並呈現怎樣的性質與歸趨？同時，本章也將從自由主義在對文化族群權利的爭論中所論及的文化賦權及少數族群公民權利論述，尤其是有關國家機關及公共語言對文化發展之決定性作用方面出發，檢視馬來西亞華人社會文化權利及其對華人文化發展之限制。具體而言，文化權利涉及國家對族群文化之肯認及文化資源之分配正義，而這以文化族群是否能有效地、創造性地參與自身文化，並具有傳承、再生產族群社會文化之能力為基準。本章借用上述論述之啟示，指出在既有的憲制及文化政策權利下中文在公共領域之使用，以及華人社會的中文習得程度與焦慮，揭示華人社會文化重建之理想必定是可望而不可即的。最後，作為本書總結，本章也約略討論這些問題在當代全球化與後現代情境的衝擊下，所呈現的一些現象與變化。

四、結語

概而言之，本書貫穿了一個問題叢聚，但牽涉到兩個語

境。其一即自殖民地時代至獨立後的歷史語境，另一個語境是屬於當代性的，就是晚近二十年左右馬華社會的思想、政治與文化狀況。筆者希望對這兩個總體狀況做一個關聯，使本書語境即是歷史的，也是當下的，以理解本書所關懷的問題——「馬華問題」。作為馬來西亞華人，不免自我地進入了這兩個語境狀態之中，這就是筆者上文所說的研究態度——馬華問題既是生活處境的問題，也是一位學術人員必要的學術關懷——這也是筆者始終認為的：學術人員在時代轉彎當中都應該具有自身的問題意識、關懷、態度與定位，但在另一方面，作為學術人員，這又是一個歷史問題、學術上的客觀研究問題與對象。

實際上，已故前輩學者駱靜山多年前曾指出，馬華社會對其自身複雜的問題缺乏深刻理解（1994: 77），因此真實理解更是每一個華人的挑戰。作為一位中文學術人員，其本份及使命就是尋找一種屬於自身問題的一個解釋構架。對自身問題的理解，更離不開一套學術語言、術語的建構，以通過此一術語、架構了解自身、闡釋自身，這可說是本書的另一個初步嘗試與初衷，更希望能藉此提出解決「馬華問題」的某些思路。讀者或可從書中知悉，筆者嘗試揭示及貫穿一個基本的立場，即解決「馬華問題」在於必須超克移民後裔與少數民族文化所普遍既有的卑微姿態、心態，並以公民與自由主義的公共角度去追求「承認」——追求超越族群權利的普遍權利，因為後者其實即已包含了前者——人類最基本的自由、平等與多元的生存保障。最後必須說明的，本書各章都曾發表過，但已做了不同程度的修訂或增刪，同時增加了參考資料、統一格式及減少重複，其中第九章和第十章做較明顯修改，包括納入了另一篇單

篇論文〈馬華社會文化權利及其文化再生產〉[5]（請參考附錄「原文出處」）。然而，由於本書圍繞著相關議題而論，加以當初是以論文的形式慢慢、逐步發表的，文章內容間仍有重複之處，這一點還請讀者們包涵。（初稿於馬來西亞「抗疫行動限制期」，2020年4月25日；定稿於2021年9月13日）

---

5 〈馬華社會文化權利及其文化再生產〉，原載《思想》39期（2020年1月），頁99-121。

第一編

獨立建國時期
「馬華問題」與歷史根源

第一章

原地主義與華人「承認之鬥爭」的源起

一、前言

2007年是馬來西亞建國五十週年。隨著獨立紀念日的迫近，舉國上下包括華團組織也不落人後地加入國慶集體大合唱的慶祝行列之中。面對獨立五十週年之際，華人社會顯然出現了同一性的紀念主題，即各方不約而同都在強調馬來西亞華人在建國過程中的貢獻，並宣示效忠。比如最顯著的例子就是，全國各州中華大會堂在獨立前夕（8月17日）同步舉行國家獨立五十週年升旗禮，以「表達對生於斯、長於斯的國土忠心」（《星洲日報》，2007年8月18日）。實際上，「週年」往往是人們藉以正視歷史的時刻，但是人們如何紀念並不是沒有客觀理由的，也不是不帶任何現實考量的。[1]

時任馬華公會婦女組主席黃燕燕醫生當時就獨立慶典說，「每當接近國慶月，社會上就有一些冷言冷語，矛頭指華人不愛國，對國慶慶典冷感，這都不符事實」。她進而強調，馬來西亞華人對建國有一定的貢獻，不容質疑，但同時她又「希望華人在大馬獨立五十週年慶時，也反省該扮演的角色，確保得到其他民族的肯定」（《南洋商報》，2007年8月28日）。這段話在華社中是頗具代表性的，它說明了華人社會在「效忠宣示」中所面對某些困擾與背景。華人一方面認為自身的愛國是毋庸置疑的，但另一方面必須回應一些所謂的矛頭與質疑。以當代西方著名社群主義哲學家泰勒的術語來說，華人社會

---

1 我們可以明顯觀察到，在這五十週年來臨之際，各方都對「獨立」做出種種「各取所需」的「反思」：例如當時政府把「國慶」紀念系列辦得猶如「國陣」的競選活動，左派中人則突出馬來亞共產黨、馬來左翼阿末波斯達曼（Ahmad Boestaman）等社會主義者的貢獻（參見〈別讓國陣獨佔獨立榮耀　重寫歷史肯定左翼貢獻〉，2007；〈巫統最遲爭取獨立卻獨摘成果　左翼組首跨族聯盟史實遭掩蓋〉，2007）。

之「效忠宣示」顯然表明華人還在追求國家對其貢獻、忠誠之「承認」（recognition），而且「刻意」地要「確保得到其他民族的肯定」，這也正是泰勒所說的「求取別人承認」（the need for recognition）（Taylor, 1994）。儘管我們也常見馬來人高唱愛國歌曲及揮動國旗，但是他們的「忠誠宣示」似乎比較自然自在得多。這種對比本身其實已是一個值得我們加以思考的現象了。

　　然而實際上，華人社會這種強調自身貢獻與宣示效忠的舉措並非今日始，它所一直面對的「不被國家承認」窘境可上溯至英殖民地時代。在西方學界，少數族群在大社會中的不利處境，業已成為當前政治理論討論的焦點所在，不論是移民或者是社會上的弱勢群體，他們在社會中不被承認的處境是一個公認的事實。這裡也必須對何謂「少數群體」（minority group）稍做解釋，據金里卡，他儘管沒有系統的劃分少數與多數是怎樣構成的，但他認為在數量上佔少數、在主流群體文化包圍下的群體就是弱勢群體，即屬於需要權利保障的群體（金里卡，2005b）。他從西方語境出發，其所指涉的「少數群體」主要包含北美的土著、講法語的加拿大社群，但在談到歐洲少數族群時，並無明確所指。金里卡後來在其另一本著作《少數的權利：民族主義、多元文化主義與公民》中則有相對明確的說明。他指「少數民族」是在「其歷史領土上形成了完整的運作著的社會的群體，他們被併入一個大的國家之前就已經存在」（2005a: 7）。易言之，這些少數族群已形成自己獨立運作的社群文化，尤其具有自身獨特語言、制度與傳統。儘管看來他未將移民社群考慮進去，但必須說明的是，金里卡著作中的「移民」定義基本是以歐美現代國家形成之後歸化的移民[2]，而非去

2　他所說的移民就是指「按移民政策規定抵達一國的人們」，並且在符合一定的最短時間、最低要求，如學會官方語言及對該國歷史與政治機制有所了解後，便有權成為公民之群體（金里卡，2005a: 159）。這與殖民地時期的華工移民性質是不一樣的。

殖民化之後一同建立現代民族國家的移民社會,二者有基本的差異。實際上,金里卡認為西方現代移民不成為一個「少數群體」,是因為他們是個體移民,並未形成集中居住地,並形成或嘗試創建一個制度完整或獨特的社會文化(金里卡,2005a: 167-68)。以此而論,他的「少數群體」主要立基於「歷史上已形成的獨特文化群體」,馬來西亞華人社群可謂符合他的定義。此外,也顯然的,華人亦處「在數量上佔少數、在主流群體文化包圍下」。本章嘗試從歷史的縱向視角切入,並借用當代學界一些相關的少數群體及其處境之研究論述,尤其是「承認的政治」理論所提供的進路,以解剖華人社會「不被承認(non-recognition)/要求承認」之根源及其所造成之困擾與影響。

二、馬來原地主義與移民的效忠問題

正如前面所提及的,馬來人似乎無需刻意宣示效忠,也無人對之提出質疑,這是因為他們被普遍視為、而且也自視及自我宣稱擁有這片土地的「主權」。有學者即指出,馬來人的「忠誠」比華人與印度人[3]二族更「自然」,非馬來人的忠誠度在許多方面則是「人為的」(artificial),而且兩者的「忠誠」存有本質性的差異,即非馬來人的效忠是政治性質的,而馬來人則

3　印度人在人口數上是僅次於華人的第二大移民群體,同時是馬來西亞的第三大族群,其總數約為兩百萬,佔今日馬來西亞全國人口7%左右。基本與華人一樣,十九世紀後半葉之後,英國殖民地當局基於經濟開發之需要,引進大量印度勞工。英國通過它在印度的殖民地機構,有組織地招募大批印度勞工到馬來亞,主要充當種植業、保安機構以及各項市政工程的勞工,使馬來亞的印度移民激增。直至戰後1947年時,依據人口普查,馬來半島印度人已達五十三萬多,約佔總人口的10.8%(R. Chander [ed.], 1975: 13)。

多了一份文化歸屬感，即忠於歷史存在——固有的社會傳統與制度（Ratnam, 1965: 28-30）。因此不難看到，與華人的「宣示效忠」不同，馬來人所反覆強調的則是自身的「土著／土地之子」（son of the soil）地位，並由此得到判斷他人「忠誠度」的道德制高點。然而，從世界與思想史的角度來看，這種宣示其實並不新鮮，它廣泛發生在近代世界各地，其思想源頭來自於近代民族國家觀念（nationalism）的「領地／原地主義」話語（參見埃里克・霍布斯鮑姆，2000）。

　　因此，要理解馬來人的「領地／原地主義」，我們首先有必要稍微追述民族國家與公民權利相互關係的涵蘊。自近代民族主義興起之後，在其大纛之大力揮舞下，一個人的身份歸屬往往無不依據其國族（nation）身份而來。個人只有獲得公民身份，才能獲得權利，因此也才能和主權發生關係，才能承載主權。然而，一個人怎樣獲得公民身份？答案是「從原籍地獲得身份」，即一個人只能借助於他的出生（birth），借助於他出生的地點和民族而獲得身份。一言以蔽之，現代的民族主義及其高漲的民族意識使得國家被迫只有承認「民族的人」（nationals）才是公民，公民權利和政治權利只賦予特定民族共同體的那些人。難怪著名的學者漢娜・鄂蘭（Hannah Arendt）就相信「民族國家的衰落」和「人權的終結」存在著必然的聯繫（漢娜・鄂蘭，1995）。那些沒有國家的人或少數族裔們自己也知道，民族權利的喪失就等於人權的喪失，前者不可避免地包含了後者。舉例而言，對一位難民而言，由於其身份之流亡、國籍之闕失，即便連作為人的權利也因此得不到基本的保障。

　　由此可見，所謂的天賦人權，當離開了一個國家的公民的權利形式之後，就變得缺乏現實性基礎了——除非它植根於民族共同體——正是這個共同體實施著保護其民族同胞的權利。

這意味著在一定意義上，國家由法律機器轉化為民族機器，民族可謂征服了國家。民族國家因此否定人類多樣性，其常態之一為打造一個「一致性的國家」，以一套自認為對國家普遍有效、同一性的認同，逐步以國家力量干涉其他少數族群的文化及記憶。它沒有耐心去調適、包容分歧的文化差異，而只想以所謂國家的標準改變、整合既有的不同規範。

　　之所以如此，漢娜・鄂蘭將之歸咎為民族主義「通過把公民與民族成員混為一談，把國家觀視為民族工具」的做法所導致，因而違反了多樣性的原則。在過去的歷史中，這種尋求一致性的民族國家主義殘害了全球少數、移民族群的文化尊嚴。她認為，二次世界大戰之間歐洲各國內部「少數民族」備受挫折的命運，便是這樣產生的，它們至多只能安於二等公民的地位，最壞時則被大規模的逐出自己的家園和國家（漢娜・鄂蘭，1995）。另一位著名民族研究者葛爾納（Ernest Gellner）在他著名的《民族和民族主義》（Nation And Nationalism）一書中則分析，現代民族國家被賦予單一的共同意志，對內它走向同質化，對外則具排他性。但這種一個民族、一個國家的「民族自決」原則是不可行的，因為存在著許多潛在的民族（按照其以語言為決定潛在民族的標準），而世界上只有很少數量的政治單位空間（葛爾納，2001）。值得加以注意的是，民族主義又往往與土地／領地緊密地相聯繫，許多民族主義者都主張民族有其神聖的土地起源，而這是不可退讓的。這就是為何領土完整是民族國家神聖不可侵犯的範疇，自古以來即出現了層出不窮的土地爭奪戰。具體至現代「馬來民族」（Bangsa Melayu）概念而言，誠如一些學者業已指出的，它正是近代民族觀念的產物，尤其是受到西方殖民知識及種族觀念的影響。[4] 有學者

---

4 有關馬來民族主義的近代興起與發展，可詳見著名的Roff（1994）。

認為，馬來民族是一種「政治性」的概念，作為英國殖民時代的產物，它最早也只始於一八〇〇年代，並穩固化於一九〇〇年代初期（詳見Shamsul, 2004: 135-48；Hirschman, 1986: 330-61）。馬來民族主義者基本上也模仿了「原地主義」邏輯操弄，把這個國家本質化為「Tanah Melayu」（馬來人之土／Malay Land），即「馬來人的馬來亞」，並以此合理化、鞏固他們在馬來（西）亞不容挑戰之主體位置。根據這個邏輯，馬來亞的土地是馬來人的土地，馬來亞的文化是馬來人的文化。

從一九二〇年代開始，當華人及印度移民人口大量增加之際，馬來人在深切的危機感作用下，開始覺得必須要有組織的力量來捍衛他們的權利（Radin, 1960: 11-13；Roff, 1994），並且有關他們是屬於土地之子的論述開始流行起來（Siddique and Leo, 1982: 663-64）。1926年成立第一個馬來人政治組織——SMU（Singapore Malay Union）的尤諾斯（Encik Mohammad Eunos）在立法議會上曾如此高分貝的喊出：

> 不論馬來人有怎樣的缺點，可是他們沒有共產黨份子，也沒有兩面效忠。不管其他民族如何講到土地的佔領，我確切地覺得，政府充份了解到，到底是誰把新加坡割讓給英人，與馬來半島的名稱是根據什麼人而來的。（*Straits Times*, 27 Jan. 1948）

上述引言揭示，對馬來民族主義者而言，馬來人的效忠與馬來人主權是不可質疑的，而華人則具有兩面效忠。在殖民地時代，華人對國家的效忠被無情地質疑，曾被似是而非地視為中國潛伏的第五部隊，隨時會向馬來人反撲。對馬來民族主義者而言，他們自認在其他族群到來之前已經在此定居，並建

構了自身的統治制度。因此，馬來西亞的歷史絕不是空白一片的，打從十五世紀馬六甲王朝時代始，他們就建立了以馬來統治者為主體的馬來主權國家之延綿系統，而這個歷史事實必須持續下去。他們認為，其他族群的湧入是殖民地統治的結果，這也扭曲了歷史的自然發展。既然馬來社會建制、傳統是固有的，那麼外來者更需要「調適」自己於固有的馬來歷史境況之中，勝於要他們放棄某些特殊要求（Ratnam, 1965: 30）。

在這樣的論述下，馬來人是國家主人（tuan），往後並逐漸據此建構了一套牢不可破的馬來霸權／馬來主權（ketuanan Melayu／Malay supremacy）敘述，而其他民族是「客」，都是外來移民（pendatang）、非原著民，他們必須融入馬來單一文化，不然就請「回歸祖居地」（這正是馬來政客經常提及的）。尤有甚者，當國家獲得獨立後，經1969年「五一三」事件後的馬來民族建國主義氣焰高漲時，國家對本國的人民普遍採用了「土著／非土著」（bumiputra／non-bumiputra）二分法作為享用、分配國家發展資源和財富的資格確認方式（Siddique and Leo, 1982: 675），這除了更進一步固化了馬來原地主義的論述，也激化了華人的困擾與危機意識。依據此「土著／外來者論」，馬來民族在此片土地上理所當然的擁有特權，其他民族則都被鄙視為外來者，不可享有完整的國民平等待遇。

與此同時，問題總有另一面，不列顛帝國本身基本上也是一個民族國家，它骨子裡自然也吃這一套。正如許多民族主義研究者所言，現代民族主義起源於歐洲，早在二十世紀初期，社會學家屈勒味林[5]（George Macaulay Trevelyan）在其重要著作《英國史》中，就特別專章討論了「英吉利語言之起」，這被視

---

5 今譯為特里維廉。

為乃英吉利民族意識抬頭的重要象徵。[6]甚至於，將馬來半島本質化為馬來人之發祥地，即上述的「Tanah Melayu」和「Malay Peninsula」稱謂的出現亦與英國建構的殖民知識緊密相關，而萊佛士（Stamford Raffles）對 *Malay Annals*（《馬來紀年》）之整理及重新命名被認為是此一知識的一大源頭（參見 Shamsul, 2004: 144-45）。這就把華印等移民社群置於先天性的身份與權利困境之中。從歷史及法律的觀點來看，英國在馬來亞的政治權力建築於各邦蘇丹的主權上（見楊建成，1982: 116）。在英國官員的眼中，他們對這片土地的主權原本奪自於馬來蘇丹手中，這形成了他們「馬來亞歸馬來人」的意識型態定見。從一九二〇年代開始，殖民地當局逐步實行「親馬來人」政策。直至 1942 年 7 月起草的一份關於未來遠東政策的備忘錄中，英方仍然維持此項基本政策：

　　我們過去的一貫政策是維護馬來統治者的主權。在我們的直接統治下，由於經濟發展的壓力，某些馬來土邦的主權曾出現過被削弱的趨勢，我們因此在馬來聯邦實行了分權化政策，以便使馬來統治者的主權更加實在。促進馬來人民的福祉和效率，提高他們的教育水平以使其有能力擔任公共職務，也是我們的一貫政策。長期以來，馬來人有理由擔心，他們可能會被更能幹、人數更多的華人（還有印度人，但程度較小）所淹沒。為此，我們控制華人向該地移民，並且將華人移民限制在錫礦和橡膠園產業等經濟部門。這些政策對該國有利，應該最大限度地予以

6　屈勒味林（George Macaulay Trevelyan）著，錢端升譯，《英國史》（*A History of England*）上冊（北京：中國社會科學出版社，2008），頁264-65。

維持。（Memorandum by G E J Gent and D. M. MacDougall, July 1942, CO825P35P4, f227；引自張祖興，2005：72）

到了二戰後，這項保護馬來人的特殊地位之政策依舊一如既往。這也就是為什麼在馬來亞獨立談判時期，一開始英國政府就認定了馬來人作為主權歸還的對象。當時的殖民地欽差大臣就曾針對華人公民權利益對陳禎祿說，只要巫統說「Yes」，英國這方面就沒問題。在現代民族主義之原地主義的作用下，作為移民的馬來（西）亞華人根本欠缺政治法統與現實實力，因此在當時風行的獨立建國思潮底下的所謂「民族解放」自然不在他們「天賦」的權利之中（許德發，2007d: 233-46），這一點下文將再進一步討論。易言之，在現代國家依據國族身份獲得國籍概念下，既然華印等族被視為所謂的外來者，自然也都沒有與生俱來的「天賦」公民權利，**其權利只能是被賦予的——歸化**。東姑在獨立前夕曾就公民權事宜明確指出，英國政府必須把國家主權歸還馬來人，再由馬來人決定是否賦予其他族群公民權。在另一方面，作為馬來人主權象徵者的馬來統治者基本從來不肯認華人是他們的臣民（subject），無論華人在此居留的時間有多長。

所謂歸化，涉及了宣誓效忠（allegiance）的問題，這是現代國籍概念的題中之義。故此，在獨立建國的過程中，華人等所謂外來族群之公民權必須是在宣誓效忠之下獲得的。因此，「宣示效忠」注定從一獨立開始就永遠跟隨著華人，甚至直到今天，公民權與效忠仍然是一個常見的公共議題。這與馬來人作為「蘇丹臣民／子民」自動獲得公民權截然不同。實際上，即使華人公民權限制後來在政治妥協下（以馬來特權作為交換）稍有放鬆，大部份華人也都獲得公民權，但早期的巫統並不把

它等同於「國族地位」（nationality）。當時的首相東姑阿都拉曼直至1966年之前從不承認「國族地位」是公民的基礎，而且一直拒絕談及國家的國族稱謂，這是因為擔心這將為馬來人及非馬來人之間的平等鋪路（Funston, 1980: 137-38）。顯然，巫統在公民權課題上雖做出讓步，使得大部份華人獲得公民權，但他們絲毫不放棄「馬來國家」的建國理想：只有馬來人才具「國族地位」。如此一來，「國家的公民」與「民族的成員」已經變得不能混為一談，也就是說，對國家的「效忠」以及對民族的「認同」（identity），在概念上有相當的差別。當時巫統對此分得很清楚，毫不含糊，他們「給予」華人的是「公民權」（citizenship），但公民不等同於國族（national），所以公民之間自是不平等的。馬來民族國家建構的理想使得馬來西亞先天性沒有建立普遍公民國家的條件，這也成為馬華人的基本難題／問題。

基本上，一切「親馬來人政策」或馬來人特權之制訂的合法性來源無不自此「馬來原地主義」話語，並都以此為前提，這是華人在馬來西亞所面臨的最本質性的凜冽挑戰。華人或同樣是移民社群的印度人都在這套叫人沉重的話語底下，開始了他們不平等的公民身份與效忠困擾。自此以後，華人一方面必需時時刻刻、小心翼翼地對待其與母國（中國）的關係，另一方面也必須時常、大力的宣張自己對馬來西亞的效忠與貢獻，來確保他人認可自己對這片土地具有不可置疑的合理地位，也以此作為平等權利爭取的理據。

三、「承認」的匱乏與華人的反表述

泰勒在分析加拿大魁北克出現問題時，曾十分尖銳的指

出：「無可爭辯的事實是，今天有日益增多的社會成為不僅包含一種文化共同體的多元文化社會，這些共同體都要求保存自身的特點……」(Taylor, 1994: 64)。泰勒以「承認的政治」相標榜，其立場大體是指：我們的認同部份是由他人的承認構成的；如果得不到他人的承認，或者只得到他人扭曲的承認，不僅會影響到我們的認同，而且會造成嚴重的傷害。[7] 在這個意義上，「社會」建立在一種對話關係上，如果一個社會不能公正地提供對不同群體和個體的「承認」，它就構成了一種壓迫形式，把人囚禁在虛假的、被扭曲和被貶損的存在方式（Taylor, 1994: 25；參見汪暉，2000）。他進而認為，魁北克問題部份可解釋為「承認的匱乏」或「承認的扭曲」所造成。因此我們可以這麼說，華人的不斷宣示也可說是一種國家對之「承認的匱乏」的反應，而不被「承認」則是一種壓迫。

　　從歷史角度而言，早在殖民地時代面向「馬來原地主義」之大論述，以及英殖民政府實際的不平等之「親馬來人」政策下，華人海峽僑生最先理解身份、主權與出生土地的關係。他們開始為平等待遇的問題而憂慮，在立法議會裡，其領袖與代表就公然表達爭取平等待遇的決心。1931年2月6日，檳城立法議會代表林清淵在輔友社[8]致詞時即直率的宣示道：

　　　誰說這是馬來人的國家？當萊特到此地時（作者按：檳城），他是否發現到任何馬來甘榜？我們的祖先足履斯

7　泰勒提出「承認的政治」並非偶然，這不僅因為他的現代認同的研究提供了理解「承認的政治」的歷史和理論的背景，而且更因為他的理論探討緊密聯繫著使整個國家瀕於分裂邊緣的加拿大魁北克分離主義運動。泰勒本身是魁北克人，他可說是嘗試為講法語的魁北克人企圖脫離以講英語為主流的加拿大之問題提出學理上的辯解。

8「輔友社」創立於檳城1914年，旨在提供英文教育者學習中文的機會。

土，充當勞工，我們並無匯款回中國去。我們把錢花在這裡，而政府也藉此可以把國家闢為文明之域。我們已是國家的一份子，這是我們的，這裡是我們的國家。（*Al-Ikwan*, 16 Feb. 1931；引自 Radin, 1965: 13）

這也許是華人最早的「宣擁馬來亞」（claim Malaya）之呼喊，並自此形成了華人與馬來人永不停息的「質疑/反質疑」拉鋸戰。可想而知，林清淵此語一出，自然引發馬來輿論頗大的關注以及「絕對的敵意」（definitely hostile）（Radin, 1965: 13）。當時的《馬來教師雜誌》（*Mujalah Guru*）在其社論中就認為，林清淵的說法是一個絕不能被妥協的假設，並質問：「若我們馬來人生於上海，是否可以只因為我們想要權利和特權，而自稱是上海的土地之子？」（*Mujalah Guru*, August 1931；引自 Radin, 1965: 13）析而言之，林清淵在這裡所揭櫫的論述基礎大體是：此片土地乃「無主之地」（terra nullius 或 vacant lands）。他嘗試以此對應馬來人的原地主義論述，並藉此強調華人的效忠及在開拓和發展此片土地上的貢獻。隔年12月，陳禎祿則向英國駐馬來亞的總督遞呈了長篇政治宣言，要求賦予海峽華人政治權利，廣泛參與行政會議與立法議會的權利，允許華人進入馬來文官組，即殖民政府行政管理層（Tan, 1947: 74-88）。這其實是從另一角度切入，呼籲政府給與華人公平待遇，以建立華人對本土的效忠。往後數十年來，「宣擁馬來（西）亞」跡近成了華人持久的對「馬來原地主義」的反論述，並內化為華人心裡的重負與意識危機，即前面所說的，他們必須不間斷地重複吶喊與宣擁，以便應對不時的政治時局需要。

對華人社會而言，他們的「外來身份」似乎成為一種「原

罪」，其效忠也成了一項「問題」，因此強調自身的貢獻與忠誠已經成為了一種必要，而實際上這與它的各項權利包括文化、教育等方面息息相關。這也就是說，移民社會的悲劇在於，他的「平等訴求」似乎是建立在他的效忠及貢獻被承認，尤其在獨立建國、立憲前夕，華人必須宣誓自身的效忠及貢獻，彷彿不如此就顯示不出華人應當獲得公民權及平等待遇。在獨立制憲期間，肩負爭取華人公民權利的「全國華團工委會」所提出的四大要求，即都立基於強調自身貢獻和效忠之上，這兩者可說是一體兩面。華團宣稱：「吾人之要求，乃極為合理，亦為基本之原則，**我們願對本邦矢忠不二，老逝於斯。**」（馬華團代大會工作委會　今日在隆討論憲制報告　昨晚先假旺記酒家舉行座談會，1957）其主席劉伯群在上文提及的「最後關頭」中也鄭重宣告華人對獨立的貢獻：

> 首先，本席須重行申述吾人對於本邦獨立全力支持。關於此點**華人曾與其他民族並肩作戰，向英政府爭取獨立事實俱在**。其次，吾人將馬來亞華人之意見及願望宣佈出來，其宗旨係為欲造成一公平之憲法，根據基本人權、不分種族來源及宗教信仰，一本憲章，足以奠定獨立及尊嚴的馬來亞民族之堅固及永久之基礎。（馬華團代工委會昨開會議　不滿四要求未被接納　函詢東姑是否能保證及時發給公民權　申請公民權時如被拖緩應即具情報告〉，1957）

頗能代表一般華人社會的注冊華人社團大會對立憲提出以下的「四大要求」：即（一）凡在本邦出生的男女均成為當然公民；（二）外地人在本邦居住滿五年者，得申請為公民，免受語言考試的限制；（三）凡屬本邦的公民，其權利與義務一

律平等及（四）列華印文為官方語言（全馬華人注冊社團代表大會，1956）。除了公民權限制稍獲放鬆之外，其他要求大體都以失敗告終。華人社會與社團在獨立憲制博弈中的失敗，尤其他們要求的平等權利之鎩羽而歸，說明了他們無法改變新憲制以馬來民族主義為基準所確定之新的忠誠關係。然而何謂忠誠關係？在規範意義上，忠誠關係是「一國之國民與主權間臣屬義務與保護權源之描述」（黃居正，2004: 4-5）。在新國家的憲法中，馬來特殊地位被明確地訂立下來，這意味著馬來亞是馬來人土地之論述成了新興國家的基本契約，馬來人擁有評判何為忠誠，以及他族是否與國家存在忠誠關係的道德詮釋權，政府更具有主觀決定篩選公民申請者的權利。新憲制規定，欲申請公民權的移民社群即使符合條件，也未必能自動獲得公民權，而是必須由內政部定奪。這曾在獨立前引起華團的反對與爭論，下一章將再加以論述。顯然，對巫統而言，在決定忠誠關係上，種族及血統是獲得公民權或國籍的重要因素，其他種族則必須經過某種檢驗。著名的華文教育鬥士林連玉在獨立後不及四年，於1961年因爭取華文教育而被指不效忠國家，並遭褫奪國籍或公民權就是一例。[9]此個案深切說明對政府而言，其「效忠」論述的指向包括了不可置疑馬來文化霸權的合理性，而爭取華教可被視為不效忠這個「馬來」國家。這極具象徵意義

9　1961年8月12日，馬來亞政府書面通知當時的教總主席林連玉，政府欲褫奪他的公民權。官方理由是指：一、林連玉歪曲與顛倒政府的教育政策，有計劃的策動對最高元首及聯合邦政府不滿；二、其動機含有極端種族性質，以促成各民族間的惡感與仇視，可能造成騷亂。然而，官方具體所指的應是林連玉強烈反對1960年《拉曼達立報告書》和《1961年教育法令》，因兩者都要求所有華文中學接受政府津貼，以改制為政府中學。官方吊銷其公民權是依據馬來亞憲法第25(1)條的內容，即指「如果聯邦政府認為，某個註冊公民以其言行舉止，表現出他對聯邦不效忠，政府就可下令褫奪他的公民權」。林連玉被迫展開一場歷時三年的法律鬥爭，但以失敗告終（教總祕書處，1989）。

地揭示了華人社會的「效忠」在國家意識型態中的被動性困局。

從更大的意義而言，從上述華人社會在憲制利益博弈中，**我們可以說華人社會要求的「承認」不僅是一般意義上的「對貢獻、忠誠的承認」，也是嘗試改變既有的、由馬來民族主義確立的「忠誠關係」與定義，所指向的是要求國家對民族、主權、文化等權利的「承認」**。換句話說，他們要求承認他們的貢獻與忠誠，也要求承認他們的平等權利，包括要求承認國家的多元文化現實。兩者是一體的兩面，即華人認為，正由於他們的效忠及地位之不被充份的「承認」，造成了華人各項平等利益的不被「承認」。既然華人的權利與效忠、貢獻聯繫在一起，這也就牽動了華人的政治導向，必須強調自身的貢獻，以此正當化自身在馬來亞的政治權利。因此，我們可以概括言之，憲法及政策拒絕上述華人之要求亦可謂之為對華人社會及其文化等領域的平等要求之「承認的匱乏」或「承認的扭曲」，華人也可說是遭遇一種失敗的「承認鬥爭」（struggles for recognition）。

在「從原籍地獲得身份」觀念與實際操作之下，華人也深刻理解必須對此解套，而這種重負又必須通過學術與歷史上的書寫及詮釋加以卸除。於是，埋在土地上的華人先驅屍骨，便成為日後華人「宣擁馬來（西）亞」時，最為刻骨銘心的歷史憑藉與土地記憶。大者從吉隆坡開拓者葉亞來、新山華人先賢陳旭年等甲必丹與港主的開闢之功，小者至許許多多無名礦工豬仔之披荊斬棘之績務必時時需要被召喚。這些自然是任人都無法否定的史實，然而實際上，在西方學術界，這並非常態性的議題，許多研究領域不會時常以某族某人之貢獻為其問題意識，但在馬來西亞華人中，這卻被「問題化」為一個不得不提

的「恆久議題」。[10]一九八〇年代有關葉亞來或阿都拉開闢吉隆坡的爭論，便是歷史與現實政治地位相糾葛的明顯例子，它在華社中激起了系列有關紀念葉亞來的活動及出版，這再一次顯示了華人「宣示貢獻」的困擾。華人深切自認，如果沒有華人在經濟上的貢獻和拚搏，馬來西亞哪有今天的繁榮？華人也認為，他們是馬來西亞歷史、文學、政治、經濟和社會的一部份，理應得到他／她們的該部份話語權利。

　　與馬來人強調的歷史延續性角度迥然不同，對華人而言，馬來西亞是一個新興國家，是三大族群攜手合作從英國手中爭取，並創建而來的。華人最典型的說法就是聲張獨立時期的三大族群合作的事實，以證成自己的建國貢獻。正如馬來西亞國父東姑所說：「沒有華人、印度人的支持，馬來人無法向英國人爭得獨立。因此馬來人應該感激華人、印度人的合作。」（轉引自華社資料研究中心，1987: 61）此外，前面已經提過，在面對馬來人所一直強調「土著／原地主義」論述時，華人則提出這裡乃「無主之地」的論述，即指國內三大族群皆是外來移民，當然馬來人也是從外——印度尼西亞——移居而來的。在政治上，這種華人社會對馬來原地論述的反論述高潮與張力性事件終於在一九八〇年代上演了。當時由於巫統黨爭的特殊作用下，在1987年的巫統青年團大會上，許多代表紛紛發言指華人為外來移民，甚至質疑我國華裔公民對國家及元首的效忠誠意。最後雪蘭莪州馬華公會以牙還牙，在大會上通過議案做出反擊，指出三大族群皆從外而來，因此無人能指他人為外來族

10　因此，有關華人在本國的貢獻之著作汗牛充棟，比如由顏清文等人贊助出版的 *The Chinese Malaysian Contribution*（《馬來西亞華族的貢獻》）（何華芳、陳忠仁及陳如蘭合著〔吉隆坡：華社研究中心，2006〕）即是其中一個顯例。另外坊間還出現許許多多突出華人開拓之功的地方史論著，惟此處未能盡錄。

群。此舉引起雙方激烈爭論，國內種族緊張氣氛不斷升級，最終成為震動國內外的大逮捕事件的導因之一。[11]

　　總而言之，華人不能不繼續「宣擁馬來西亞」、不能不恆久的宣示忠誠，不然其國家主體位置就顯得「姜身未明」。這顯然是一股互為糾結、拉扯的政治力量中所產生的華人主體困境。柏林（Isaiah Berlin）曾指出，許多歐洲猶太人都有一種不安的心靈，懷具一種「非要對寄居國的文化做出什麼貢獻」的刻意心態，然而他卻認為，這種心態與意識乃是一種扭曲（劉小楓，2001）。反觀馬來西亞，華人社會普遍也都存有某種程度的類似不安，即便一些受到禮遇，在各行各業地位甚高者莫不如此。華人必須時時明示自己的效忠與貢獻，這其實是一種扭曲的心態與意識危機，一種「效忠的焦慮」、一種「貢獻的焦慮」。**問題是，這樣的不斷宣誓是否就能實際解決華人的焦慮和平等問題，卻仍值得我們沉思。**比如前面所提到的 *The Chinese Malaysian Contribution* 一書之出版時（見注10），該書出版人頗為用心的請了前首相馬哈迪前來主持推介禮。馬哈迪致詞道，「馬來西亞若沒有華人，就沒有現在的成就，華人在國家做出的貢獻是有目共睹的……」，「華人對這個國家的貢獻不可否認，即使面對全部是馬來人的群眾，我也說同樣的話。如果沒有華人的貢獻，這個國家的成就應該會全然不同。」他並指出，他一度對馬來人表示，如果將華人的貢獻從這個國家抽出來，所剩餘的應該不多，而他這番話引起馬來人反感（《南洋商報》，2006年7月26日）。顯然這類來自個別領導人、在某種場合之「確認」雖時有所見，但並沒有導向華人所要求的

---

11 此事件被提上內閣討論，最後由當時的副首相嘉化出面諭令各方停止爭論，也不准許相互指對方為「外來移民」，此風波才暫告平息。

「制度化承認」。這些言論動機看似更基於對自身族群的「激勵」意圖。

顯而易見，真正要從根本上消解與改變華人經已內化的意識危機和心態，只有徹底改變華人在馬來西亞的生存處境，也就是改變被捧為國家哲學的不平等的、「土著＝馬來（西）亞」的「原地主義」民族國家觀，及依據此原則而來的忠誠關係及種族性政策。從這個觀點細看歷史，馬來西亞的族群問題其實很大程度上是一種回歸最原始的方式：土地糾紛——爭奪對這片土地的主體權。華人社會在權利危機的促迫下，儘管鍥而不捨的強調普遍人權觀，甚至早在獨立時期即已初步萌生普遍公民意識，及認知其意義，但是這個認知與要求在原地主義者與生俱來的自然、天賦利益之大論述底下，竟在自身移民的「原罪」性及馬來民族國家意識高漲情況下，變得那麼的「過份」、「無理」以及「緣木求魚」。這就是作為移民及其後代在強調「原地主義」的「民族國家建構」中的悲劇。

四、結語：超克「少數民族」心態與尋求公民國家主義

馬來西亞雖是一個多元文化社會，但「多元文化主義」卻從來不是這個國家的實質，因為前者只是指出多民族、多文化共存這一社會客觀現象而已，而後者強調的則是各民族和各文化之間實際的權力關係問題。在政府的單元化政策諸如國語政策、國家文化政策之下，馬來文化處於一種霸權的境況上，而在此「以小伺大」的支配關係下，即使社會在表面上能呈現著和諧共存的表象，卻掩飾不了移民少數／被支配族群在心理底層的失落。正如前述，移民後裔、少數民族文化及其他權利一直沒有得到真正的全面「承認」過。這種對社會弱勢群體的

「不承認」，顯然是嚴重不公的，也是有違社會正義的行為。加拿大麥克基爾大學哲學教授詹姆斯・塔利（James Tully）即認為，若公民的文化特性得到承認，並被納入憲政協議中，則依此憲政秩序所建構的現實政治世界便是正義的。反之，若公民的獨特文化遭到排斥，這樣便是不義的（詹姆斯・塔利，2005: 5-7）。華人要求承認他們的貢獻，進而承認他們的地位，這其實並非過激的行動，也不是在整體否定馬來西亞與馬來人之間存在的歷史淵源，而是認為歷史淵源不該造成歧視。[12]在其《陌生的多樣性：歧異時代的憲政主義》一書中，詹姆斯・塔利曾指出，有六種「要求承認」的運動，其中即包括了長期居於弱勢地位的少數族群及移民，他們圍繞著少數民族和其他亞文化群體的「承認」和「平等」問題提出了種種要求，是符合社會正義的（塔利，2005: 1-3；參見江宜樺，2004）。[13]因此，馬華社會沒有必要猶如前馬華總會長林良實所嘗試鼓吹的、著名的「少數民族」心態論——「少數族群必需具有少數民族的本份認知那樣」。儘管華人處於「少數族群」的待遇情境，但一個社會最可怕的、最要不得的是自我卑微的姿態與定位——「自我少數族群化」，[14]這正是華人社會在爭取平等運動中最先需要避

---

12 參見本書第九章。實際上，究竟此歷史淵源應該如何適度地反映到國家機制上才是「可接受」的，華人社會仍缺乏全面的思考與回應。

13 塔利認為我們一般所談的現代憲政主義過度側重普遍性與一致性，無法面對文化歧異性的事實，結果產生種種不公不義的現象。具體而言，有六種要求承認其文化差異性的運動，並沒有在目前的憲政秩序中得到應有的重視。這六種「文化承認之政治」包括：（一）民族主義運動；（二）帶有文化意涵的跨民族體制（如歐盟及北美自由貿易協定）；（三）長期居於弱勢地位的少數族群；（四）移民、難民、流亡人士所形成的多元文化呼籲；（五）女性主義運動；（六）世界各地的原住民族及土著民族運動。在這些紛雜歧異的運動中，尋求文化承認與爭取某種自治是它們共通的特色（塔利，2005: 1-3；參見江宜樺，2002）。

14 這是本文發表後的一個私下討論中，友人盧日明針對作者論文而提起的概念。這裡加以引用，並向他致謝。

免的心態。

隨著新世紀全球化時代的蒞臨，以及民主政治已成為普遍被認可的價值與制度之趨勢下，多元化已經是不可逆轉的大勢，因此也鮮有人再公然捍衛不平等的主張。從多元文化主義角度而言，對各種（文化）差異必須尊重、彼此的文化認同也必須相互承認（參見金里卡，2005）。在多元文化主義者看來，僅僅承認多元文化共存是不夠的，因為它沒有明確各種文化之間到底是從屬還是平等關係，他們以所謂的「認同政治／差異的政治」（identity politics／politics of difference）為論述中心。它堅持要求承認不同文化的平等價值，並給予所有社會文化群體以平等的政治、社會和文化地位。社群主義學者泰勒建議接受這樣的一種著名假設，即所有的文化都具有平等的價值，他進而斷言，「如果拒絕承認這個假設就是否定平等，如果人們的認同得不到承認會造成嚴重後果……」（Taylor, 1994: 68）。在馬來民族主義者所謂的馬來西亞／馬來人「民族國家文化」論述下，華人被認為是一個外來族群而遭受差別待遇，其文化存在也被視為另一種「差異」、與國家的標準不相容，因為國家把全體人民視為應該分享同一文化傳統的共同體。顯然的，這裡的關鍵是差異與平等兩字，而差異不是只有被尊重，而是必須真正被平等對待，真正的包容差異在於承認差異（見黃競涓，2003: 8）。

實際上，平等必須以差異作為基礎，亦即平等不該以壓制、犧牲差異作為前提，而且平等是以差異來定義的。換句話說，我們必須同時視彼此為差異與平等，且必須承認我們所理解的「公領域」是由許多不同的群體所組成，並不存在一個單一、具普遍性的內涵（見黃競涓，2003: 10）。但為什麼一個人或一個團體應當擁有這種差異的權力？這是因為，生活在自己

的文化或價值系統中是一個人實現及完成他的認同或自我極為重要，甚至不可或缺的一部份。因此，對少數族群差異的「不承認」，等於否定了他人完成或選擇自我和認同的權利，並構成了一種歧視和偏見，可能會增加社會分歧和矛盾。相反的，確認族群認同，反倒有助於促進族際間的諒解與寬容。顯然，只有「同中存異」、才有進一步塑造「異中求同」之可能。這說明多元文化主義與國民整合之間不必然是不能相容的，國家不必為了建構民族而壓抑及犧牲掉其他族群的固有認同。當然，也值得共同警惕的是，若過份強調差異卻忘了異中可以求同，而同中亦可存在差異的交錯關係時，「差異政治」將有可能淪為具有本質主義的排他論述。從承認差異之多元化角度來看，過份專注差異可能易於導致差異之本質化，就是將差異凝固化，使得原本以此差異特徵作為不平等對待之藉口的政治、社會狀況得不到具體的改善；所以當過份專注在己身與主流之差異時，常常會演變成浸淫在因差異而受到歧視的傷痛，反而難以走出創傷（黃競涓，2003: 7）。

從過去一九五○、六○年代以來，對獨立後生於斯長於斯的馬來西亞華人新一代而言，他們對國家認同已毋庸置疑，義務及權利意識更不斷增加，加上獨立之後憲法中所確定的政治機會，在在地加強了華人追求承認、追求主體地位的動力。這一方面體現了權利意識的自覺，另一方面又體現了公民意識的萌發。因此，新生代華人除了爭取「承認」之外，也似乎以更為積極的心態去強調和實踐「公民參與」，而非一直過度陷於「不被承認」的悲情或「追求承認」鬥爭的窠臼。借用史賓勒（Spinner）的術語來說，華人族群沒有享有一切平等的公民權利，也算是一種「不完整的公民」（partial citizenship）（Spinner,

1994: 98），[15]因此華人社會長期追求平等、強調公民權利實踐（在有意識或無意識中）可說是在爭取做一個完整的公民，尤其自九〇年代以來，越來越多華青參與跨族群議題為導向的非政府組織，這就是一種「公民參與」最值得注意的良好發展。這個過程其實可歸屬為一種嘗試超克過去比較單純的民族維權運動，以建成一個「所有公民的國家」。

所謂「公民國家」，是建立在公民權及所有公民權利平等的基礎上，而不論其原籍、文化背景，充份尊重差異。如果說民族國家是建立在共同族群的基礎之上，權利或特權只授予主體民族成員，那麼「公民國家」則以公民權創造了一種新的認同，一種與族屬意識、族籍身份相分離的政治認同，同時提供一種新的政治聯繫，一種比種族關係更為廣泛的聯繫。因此，它提供了將種族上的親族認同與國家相聯繫的政治認同相分離的方法，一種把政治認同從親屬關係轉向政治地域關係的途徑（菲利克斯格羅斯，2003: 32-37）。這確實是多元文化的一把保護傘。在此情境下，移民或少數族群可以繼續在他們的社會中生活，保持各自的文化聯繫，而在同時，作為國家公民，又尋獲共同的認同及建立起一種新的政治聯繫。

然而，誠如漢娜・鄂蘭在《極權主義的起源》中所強調的，那些被剝奪了公民和政治權利的人們，並不能以自然權利或人生而平等來保護自己。他們要為自己的自然權利辯護，首先需要有為自然權利辯護的權利，而只有在承認公民平等的公共領域中，才有可能提出公民權利問題（漢娜・鄂蘭，

---

15 這裡是借用史賓勒在論述美國亞米希人時的術語。儘管亞米希族是基於自身的生活方式而自我選擇離開主流社會，放棄公民權利，因而很少涉入公共領域和民間社會（civil society），但從語義而言，華人族雖非自我選擇，但同樣沒有享有一切平等的公民權利，也算是一種「不完整的公民」身份（Spinner, 1994: 98）。

1995）。換句話說，爭取建構一個開放的公共輿論空間，而這個空間並不禁止人們討論諸如馬來特權、回教地位等所謂敏感的議題，才是解構馬來民族原地主義及其壓迫話語的當務之急。

第二章

徘徊於獨立大局與平等困局中的華人社會

一、前言

1945年第二次世界大戰之後,「民族解放」(national liberation)思潮成為時代的主旋律,亞、非洲等第三世界國家紛紛獲得獨立,帝國主義的殖民體系土崩瓦解,[1]馬來西亞也跟上了此浪潮的尾瀾而獲得了獨立。儘管「解放」方式在不同的地域表現出巨大差異(理查德等著,2001: 173),然而在短短的時間內,眾多的國家掙脫殖民枷鎖,登上世界歷史舞臺,其規模之大,影響之深遠,乃世界近代史上其他事件所不能比擬的。這是整個二十世紀最重要的歷史事件之一。

大體上,從歷史的角度來看,一些學者認為,獨立建國的過程大致可以兩種模式歸納之,即:第三世界的「後殖民地國家」(post-colonial)與「墾殖國」(settlers' state)。前者是由原殖民地的土著或原住民掙脫外來帝國主義征服者而建立的,比如印尼人之於荷蘭,越南人之於法國,印度人之於英國。後者則是由墾殖者切斷其與母國(home country)的從屬關係而來,比如美國人與澳洲人之於英國,阿爾及利亞統治階層的法裔墾殖者之於法國等(Huntington, 1971: 27-62)。從上述兩種模式可以看出,後殖民地國家涉及土著與征服者,而墾殖國則關係到移民、土著、母國三者。相對於馬來亞華人而言,他們的情境似乎要更加複雜,可說是上述兩者所未能解析及的範疇,即華人移民必須夾處於土著(馬來人)、母國(清、民國),以及外來帝國主義征服者(英國)之間。正如上一章所論及的,他們沒有諸如馬來人作為土著所具有的「爭取獨立」的合法性主體位

---

1 據統計,截至1990年,全世界180多個國家中,有近100個國家是在戰後宣佈獨立的,其中亞洲27個,非洲48個,拉丁美洲10個,大洋洲11個,歐洲1個。

置，人口雖佔相當比重，但也沒有美、澳白人佔多數人口的優勢處境。易言之，對於有關馬來亞華人在獨立運動中的處境之研究並沒有現成的理論觀照。但是，只要直面馬來亞歷史，就不得不面對華人社會在獨立運動中的真實存在。故此，本章主要是以華人社團為切入點，審視華人對獨立運動的反應與所起的意義，以及華人社會的集體心態與焦慮。此中尤其將刻劃華人的認同轉變與面對獨立時所持有的基本立場，即獨立建國與華人利益／普遍平等之間的先後秩序與價值張力，進而論析華人在「不損獨立」之「大局」下，如何為自身在未來的馬來亞之命運做憲制上的堅定和合理爭取，以至於形勢比人強之下的妥協。

二、本土認同與「承認鬥爭」的開始

一九二〇年代期間，一群認為殖民當局為當地土著人民所做的並不足的英殖民行政人員迫使殖民政府採取更有力的行動，以增進馬來人的利益。從這時開始，親馬來人政策陸續登場。英殖民地當局在一九三〇年代以後，限制僑民入境，並宣佈被允許入境者只能在合同規定的期限內逗留。但是很快的當局即發現，為了支撐殖民地的經濟發展，馬來亞顯然需要印度人與華人勞工。這使得殖民當局開始探討在半島保持永久性華人與印度人居民的政策，這就引起馬來人對於在自己的國家被外國人淹沒的擔心（參見Kratoska and Batson, 1992: 302-303；Radin Soenarno, 1960: 11）。

如上一章所論及的，當華、印人口增加，馬來人就開始覺得必須要有組織的力量，並且開始提出以「從原（籍）地獲得身份」為基礎的「馬來人的馬來亞」（Tanah Melayu untuk Melayu）論述。這也引起華人最早的「宣擁馬來亞」（the claim of belonging to Malaya）之呼喊，自此形成了華人數十年對「馬來原地主義」的反論述，並內化為華人心理上的重負與內在意識，他們必須不間斷地在重複吶喊與宣擁這片土地，以便應對來自馬來政治不時的效忠質疑。華人社會一方面希望爭取自身貢獻與效忠受到「承認」，另一方面也希望藉此得到「平等待遇」，這可說是華人社會在馬來亞「承認鬥爭」的最初啟始。然而，這一「宣擁馬來亞」主要還是以土生華人為主，對馬來西亞華人新客移民而言，他們前來開發新天地，在本質上是一種「社會逃避」，因此免不了無法完全斷然與母國截裂，內部終被認同抉擇所困擾。這是任何新移民社群常見的現象，不是華人所僅有。二戰後，馬來亞華人人口有一半來自中國僑民，因此值得注意的是，除了一部份支持馬來亞共產黨而具有強烈的反殖建國的意識，馬來亞大部份一般華人仍具有中國民族主義認同，對於馬來亞獨立大體是出於被動的位置。[2] 猶如前述，從一開始，他們就夾處於所謂土著的馬來人與殖民宗主英國政府之間，欠缺政治法統與現實實力，因此所謂的「獨立」或「民族自決」往往不在他們「天賦」的權利中，這是非土著移民或少數族群的悲劇。但這並不意味著華人在獨立運動中沒有發生顯著的作用。[3] 整體華社「尷尬的被動處境」在戰後，尤其是一九五〇年代初期被打破了。

　　大體上，一般華人社會在1957年前夕，也深受獨立運動的衝擊，而紛紛體認到獨立建國之必然性以及自身認同轉變的必要性。這是由於國際與國內政治結構與趨勢都發生了根本的變

---

2 有關二戰後至一九五〇年之前華人社會內部認同意識的分歧與轉變，可參見崔貴強（1990）；陳劍虹（1984: 92-106）。

3 有關以華人為主的馬來亞共產黨對馬來亞非殖民化及獨立進程的影響，經有多方的研究成果，而誠如前述，本章主要乃以華團為中心，以探討一般華人在獨立運動中的反應，故不贅言。

化。一方面，中國國內發生了不太有利於資本主義心態的華僑
的政治變遷，另一方面，二戰後，尤其是1946年巫統成立，馬
來民族主義運動迅速興起。配合著世界反殖思潮的發展，馬來
亞人民以和平方式爭取獨立，英殖民當局清楚地知道，馬來亞
的獨立是無可避免的。這主要是當時英國對馬來亞的政策已發
生較大的變化，加以巫統、馬華公會及印度國大黨三黨聯盟在
1955年選舉中獲得壓倒性勝利所帶來的衝擊，使英國看到獨立
已成為必然之勢。隨著獨立運動的迅速發展，英國當局和聯盟
政府及馬來統治者的代表，1956年1月開始在倫敦進行歷史性
的談判，初步確定馬來亞獨立的日期和程序，以及國會民主制
度與政府組織形式等（陳劍虹，1984: 114；Harper, 1999）。

　　與此同時，隨著馬來民族運動的興起，它與其他民族之間
的關係也逐步尖銳。馬來民族主義的排華思緒促使華人的僑居
心態隨著獨立運動的前進而逐漸需要重新思考了。簡言之，他
們逐漸領悟到國家即將不可避免地邁向獨立，而且建構一個馬
來民族國家正在行進後，主流華人尤其是華團領袖開始認知華
人及其後代在馬來亞的前途與命運正處於關口，危機意識頓時
強烈的萌發出來。因此，時序進入1954年9月之後，當獨立運
動正在醞釀之時，華人的國家認同有了一定程度的轉向，他們
生命中的僑民意識便開始告終（崔貴強，1990: 330-31）。然
而，身份既是一種社會產物，又是一種社會過程，身份認同向
現代型態的轉變是一個緩慢而複雜的過程，它是一九五〇年代
以後馬華社會變化的一個重要現象，也深刻反映馬華社會與本
地不同因素間的錯綜複雜關係。

　　隨著獨立運動和憲制擬定等歷史性事件的接踵而至，華
人社會不安與騷動的思緒愈來愈明顯。從歷史眼光來看，夾在
一九五〇年代獨立運動下的華人，可說是處於一個迫切需要安

慰的時期，也是華人社會發生重大變化的年代。日據時期華人
社會不管在人命、經濟上皆受到重創（蔡史君，1984: 67-90），
二戰剛過，一個時代巨變卻已在眼前。然而，從1937年支援中
國抗戰到日據，直接促成華人政治意識之提高，也極大程度地
消除華人社會內部不同群體，包括關懷中國政治、商人與土生
華人之利益分化（陳劍虹，1984: 92）。此外，馬來亞華人經
歷了國共內戰的洗禮，其政治認同與國家型態想像亦受衝擊，
也由於現代政治的興起，華人也逐漸意識到國籍／公民權問題
及其重要性。實際上，戰前華人通常不關心自己的國家歸屬問
題，但獨立前後那些選擇或被迫留在馬來亞的華人卻莫不面臨
一個難題：新的國家政權必將在「土著」的控制之下，而他們
不得不宣誓效忠於新的國家。換言之，華人作為「臣民」已被
迫到一種進退維谷的處境，即他們必須表明一種具有單一性、
排他性的國家認同感：就國籍而言，他們必須做出取捨，因為
雙重國籍勢必不被允許，要麼是馬來亞公民（還要爭取），要
麼是中國公民（那時中共已上臺，似乎已沒得選擇了），兩者
是迥然不同的範疇，不可兼容。從報刊報導來看，獨立以及憲
制談判的進程有力地刺激了許多華人，推動或促進了他們的本
土關懷要求，並形成「輿論的趨勢」（climate of opinion），其影
響力就像氣壓一樣。華裔年輕一代更由於受到左翼思潮關心當
下的衝擊，積極投入馬來亞建國運動。實際上，國家邁向獨立
激起了熱情，使很多華裔青年思考著要塑造怎樣的國家，並在
他們之間掀起了學習馬來語的熱潮。[4]簡言之，在獨立運動時期
那幾年間，「華人的轉變」可歸之為一種新的社會與政治意識
的產生，它不僅是把馬來亞當作一種切身利益之所在，而且在

---

4 南洋大學學生興起學習馬來文熱，可視為這一現象的縮影（見楊貴誼，2006: 147、155-159）。

憲制的形成過程中產生的一種自發的、平權觀的力量。換句話說，主流華人此時已逐步與前述土生華人匯流，一起認同及參與國家建構過程。

　　然而，認同與政治意識的轉變僅僅是問題的開始，華人必須要面對的挑戰是，其對獨立的馬來亞國家之想像與馬來民族主義基於歷史因素所欲建構的國家有極大的差距。實際上，支撐馬來亞獨立的民族主義力量主要來自於巫統的馬來建國主義，因此華人所面對的建國力量並不是一個既強調「民族自決」，同時又強調這種自決應當導致自由民主憲政的自由主義民族主義（liberal nationalism）。正如許多學者指出的，民族主義是現代發明，即便它具有怎樣的歷史延續性，其內容與形式都必須是全新的（班納迪克‧安德森，1999；埃里克‧霍布斯鮑姆，2004: 16-17）。追溯起來，二十世紀的東南亞各民族主義都廣借博取自殖民地宗主，所依憑的恰是較早時期以來席捲歐美的相同學說（本尼迪特‧安德森，2012: 405-406），馬來民族主義也不例外。它以現代形式開始於一九三〇年代，在二戰後迅速興起[5]，而巫統民族主義其實在戰後仍在尋找與塑造其民族主義性格，據阿莫羅索（Donna J. Amoroso）的研究，在戰後政治民族主義的氣氛中，保守的馬來菁英發現僅靠傳統以重新表述，並不能確保貴族在馬來社會中的霸權地位。巫統創黨人翁嘉法（Onn Jaafar）以其政治敏銳度對民族主義政治實踐做了選擇性挪用，包括鏈接了大眾政治。巫統逐漸了解到對其跟隨者而言，民族主義的符號和一致性在視覺和概念上代表國族的

---

5 巫統為主的民族主義可謂為主流的馬來右翼民族主義。與此同時，左翼馬來民族主義則是另一個民族主義力量，但力量相當單薄，並未成為此處所謂的馬來民族建國主義主要支撐。有關左翼馬來民族主義之發展，可詳見Mohamed Salleh Lamry（2007）。

重要性，而在採用這些民族主義實踐後，不僅成功地將其意義賦予馬來國族，而且還賦予巫統本身（2014: 167-209）。由於歷史的因素與馬來人的危機意識，包括擔心華人的威脅與1946年英國實行「馬來亞聯盟」（Malayan Union）計劃，使得他們發展出來的民族主義是一種威權制度，它封閉、仇外，而非以啟蒙運動的理性和普遍人道主義為基礎，以建立開放、多元社會的民族主義（參見Tamir, 1993; Roff, 1994）。顯然，真正意涵上的「獨立」與「解放」之實踐難度由此可想而知，下一章將就此專章進一步申論。因此，華人在未來的新興國家中的地位必須自求多福，因為**整個獨立運動並不是「自動化」地給予華人天賦的「公民權」，而華人徘徊在「公民」與「獨立」之間應該如何自處？**這成為華人普遍思考的問題，也是關係到獨立順利與否的關鍵。

三、獨立的前提與華人在獨立運動中的角色

誠如前述，一九五〇年代之後，英國政府已經知道馬來亞獨立之終不可免，也已距離不遠了，它必須為後殖民時代之到來做出準備。尤其是三大族群之態度具有關鍵作用，因此英殖民政府的獨立基本前提是建立於三大族群之和諧與準備。馬共武裝鬥爭是其中一個因素促使英政府了解到其他民族，尤其是華人地位必須解決。非馬來人將可能支持馬共，如果他們的不滿沒有獲得克服。他們不能接受將有83%華人及75%印人獲得公民權的「馬來亞聯盟」被取消，而代之以僅僅28.3%非馬來人獲得公民權的「馬來聯邦」（Federation of Malaya）（Ratnam, 1965: 75、85）。

儘管英國政府已經決定依據條約，把政權交回馬來統治

者，不過也顧及獨立後的族群問題。[6]馬來亞的族群的分歧其實是多重的，而非兩極化的。因此，華巫印三大種族間的合作至關重要，這也就是為何拿督翁惹法（Dato Onn Jaafar）選擇脫離巫統以創建多種族政黨，以及巫統最終必須與馬華、印度國大黨合作。據Ramlah Adam（1992: 268）指出，1948年的緊急狀態似乎形成了華巫衝突的形勢，這促成拿督翁惹法立場的轉變，計劃走多元種族路線。1949年2月27日，馬來亞華人公會宣告成立。它的目標是贏得英政府與馬來人的信任，改善種族關係，同時謀求華人自身地位的改善，並獻身於馬來亞。這一組織的出現強化了馬來亞正在出現的各民族謀求各自利益的政治總趨勢。此後，巫統、馬華公會、印人國大黨從偶然結盟到制度性之結盟，非殖民化的速度就越來越快，這使官方目瞪口呆。到1955年底，聯盟滿足了英國人的要求，跨越民族間的界限，在1955年7月聯邦選舉中贏得了選民的支持，而華人也支持馬華公會。華人選民支持馬華公會及聯盟這一點非常重要，正是因此才為獨立鋪上了平坦之途。1956年1月聯盟代表團赴英商談獨立，竟取得意外的發展，英國接受聯盟提出的1957年8月底獨立的時間表（Stockwell, 1992: 378-79）。因此顯而易見的，如果沒有三大民族政黨的合作與結盟，實際上獨立不是必然的，至少未必是1957年，華人社會因此認為，獨立建國的前提是三大族群共同打造的。這其實也是華人社會對國家建構之想像與馬來人不一樣之其中原因，因此，獨立的成敗很大程度上繫於三大族群如何在各自不同的建國想像上尋求共識與容忍差距，以及處理不同族群之間的權力關係。諸如馬來特權、普

---

6 從歷史及法律的觀點來看，英國在馬來亞的政治權力都是建築在各邦蘇丹的主權上（見楊建成，1982: 116）。

遍公民權、語言等尖銳問題若無法取得協議，勢必影響獨立的
進程，甚而觸發族群衝突。

　　獨立進程的首要工序自然是憲制談判，國內公民權議題
成了重中之重。對華人而言，這是攸關生存權問題，它牽動了
華人社會的神經，更是國家是否達成獨立的關鍵。正如上一章
所論及的，實際上，自近代以來，在現代民族國家觀念大纛
之大力揮舞之下，一個人最高層次的身份歸屬往往無不依據其
國族而來。一個人只能借助其出生、出生的地點和民族而獲得
身份。所謂天賦人權，當離開了一個國家的公民的權利形式之
後，就顯得缺乏現實性基礎了。華人因此自然重視公民權的爭
取，此問題也是獨立必須首先解決的一大問題，而堅持「原地
主義」的巫統馬來人民族主義──馬來亞屬於馬來人──則是
解決此一問題的一大阻力，因為他們要求限制向非馬來人發出
公民權。

　　東姑即曾擔憂公民權課題會影響獨立進程，而主張獨立之
後再談，因為他擔心華人與馬來人對此問題難獲一致協議，而
阻礙了獨立進程（《中國報》，1955年8月7日），由此可見問
題之爆炸性。馬來民族主義者一直認為，他們是國家主人，願
意把他們的當然權利與其他族群分沾已是一種量度和犧牲，但
是華人則認為，獨立前提是一起打造的，權利與義務自是共有
的。實際上，華人只有族群主義，即強調「共榮共存」的合作主
義，所以他們沒有嚴格意義上的國族主義，即華人建國主義。
自1956年3月以後，華人要求公民權與平等待遇的呼聲開始響徹
雲霄，聲勢日漸浩大，最終醞釀成全國性華團大會之召開（崔貴
強，1990: 333-37、402）。隨後於4月22日，東姑通過馬來亞廣
播電臺，針對華人爭取公民權、馬來特權等問題發表意見（東
姑押都拉曼昨晚廣播 出生地公民權問題 強調馬來人特權應保留

吵鬧叫囂將引起民族間互不信任，1956）。東姑指出，馬來人
不貪圖非屬於他們的財富，只要求給予「本土兒女」應有的尊
敬。「我要對馬來人說，世界上沒有一個國（家）的獨立不是經
過人民的犧牲的。對於馬來人正準備做這種犧牲以及保持我們
容忍仁善的名譽，我是不加懷疑的……」。他也指出，「有若干
人要求和馬來人獲得同等權利，如果他們轉頭一看，他們會發
現所有大生意、礦場及膠園都在非馬來人之手，而馬來人卻沒
有份」，馬來人唯一保持身份的機會就是堅持「馬來亞聯合邦協
定」所保證的特權，而馬來人準備合理地與忠於本邦的其他人
士同享此項權利。他也提及「馬來亞聯合邦協定」在付諸實行
後，非馬來人繼續不被干擾地擁有他們的礦場、膠園、商店、
攤檔以及他們在公路運輸與本邦整個商業的優越利益。「除了
『馬來亞聯合邦協定』中保證的馬來人特殊權利外，華人這些東
西並未落入馬來人手中，至目前為止，聯合邦政府的行事，並
未使任何人為此失眠一夜。除了馬共恐怖主義的行動之外，人
民有絕對的和平。」（東姑押都拉曼昨晚廣播　出生地公民權問題
強調馬來人特權應保留　吵鬧叫囂將引起民族間互不信任，1956）
他的講詞措辭委婉與誠懇，針對馬來亞立國的重要課題，呼籲
馬來人與非馬來人保持諒解與合作，團結一致，忍讓為國，贏
得華人輿論的讚美（《中國報》，1956年4月25日）。

　　然而，幾天之後即1956年4月27日，上述華團大會——
「全馬華人注冊社團爭取公民權大會」終於在吉隆坡舉行，並
通過四項議案，即前述的「四大要求」或四大原則。這項會
議凝聚了華人社會的輿論與共識，使華人社會更形同一性。
從1956年4月開始至1957年7月以前，凡是華人社團具有全馬
性的會議，都特別通過一條議決案，對華人四大要求，表示支
持（馬華團代工委會昨開會議　不滿四要求未被接納　函詢東姑

是否能保證及時發給公民權　申請公民權時如被拖緩應即具情報告，1957）。從當時報紙輿論來看，此大會可說是最具代表性的華社民間力量。實際上，這也是第一次全馬來亞華團為本土利益，即為了一個族群的普遍公民權利益，而做出的全國性結合。林連玉把當天的大會比喻為1774年美國費城舉辦的爭取獨立大會，激烈的言道，「**今天在此地開會，人同此心、心同此理，意見一致，各代表熱烈發言，為前所未有，全馬華人怒吼了……**」（林連玉說我們要生存所以爭取公民權，1956）。大會從一開始，即嘗試以一種正面的、不違反獨立大局之角度爭取華人集體利益，他們宣稱公民權是華人在本邦的生存權，公民權問題如果能獲得合理的解決，「不但不足為獨立與真誠團結的障礙，相反的，卻正是實現完全獨立與真誠團結的最主要條件」（馬華註冊社團代表大會爭取公民權宣言，1956）。大會也回應了馬來人所專注的經濟問題，對馬來人經濟落後深表同情，並希望政府實行扶弱政策，但卻反對憲法不平等。宣言強調華人已視馬來亞為永久故鄉，此次行動純為熱愛馬來亞的表示（馬華註冊社團代表大會爭取公民權宣言，1956）。大會並選出十五人工作委員會，草擬備忘錄以上呈李特憲制委員會，並獲得一千零九十四個社團的簽名蓋章支持。華人社會對憲制的要求開宗明義地定位在「建立公正」（establish justice）的話語上，並訴諸於普遍人權的支撐點上，更重要的是它嘗試在「支持獨立」的框架中提出問題，從而給「公正」二字烙上了歷史的自然性和合法性。在華團的論述中，他們似乎期待以公民國家（citizen-state）的方式形成新國家，也強調聯合國人權宣言作為依據。

　　為了因應快速的獨立步伐，英政府根據倫敦協議的規定，於1956年3月8日成立了一個憲制調查團。英國的李特勛爵

（Lord William Reid）被委任為調查團之主席，在各州蘇丹與
聯盟政府的同意下，調查團之團員委定如下：詹寧爵士（Sir
Ivor Jennings，英國）、麥克爾爵士（Sir William McKell，澳
洲）、馬力大法官（Hakim B Malik，印度）及阿都哈密大法官
（Hakim Abdul Hamid，巴基斯坦）。憲制調查團的重要任務在於
草擬馬來亞的憲法，其工作綱領與範圍已規定為五點原則，即
英國政府所指出的以下條款：

　　1. 建立一個強有力的中央政府，州及殖民地可享受相
當程度的自治，中央政府與州及殖民地之間，對憲法中指
定之若干財政事項，設有協商之機構。
　　2. 維護各州蘇丹作為各州憲制統治者之地位與威信。
　　3. 由各州蘇丹中選出一位聯合邦的最高憲制元首。
　　4. 建立聯合邦全境的共同國籍。
　　5. 維護馬來人之特殊地位，及其他民族之合法利益
（Abdul Aziz, 2003:26-27；*Report of the Federation of Malaya
Constitutional Commission*, 1957: 2）。

　　同年5月27日，李特勛爵抵達吉隆坡做調查。他向記者宣
稱：「他將以一個若谷之懷，絕不存有半點成見來處理此事，
而政府亦予以絕大之自由……」，然而有關團體和個人所呈遞
的備忘錄，似乎也只被允許在上述實為依據「1948年聯合邦
協定」而定下的條款之基礎上提出建議。由於局限在這個範圍
內，輿論擔憂人民公意不可能完全充份的表達（《中國報》，
1956年8月25日）。1956年8月24日，李特憲制調查團接見全
馬華人註冊社團工委會十五名委員，除了提呈包含四大原則的
備忘錄外，華社代表團還做了口頭的補充意見。他們反對馬來

人無限期的特別權利，因為這意味著無平等可言，不平等則容易引起各族間的誤會（《中國報》，1956年8月25日）。臺灣著名的《自由中國》亦報導了華團對聯盟《憲制備忘錄》意見及會見李特憲制委員會之情況。該刊報導，李特詢問了華團代表「『吾人目前未知馬來特權為何？如果馬來人有特權，諸位有何意見？』代表答道，『要使各族都能效忠本邦，大家應一心一德致力建設馬來亞國』……」。代表們認為，不知所謂馬來特權限度如何，若只是馬來保留地，他們不反對，但超過此限則當予反對（施勳，1956: 20-21）。然而，憲制調查團的工作範圍既然是以「1948年聯合邦協定」為本，人民公意自不可能完全充份地表達，因此所制定的憲法也就不可能完全符合華人的利益了。1956年杪，調查團團員分批離馬，到羅馬集合，在該地起草報告書。依照程序，報告書發表後，先由各州蘇丹、聯盟政府及英政府三方面代表，組成十一人工作團，做初步的考慮，然後由蘇丹議會、聯合邦行政會及英政府，做進一步的審查。最後，始向聯合邦立法議會及英國國會提出，尋求正式通過。

　　《李特報告書》於1957年2月21日正式發表。這份報告書的顯著特點是，它一方面強調一個法律上平等的原則，但另一方面又給予馬來人特權（Federation of Malaya, 1957），這一矛盾與張力將在第四章再討論。然而客觀而言，該報告書卻做出了相當「大膽」的建議，即認為：鑑於過去簽訂的條約以及調查之發現，反對將現時制度（馬來人特權）延長一段時間者，為數甚少，而且突然撤銷馬來人特權，也將置馬來人於嚴重不利之地位，因此建議應當繼續施行十五年。[7]但這期間，

---

7 實際上，這是聯盟三黨的共識，他們在提呈給李特憲制委員會的《憲制備忘錄》中建議馬來特權維持十五年後再檢討（聯盟憲制備忘錄草案主張 為國會式民主政府 人民思想言論信仰自由 檳甲出生者自然成為聯邦公民，1956）。

不得再增加馬來人保留地，其他優先權如政府職位的「固打」（quota）限制、若干商業的准證或禮申（license）[8]及獎學金方面不得增加，也不得擴大。十五年後，政府應負責提呈報告，讓立法議會決定是否要保留、削減或完全終止馬來人的優先權（Federation of Malaya, 1957: 71-73）。此外，憲制調查團對各項憲制問題的主要建議如下：在公民權方面，凡於獨立日或以後在聯合邦出生者，自動成為公民。至於獨立日之前在本邦出生者，若在申請前七年中，有五年留在本邦，並略懂馬來文者，可登記為公民。但若在獨立後之一年內提出申請者，則豁免語言考試。在獨立日居住於本邦者，倘在申請前之十二年，有八年乃在本邦，且略懂馬來文者，亦可登記為公民，惟若是四十五歲以上，而於獨立後一年內申請，並可豁免語言考試。此外，有十年住在本邦，並遵照歸化的普通條件者，可歸化為公民（Federation of Malaya, 1957: 14-21）。

在針對另一爆炸性的語文問題方面，則建議馬來語為本邦之國語，並在未來十年內，英文繼續成為官方語文，而在十年之後是否仍採用英文，將由國會決定，但議員候選人的語言資格應廢除之。至於華文、印文列為官方語言建議，則不被接受。另外，在未來十年內，凡不諳英語或巫語的議員，在議會中可用其母語發言，但議會主席必須是能通曉該語言者（Federation of Malaya, 1957: 74）。[9]在教育方面，政府對撥給本邦公民的教育津貼金，不得有所歧視。凡屬公民，不得由於種

---

8 在當時的報刊中，准證常被音譯為「禮申」，故此處保留原文。至於「固打」則是配額或名額之意，是馬來西亞華文報及中文輿論所沿用至今的詞彙，這裡亦保留。

9 這一議會語言之使用，實際上是馬華與印度國大黨之堅持，經過討論後仍不為巫統所接受，因此並無列入《聯盟憲制備忘錄》，但以備忘錄之附加個別主張方式呈交予李特憲制委員會（聯盟憲制備忘錄 將於下星期呈遞 對於國名有兩個意見 馬來西亞及馬來亞，1956）。

族、宗教、出身，或出生地的原因，而被拒絕就讀於政府維持的任何教育機關。關於國教之規定，除了阿都哈密法官（巴基斯坦人）一人認為新憲法應明文規定回教為本邦國教之外，其餘團員都認為無此需要（Federation of Malaya, 1957: 73）。

《李特憲制報告書》發表後，馬來人對一些建議甚不滿意（Ratnam, 1965: 59）。華人社會方面，他們所表示不滿的，主要是出生地主義的公民權原則及官方語言建議不被接納。至於馬來特權，雖與華人要求的平等待遇不一致，但因有限期，倒沒有引起太大的怨言（崔貴強，1990: 405）。從理論上而言，李特憲制把主要的馬來特權及議會語言此難以獲得永恆有效的普遍共識之問題，做了「暫定協議」（modus vivendi）的建議。[10]實際上，從馬來人及其他族群的眼中，許多利益及建國想像可說是處於一種價值理想多元呈現的狀態中，難以獲得徹底的化解、安頓與妥協。這些問題似乎是「無法通約共量」（incommensurable）的，「暫定協議」應該更為符合中道與形勢所需。至於公民權、官方語言問題，則距離華團要求甚遠，仍舊必須繼續爭取。華團要求本地出生者自動獲得公民權及非本地出生者居留五年即獲得資格，與建議有一定的差距。

然而，代表華人的馬來亞華人公會總會長陳禎祿卻於1957年4月7日的馬華中委會發表關於李特憲制委員會時表示，「馬華只負責本身之議決，對於其他華人團體之意見不負責任」（馬團工委會力爭憲制四大要求　決派代表團赴英請願鄭重聲明　馬

10　此處借用John Gray（2000）的用詞。本書第四章將會進一步處理此一問題。Gray主要站在多元主義的立場，認為人類價值理想多元，而且這些理想可能不斷衝突，難以妥協，也難以說哪一種更為價值。因此，他提倡追求非單一理性共識的理想，即承認差異、尊重差異的社會之「暫定協議」。此外，中國大陸的譯本則把modus vivendi翻譯為「權宜之計」，見格雷（John Gray）著，《自由主義的兩張面孔》（*Two Faces of liberalism*）（南京：江蘇人民，2005）。

華公會僅為普通政黨不能代表全馬華人公意，1957）。這一席話在當時引起了華社極大的憤慨，注冊華團領袖群起指責馬華公會只顧本身利益，因此全馬兩百餘萬華人利益惟有由注冊華團代表大會負起維護。[11]在一次會議中，主席劉伯群即說：「全馬華人已面臨了最後關頭，如不及時爭取，恐已無機會了」，會議進而公告：

> 經過冗長時間之討論，乃認為目前本邦華人已面臨了生死關頭，非從速派出代表團赴英向英廷力爭平等待遇不可。為了我們下一代，為了我們的子子孫孫，非力爭不可。（馬團工委會力爭憲制四大要求　決派代表團赴英請願　鄭重聲明　馬華公會僅為普通政黨不能代表全馬華人公意，1957）

　　這是在命運的決戰點上。顯然，馬華的立場逼出了華團代表團最終赴英請願事件。《李特憲制報告書》公佈之後，華人社團代表大會於3月10日召開一個十五人工作委員會會議，商討辦法，繼之又在14日召開一次工作委員會會議，議決成立一代表團赴英京向殖民部大臣請願，表白兩百多萬華人在馬來亞受到歧視，受到不平等的待遇，並聲明馬華公會僅是代表其本身的一個政黨而已，並非代表全馬華人。根據報載，在1957年4月14日當華團赴英之決定公佈之後，全馬華人踴躍捐助赴英經費。財政曹堯煇就在當日「一清早，往蘇丹街，有三勞工華人即交五元，謂閱今日報章，知赴英一事，吾等雖為工人，不

11　有關馬華公會與全馬注冊華團之間對憲制的爭論和矛盾，可詳見Heng（1988: 221-50）；崔貴強（1990）。

自量力,乃集合十人,每人五角。盡一份應盡之責,希望該團馬到功成」。曹氏應接不暇,為此感動得不能自制(全馬華人踴躍捐款,1957)。1957年5月5日,三人代表團毅然決然的飛往英倫,謁見英殖民部大臣,商談有關本邦華人憲制權益的問題。原本該團與亦不滿憲法建議,並曾恫言赴英倫上訴的淡米爾公會一同攜手同往,唯後者後來因經費問題而未能成行。無論如何,英國殖民地大臣波藹(Lennox Boyd)一開始避而不見,直到與政府代表開完了憲制會議始接見華團代表,對他們「訓以大義」,惟亦保證將有折衷的解決方法,盡量接納華人請願團的建議,以適應各民族的環境,但一切都不容樂觀。[12]

四、獨立的限度:忍讓為國

實際上,逆勢遠未就此終止,前面提到的一些「無法通約共量」的問題被《李特報告書》建議做「暫定協議」卻引來巫統與馬來人的不滿。最終,李特憲制至少被刪改了40%,其中包括馬來特權被無限期保留及華、印語被允許為議會語言十年被除去(李特憲制建議四十巴仙被修正　憲制白皮書公佈巫人享有特殊地位列為永久性　議會使用多種語言制度被否定,1957)。巫統的立場得到馬來統治者,以致馬華公會和印度人國大黨無條件的支持(Heng, 1988: 232)。由於被修改幅度之廣,以致後來李特個人也公開對憲制持不承認的態度,並認為這是英聯邦國家中最不具水準的憲法。李特勛爵對國會表示完全不對新憲法負責,「余並不因此項修改而氣惱,但此項憲草

12　華團請願團代表之一陳期岳從英倫回返馬六甲時,在機場發表的談話(馬華請願團代表陳期岳返甲在機場發表談話,1957;亦見達人,1957)。

遠不及吾人在政府法案中所慣見之高水準」，又謂：「余感覺為
著余之優秀同事之名譽，余必須聲稱：對於現在形式之憲法完
全不能負責，余必須讓其保持如此。」又謂，「修改之處大部
份係小節，但余認為，新形式遠不若吾人所建議者明晰」（英國
上議院通過馬來亞獨立法案　工黨代言人認為「折衷產物」表示
歡迎　制憲團長李特勛爵對現憲法不能負責，1957）。

　　1957年5月5日，聯盟最高決策機構——全國理事會在吉
隆坡召集一次會議，會議通過接納聯盟政治委員會對憲制的報
告書，並議決授權給聯盟的默迪卡代表團，出席倫敦會議，與
英當局做有關新憲制決定性的談判。聯盟代表團於5月9日離隆
往英，出席最後一次的憲制會議。13日，憲制會議開始舉行，
直至5月21日宣告閉幕。倫敦憲制會議結束後，首先是聯合邦
各州蘇丹會議及行政議會，分別在原則上通過接納倫敦會議的
各點。由各州蘇丹、聯盟政府、與英政府三方面代表組成的憲
制工作團接著進行草擬新憲制白皮書，及憲法的詳細條文。6月
26日與27日一連兩天，在吉隆坡舉行的蘇丹會議，通過了新憲
法草案。新草案與白皮書遂於1957年7月2日在倫敦與吉隆坡
二地同時發表。

　　在對引發族群間巨大爭議的多項重大議題上，新憲法草
案之規定無疑與華人社會的訴求存有一段差距，這包括公民
身份條件，以及有關語言、馬來人與宗教地位等規定（參見
Sheridan, 1961）。在公民權方面，它基本維持李特憲制建議，[13]
規定在獨立日或以後在本邦出生者，可在法律施行下，自動取

13　實際上，李特委員會認為聯盟有關公民權建議是眾多建議書中最完善的，因此大體接受聯盟的
　　建議（英馬昨同時發表李特憲制報告書，1957）。可參見《聯盟憲制備忘錄》（聯盟憲制備忘錄草案
　　主張　為國會式民主政府　人民思想言論信仰自由　檳甲出生者自然成為聯邦公民，1956）。

得公民權。獨立前在本邦出生者，若已屆十八歲或以上，可申請登記為公民，但在申請前七年內，須曾在本邦住上不少過五年的時間，若在獨立日後一年內提出申請，且可免經過語言考試，一年後提出申請，則須有初級的馬來語知識。而那些不在本邦出生，而在獨立日住在馬來亞者，若已屆十八歲或以上，可申請為公民，但在申請前的十二年內，曾在本邦住上八年。申請者若已屆四十五歲，且在獨立後一年內提出申請，可免經過語言考試，一年後提出申請，則須有初級的馬來語知識。然而，與李特報告存有差別及更嚴格者，在於非本地出生者的公民權申請需部長裁決。

　　關於語言問題，草案規定以巫語為國家語文，但任何人士可自由使用、教授或學習其他任何語文。此外，聯合邦與州政府須保護與扶助其他任何民族語文的採用與學習。在獨立後的十年內，英文將繼續被採用為國會上下議院及法院的官方語文。但是，李特憲制調查團的建議，即獨立後十年內允許有條件的在立法會議以華語或淡米爾語發言，則被加以拒絕。另一極具爭論性議題，即馬來人特殊地位──李特憲制調查團建議，馬來人現時所享有的優先權應在十五年後提出檢討，但憲制工作團則認為，不必在憲法中有此規定。換言之，新憲法草案中，未明文規定在十五年後提出檢討，但它規定最高元首須負責維持馬來人的特殊地位，以及其他民族的合法權益。同時，在執行此責任時，應根據內閣的意見行事。凡根據現時法律的規定，需領禮申或准證的商業，最高元首得訓令有關當局，根據他所認為合理的比例保留禮申或准證者，當他們本身或繼承人申請換領禮申或准證時，不得因此拒絕之，亦不得剝奪其權利，除此而外，國會沒有權力單純為了保留「固打」額給馬來人之目的，而對商業施行限制。關於宗教方面，則以回

教為聯邦宗教，但人人仍可自由皈依任何宗教。因檳城、馬六甲二地已成為「州」，而州長一職，可能由非回教徒充任，故新憲法草案規定，以最高元首為該二州的回教首長。

當憲制白皮書暨憲法草案公佈後，各方反應不一（見Ratnam, 1965: 64-65）。聯盟及蘇丹一致稱讚，東姑稱新憲法已為本邦獨立奠下良好基礎。東姑呼籲給予新憲法機會，將多元民族之馬來亞建立為統一的國家。東姑指出，「巫人所持有者乃目前經已享有的而已。彼等並無獲得新東西，或增加些什麼」（憲制白皮書暨憲法草案公佈　聯盟及蘇丹一致稱讚　東姑稱新憲法已為本邦獨立奠下良好基礎，1957）。馬華公會的陳修信在稍後的立法會議上則指出，馬來特權已在1948年馬來亞聯合邦協定下賦予，無人願意放棄既得利益，而馬來人聰慧、有自尊心，因此時機到來，他們會自動放棄（陳修信在立法會強調團結為建國基礎　新憲法雖未臻完善唯極公允　不能盡滿人意但無不良影響，1957）。

對於華語及淡米爾語不被接受為立法會議語言一事，社會主義政治家波斯達曼（Boestamam）認為，拒絕多語制乃「胸襟狹窄」，因華、印人不懂英巫語，此舉猶如不給予他們機會為國家服務，因此他建議應允許華、印語在獨立後八年的議會中使用（憲制白皮書暨憲法草案公佈　聯盟及蘇丹一致稱讚　東姑稱新憲法已為本邦獨立奠下良好基礎，1957）。他指出，在新憲法草案的規定下，李特憲制調查團所提出獨立後十年內，可以在議會中以華、印語發言之建議，已被否決了，這是非常不公允的。他說，他們雖然擁護巫語為國語，但殖民地統治下，馬來亞之華、印族人民，一向不受鼓勵學習馬來語，亦無機會閱讀巫文，因此，獨立後的某一個時期內，實應施行議會各種語言制，而許可不諳巫語的議員，以華語或印語在立院中

發言，始符合民主之原則（憲制白皮書暨憲法草案公佈　聯盟及蘇丹一致稱讚　東姑稱新憲法已為本邦獨立奠下良好基礎，1957）。馬來亞另一族群淡米爾人民間組織淡米爾公會在更早之前，則已遞呈萬言備忘錄予東姑，警告勿更改《李特報告書》，不然將向殖相及英王上訴（南印人公會備忘錄籲巫人　勿自居一等民族，1957）。它也指出，淡米爾人不喜歡馬來人具日本人態度，即表現膚色優越感，及自稱為本邦主人，並反對回教為國教（南印人公會備忘錄籲巫人　勿自居一等民族，1957）。

顯然的，《憲法白皮書》圍繞語文、政治等建議嚴重地衝擊著其他族群社會的諸多權利前提。英國的《曼徹斯特衛報》即指出，儘管憲制迎合了馬來人針對華人而提出的保障要求，「當然，馬來亞的馬來人心平氣和下獨立是件好事，而將他們的恐懼消除，也是適當的」，但它進而問到，「馬來人為了本身的利益，堅持目前憲制草案中的一切條文，是明智的嗎？……」，而且「白皮書內的公民權規定，比李特調查團所擬定的條文使華人更難獲得投票權。李特調查團的建議是非在本邦出世，但有公民權資格者，即能申請為公民；而現在的白皮書卻規定，他們的申請須由負責的部長裁決」（曼徹斯特衛報著論批評馬憲制白皮書　認為偏重巫人要求，1957）。但更為重要的是，它指出了憲制不平等所可能帶來的隱憂，即「除非憲制能為一般華人所接納，華人的輿論將使聯盟的新政治生命感到吃力。使馬來亞有一個快樂的將來的最好希望是：最少在獨立後的一兩年內，聯盟應繼續一致」，並指出「聯盟中的印人，可能會分享一些與華人同樣的遺憾」，「華巫印三大民族至少可以發現到，在目前的制度下，**他們可能過著一種互相容忍的生活**」，然而「**要達到這樣，其條件為較大民族不應彼此**

相迫太甚」（曼徹斯特衛報著論批評馬憲制白皮書　認為偏重巫人要求，1957）。從這些外報評論可知，憲制白皮書是極具爭論性的，包括馬來特權也是有爭議的，恐有引發族際間不和之慮。在這樣的情境下，「暫定協議」的處理方式也許是最好的權宜之計。

　　7月10日，《憲制白皮書》在馬來亞議會中提出時，曾引起一番辯論，但終於被接納通過。7月19日，英國國會也在數位議員針對「平等」與宗教、語言問題提出質疑和修正建議，及在殖相波藹的迴避問題下，以技術問題拒絕接受動議，並最後通過了馬來亞獨立法令。殖相迴避問題的理由是：「接受動議必丟棄去年的工作，而再度討論，而原來的協議已得聯盟部長、蘇丹及甚多人民所贊成。」[14]據劉伯群指出，這些議員的質詢是他們英倫之行的直接結果（馬華團代工委會昨開會議　不

14　保守黨議員得禮生（Derekson）提出更改的動議，以符合平等待遇的原則，即各族獲同等公民權、信仰自由及准許其他語言為官方語言。保守黨女議員維克斯小姐（Miss Vicks）則指出，根據李特憲制，各民族具有平等權利與機會，沒有區別，但憲法白皮書則未完全做到此事。工黨蘇連生（Sorenson）提出，希望多種語言獲承認至少一段時間，他進而指出甚至華人，尤其年長者反對學習馬來文，希望此點得到重視。他也提出，回教即列國教，應該予其他宗教絕對自由。保守黨的培茲氏（Bates）則謂：一些危險先例一經訂下，即減少了一些公民權利，則印度人很多方面將處不利地位。在1946至1950年擔任工黨政府殖相的克里芝若思士（Creech Jones）則聲明，反對案（工黨）對一些同情的修改建議表示同意。他指出，一些人對於公民權、宗教、土地之規定發生了極大的不安，而許多議員接獲馬來亞一些負責任團體代表的信件，說明憲制報告書對某些種族有不公之點。他說，這些團體代表希望至少一些法案必須訂立，以保全各民族的平等待遇。殖相波藹在答覆時回應道：如果接受動議，則必丟棄去年的工作而再度討論，而原來的協議已得聯盟部長、蘇丹及甚多人民所贊成。他進而指出，有關消除種族及宗教仇視的舉措，今後將盡力鼓勵。至於檳甲二州的第一任州長，則將由女王及蘇丹會議在取得首席部長同意下聯合委任。他並言道，公民權規定乃不同方面應用良好態度造成之結果。至於其他語言列為官方語言方面，他認為實際上是加入一些語言，而且是一個數目的語言，因為華人並不能全講一個同樣的語言。在宗教方面，他指出英政府必須同意回教為國家宗教，因為蘇丹及聯盟對此強烈要求，但同時宗教自由已得到聯盟及蘇丹會議的同意（英國下議院三讀通過馬獨立法案　數議員動議修正未獲接納　將交上議院通過再由女王批准，1957）。

滿四要求未被接納　函詢東姑是否能保證及時發給公民權　申請公民權時如被拖緩應即具情報告，1957）。實際上，當時的華人都對獨立憲制之公佈屏息以待，氣氛頗有「山雨欲來之勢」。然而，隨著憲制白皮書之底定，他們的一切「要求承認」之努力屆此已經徹底的失敗，至此他們正面臨著挑戰是：形勢比人強，他們必須能夠與馬來亞社會的複雜性達成一種無奈的妥協。全馬華人社團代表大會十五人工作委員會由於新憲法草案大體均斷然未接納其訴求，而且比《李特報告書》還要苛刻，特於7月9日在吉隆坡召開會議，通過繼續力爭四大要求的實現。華人社團工作委員會呈請英國首揆麥米蘭（Harold Macmillan），暫緩通過憲制白皮書，重申這是基於人權要求，而非種族成見，並再次保證以本邦為唯一效忠對象。電文如下：

　　倫敦首相麥米蘭先生、殖相波藹先生：關於馬來亞聯合邦獨立法案將於7月12日二讀，本會認為此種倉促手續，不足給議院以適當機會，研討所擬憲法引起之實際關係，本會懇求閣下對馬來亞華人之合法願望，根據基本人權及國際公法，給予合理的考慮，吾人強調支持馬來亞獨立，並再度聲明效忠於獨立之馬來亞，但吾人認為政府白皮書修改後之憲法，有違國際法之公平原則，吾人再度聲明，將盡力繼續以合法手續，爭取馬來亞各民族平等待遇，吾人懇求給議院以較多時間，俾得研究法案。（華人社團工作委員會呈請首揆　暫緩通過憲制白皮書　重申人權要求並非基於種族成見　保證以本邦為唯一効忠對象，1957）

根據報導，華團也在9日於倫敦分發一項備忘錄，強調不贊成憲法草案若干要點，並認為，該法案將在12日二讀除非做實際修改，否則將違背人權宣言，也與機會平等在原則上相矛盾，即各種族應該有平等權利，而不應有種族或信仰之分。他們也陳言，若在獨立前生長於斯者不被接受為國民，則將有五十萬人受到影響。對於官方語言課題則指出，一些人才將因不懂巫、英文而可被拒於議會門外。另外，也指出回教在多元種族、宗教之國家被指定為國教，乃不適當的（在倫敦分發備忘錄指出新憲制缺點，1957）。

但是，這一切舉措也僅是「知其不可為而為之」而已，其實華團的「平等制憲運動」在聯盟與馬華公會被英政府視為各族的合法代表下，被邊緣化了。由於他們的意識型態及論述明顯與巫統的「馬來主權」論述相違背，故此結局就似乎變得可以預見了。但其實若以當時全國注冊華團大會及工委會所基本代表的華人主流意見為準，顯然馬華公會所爭取的利益與華人社會之期待存有落差。一位讀者「感聲」在投文報章時即坦然表示：

　　馬來亞聯合邦的《憲制白皮書》已經發表了，且已為聯合邦的立法議會所接受。這一部白皮書恐怕是二十世紀六十年代世界上最奇特的一部憲法草案。在白皮書裡，一方面強調實行民主，另一方面則違反民主的原則。一方面強調基本人權平等，但一方面則制定某民族之特權。像這樣的一部憲法草案，除了滿足馬來人之願望之外，對於華印兩民族是大失所望。如果說華人之中有人贊成，那就是馬華公會一部份會員，馬華公會的會員也並不全體贊成，其他華人之不滿意，那就更不用說了。……英國國會與聯

合邦議會已經通過了一部憲制草案，據說華巫印三大民族已經接受這一部草案，事實上華人方面只有馬華公會同意接收這部草案，廣大的華人之公意，有沒有被尊重呢？我卻無言。（感聲，1957）

對當時人而言，他們顯然覺得陳禎祿與馬華公會原本可以做得更多（參閱崔貴強，1990: 402）。[15]實際上，當時馬華公會在與巫統為雙方族群權益做角力時，並非毫無支撐點可言。一部由英國人賦權擬定的「李特憲制報告書」就比後來的正式憲法強得多，但馬華公會竟然守不住這個可資著力的有利支點。

憲法白皮書最終在馬來亞立法會議中提出辯論，並獲得接納。[16]然而，對部份人民而言，他們顯然卻有著與政府不同的看法。當時之立法議會乃由五十二名民選立委及四十六名官委議員組成，而非由全部民選立委組織，故以一個不能完全代表民意的立法機構，來決定影響全體人民幸福的新憲法，是不合情理的。因此，從當時的華人民間反應來看，憲法草案的問世缺乏如美國制憲的全民凝聚力和熱情。它其實是典型的種族政治妥協折衷的產物。制憲過程並未標榜全體人民的意志，而是證明馬來亞新獨立國政治仍舊是以馬來政治利益為主導。華人社會當時的輿論，可說呈現一片低沉的氣氛。《南洋商報》不無無奈地指陳，「馬來亞不是革命，憲法不是國民大會決定，而是必須經過英馬雙方的協議。因此不易更易，立法會議看來只會通過」，並指出「我們在這裡所以首先特別說明這一點，目

---

15 可參閱〈陳禎祿評價與馬華公會的歷史應用〉，收入本書附錄與《視角》第2期（2007年1月15日）。

16 華人代表僅見馬華公會的楊世謀、商會梁長齡及周文意三人為華社直言。華團工委會特別點名讚揚，見〈楊世謀、梁長齡、周文意三氏在立會對新憲制陳詞 獲馬華團代工委讚揚〉（1957）。

的是在向現在雜處於馬來亞的中、巫、印各族人士說明，大家
即使對新憲制有所不滿，在今日也沒有爭議和要求修正的餘地」
（我們對憲制白皮書的觀感，1957）。它呼籲：

> 　　我們在今日也深深感到各民族必須忍讓相處，以最大
> 的善意，奠定開國和祥之初基。但這並不是說這部憲法將
> 永久照現在這樣的條文維持下去。我們的意思，是籲請大
> 家都要忍耐，等待獨立以後，等待這部憲法有充份實施的
> 時間，如果到了事實上有修正的必要的時，大家才根據修
> 改憲法的程序，提出修正法案，尚未為遲。就我們對憲法
> 運用的了解，**我們對如今這部憲法的明文，只好以「成事
> 不說」的態度，暫且不做任何的評議。**因此，我們也希望
> 各民族對過去所爭議的公民權問題、民族平等問題、和官
> 方語言問題，**雖然如今的決定遠遜於李特報告書的建議，
> 此刻也該面對現實，對既成的事實，**不必再做不必要的爭
> 議。因為爭也徒然，我們曾在上面指出，在現階段沒有修
> 正的餘地。（我們對憲制白皮書的觀感，1957）

　　該報也建議，獨立後的馬來亞正同任何新興國家一樣是須
要繁榮的，因此希望在馬來保留地和在貿易上發給「准證」的
比例方面，能做較寬的解釋。不然，如果傾向於過份偏狹或過
份嚴格的解釋，則今後整個國家的繁榮，就可能會遭遇到不必
要的窒息。該社論並指出，「憲法之能否長久生效，就靠它能
否與時並進而作必要的修正、和適時的解釋。……但我們總覺
得過份的慎重，可能與社會發展的進度，未必能夠作適份的配
合。因此，我們希望今後的議員們能夠把握著時代的脈搏。這
樣才能使今後的憲法得與時並進，長久的發揮它的效用。憲法

本來無所謂好壞，總以能夠適應環境為宜。」社論最後呼籲：
「末了，讓我們籲請各民族人士，發揮他們忍讓的精神，為獨
立的馬來亞，奠立和祥的初基」（我們對憲制白皮書的觀感，
1957）。

　　大體上，當時華人雖大都感到不滿，但也得接受事實，即
認為「白皮書即已通過，已成定局，故應棄一切成見，遵循憲
法規定，以努力共建獨立之馬來亞為第一大前提」。[17]教總林連
玉也公開呼籲，基於東姑呼籲給予試行，「我們也認為建國的
實際工作，比空洞的憲法條文更加重要，我們應當對首席部長
表示信任，期待以後促進修改。換句話說，便是我們對於本邦
的憲法並不滿意，但也暫時不反對。這就是前次會議時，我所
說的顧全大局，忍讓為國的具體實踐」（馬華團代工委會昨開會
議　不滿四要求未被接納　函詢東姑是否能保證及時發給公民權
申請公民權時如被拖緩應即具情報告，1957）。中華總商會祕
書黃錦和也呼籲，凡事應從大處著想，勿計較枝節，「現階段
下，只能容忍與謙讓，為整個國家及民族利益設想，我們只有
這麼做」，並呼籲華人積極申請公民權，因為有了選舉權才能
選出「真正為民服務者」（黃錦和呼籲本邦華人發揚容忍傳統精
神　踴躍申請公民權爭取政治地位　凡事應從大處着想勿計較枝
節，1957）。在獨立前夕的最後一次會議中，劉伯群也總結道：

　　　　首先，本席須重行申述吾人對於本邦獨立全力支持。
　　關於此點華人曾與其他民族並肩作戰，向英政府爭取獨立
　　事實具在。其次，吾人將馬來亞華人之意見及願望宣佈出

---

17 引自記者的用詞（傳馬華公會將於下月中旬召開全馬華人社團代表大會　對憲制問題作詳細解釋
　赴英請願代表團亦將被邀出席，1957）。

來，其宗旨係為欲造成一公平之憲法，根據基本人權、不分種族來源及宗教信仰。一本憲章，足以奠定獨立及尊嚴的馬來亞民族之堅固及永久之基礎。（〈馬華團代工委會昨開會議　不滿四要求未被接納　函詢東姑是否能保證及時發給公民權　申請公民權時如被拖緩應即具情報告〉，1957）

　　由此可略見，華人社團與輿論嘗試從宏觀的角度爭取利益，「互相容忍」是當時華社的一種主話語，華人社會可說在「和平相處」與「平等」之間，做了對前者的抉擇。

　　夾雜在這一低沉而又壓抑的時代氛圍中，也發生了一件值得注意的小風波。臺北國民黨高級官員此時突然發表說明，透露獲悉英國將開放北婆羅洲納閩島予馬來亞華僑，作為移居該處之用。據美聯電，由於越南及印尼華僑已經受到經濟上的壓制，以限制他們的權利，一些國民黨官員私下恐懼同樣的壓力將即刻或逐漸施加於馬來亞華人身上，同時認為，在8月31日獨立後的馬來亞政府將不能比英國更有效控制共產黨勢力的擴展，因此亦擔心那些中立及反共的華僑可能受到壓制。故此，國民黨官員稱英國欲將北婆羅洲的納閩發展為另一個新加坡（馬獨立後華人倘受壓制　英國將開放納閩為華人移植地　臺北高級官員如是說，1957）。這一聲明引起了不小的爭議，包括東姑的反應，[18]也引起若干華商的反感，認為這一聲明有辱華人對國家之效忠，同時英國東南亞高級專員公署發言人也加以否認（臺北對馬來亞還不瞭解，1957）。據《南洋商報》，吉隆坡多數著名華商覺得這一說法侮辱了馬來亞華人對本邦之效忠，他們也重申對馬來亞的效忠。「渠等指出，吾人對獨立馬來亞政

---

18 可惜未能從新聞報導中見及。

府具有信心，吾人之先祖在馬來亞奠基立業，世代相傳，安居樂業於斯，任何人都不能動搖吾人對馬來亞之信心」（臺灣國民黨官員談話侮辱華人效忠本邦　聯邦華巫人士對記者發表意見，1957）。馬華公會執行祕書陳東海則指出，如相信該項消息，乃不智之舉。另一方面，巫統代表警告此種無稽報導，可能引起馬來亞種族之互相猜忌與衝突（臺灣國民黨官員談話侮辱華人效忠本邦　聯邦華巫人士對記者發表意見，1957）。《南洋商報》隨即發表社論評道，「近來，星馬和臺北之間，特別是馬來亞和臺北之間，在心理上，顯然是有些不愉快——也許只是輕微的、而不必要的不愉快。」該報擔心此事將被存心者所利用及加以歪曲。《南洋商報》社論認為，這也顯示臺北當局對馬來亞情況的隔膜。「臺北似乎不了解，馬來亞不比越南，在人口比率上，星馬兩地屬於中國血統的馬來亞人士，佔人口總數百分之四十餘。而他們雖屬於中國民族的血統，但多數卻以馬來亞人自居。……馬來亞之爭取獨立，屬於中國血統的馬來亞人士也曾有不容忽視的貢獻。他們對這成果，是絕對珍惜的、而不會輕心加以放棄。」該報更指出臺北不了解東姑對兩大民族的情感向來就努力加以維繫，臺北也不了解納閩只是北婆羅洲西岸一個小小的島嶼而已，即便將來偶然發生不愉快的事件，英國也不可能將部份華人移送該島（臺北對馬來亞還不瞭解，1957）。從這一風波可見華人社會的複雜卻謹慎的心理，一方面擔心在此關鍵時刻被猜疑，在另一方面也強調自身的效忠以及貢獻。

　　實質上，當時的華人認為，獨立後的憲法與政策比過去更為不利華人，例如梁志翔即認為，「對馬來人建議的新工業條例，較諸殖民地政府更加嚴厲……」（《中國報》，1956年4月4日）。林連玉則曾言道，「獨立後的馬來亞應比以前更好，

馬來亞的建國，才能得到余民的擁護，人民才可以好好地生存下去，若果馬來亞建國是由少部份比殖民地政府更專制的人主持，那麼我們要反對，我們不贊成」（林連玉說我們要生存所以爭取公民權，1956）。但就整體而言，當時的華人很少有鮮明的「不獨立」意識。在這個新興國家的誕生中，華人領袖大體都保持一種當時被認為是「光明正大」的立場：「獨立第一，團結第一」（聯邦華人對新憲制之態度，1957）。公民、平等觀念雖也著重，但卻未形成為一種深刻、絕不放棄的意識。當然當時大形勢也比人強，即使林連玉雖曾喊出「如果不做馬來亞頭等公民，亦絕不做二等公民」的話，但最後仍然基於「獨立」為重，謝絕赴英倫請願的華團四人之行。整體上，時人似乎沒有深刻認識到「獨立」的真正意義：如果沒有平等，獨立有何意義？如上一章所提及的，林連玉在四年後的1961年被褫奪公民權，實已表明了獨立的真正意涵還待追尋。

另一方面，新憲制通過後，《南洋商報》社論除了極為深刻、沉重地指出「不平等」憲制已是無法改變之事實，同時也呼籲「現在華人應響應華團呼籲，注冊為國民，選出最能代表公正民意之代表，以留來日修憲之可能」（聯邦華人對新憲制之態度，1957）。顯然的，面對不可挽回的狂瀾下，華人社會只能寄希望於不可知的未來，這其實預示著我們後來所看到的獨立後如火如荼的公民權申請運動，以及一九六〇年代風起雲湧的國家機關爭奪戰，並在1969年達致高潮，但卻又以沉重的失敗告終。華團代表之一的林連玉在華團工委會爭取四大原則失敗後即愷切陳詞道，「……現在本邦的憲法已經暫時成為定型了……」，華人社團可說**有辱使命**，「將來必然還有促請修改憲法的工作要做」（馬華團代工委會昨開會議　不滿四要求未被接納　函詢東姑是否能保證及時發給公民權　申請公民權時如

被拖緩應即具情報告〉，1957）他們務實的成立了一個「馬來亞華人爭取公民權工作委員會」，推動全馬華人踴躍申請公民權運動。他們於獨立之後，即1957年11月10日，主動與馬華公會聯合成立了「推動公民權運動中央委員會」，號召華人在獨立後第一年豁免通過語言考試的優待期間，申請為公民。據官方統計，在獨立後一年，單華人就佔了一百萬新公民中之五分之四。

五、結語：未竟的平等之業

歷史地看，二戰後普遍盛行的族群民族主義——馬來民族主義——基本造成馬來（西）亞民族國家的產生。在馬來民族主義及其基於原地主義的自然、天賦利益之論述底下，華人社會儘管在權利危機的促迫下在獨立時期即已初步認知普遍公民權的意義，並堅持爭取基於普世人權原則的平等，但他們並未能完全達致理想。持平而論，在馬來亞這個多元社會之中，從每個族群的角度看問題，自有一些分歧的價值，而且這些價值很難使得人們獲得永恆有效的普遍共識。就如憲制談判一樣，它可說處於一種價值理想多元呈現的狀態，難以獲得徹底的化解、安頓與妥協。事實上，憲制博弈和角力戰把以前被壓制的東西，諸如族際間的差異及分歧推到了歷史意識的表層，這使得那時為止一直被認為是正當的歷史領域變得非常複雜。許多價值之間如公民平等及馬來特殊地位與官方語文課題是各族間「無法通約共量」的，只能盡力尋求暫定協議。這實際上，也大體是華人社會所追求的，他們尋求不相容之價值的協調，即可接受時限性的協議。而且從根本上而言，「和平共處」才是華

人社會優先追求的價值，他們寧可無奈放棄對正義、平等的堅持。

其實，利益乃客觀的存在，因此政治妥協是政治生活中必需的一種公共理性，而國家建設過程需要協調和妥協，我們需要做好準備放棄我們部份的立場，以實現更大的目標。馬來亞華人在這個過程中已對當時他們認為更重要的「大局」——獨立——做出了妥協，使得國家獨立更為可能。這就是他們在獨立運動中的特出貢獻。各地華團也興起舉辦各項慶祝活動、建牌坊等，以迎接獨立之到來。隨著國家之獨立，華人與其他族群結束了殖民統治下的生活，走上了新的政治認同與國家建構過程之路，同時緊隨著的是一項至今還在行進中、未竟的政治平等追尋之旅。

馬來亞獨立之後，殖民地政府既退，但華人民眾思想中似乎沒有出現「解放感」。然而也正因為如此，人們政治思想活躍，關心政治，他們開始組織各種政黨來表達自己的政治觀點。政黨數量超過了獨立前，一時間國內各種黨派風雲而起，以爭取「承認」與「平等」。**平等問題如幽靈一樣縈繞困擾著馬來亞的華人，它可說是馬來亞華人政治運動的「重要輻輳點」，並形成一種平等的情結。**從這個意義上講，華團爭取公民權運動已形成一種認同馬來亞的新意識，影響了獨立後一代的權利與義務意識，強化了華人追求承認、追求主體地位的動力。事實上，「建構國家」貫穿於整個二十世紀的全球現代化進程，甚至可以說，現代化圍繞著國家建設這一項主題而展開。國家建設是一種全球性現象，但是馬來亞的「建構國家」卻與一些早發的資本主義國家的情況不同。在馬來亞，這一過程是在馬來民族主義的招牌下進行的，它欠缺「現代化」的鮮明目的，即追求人們的個體平等與解放，這將在下一章加以論述。

第三章

馬來民族主義與「解放」「獨立」的本質

一、前言

正如上一章已提及的，在經歷上世紀的二戰後，亞非等第三世界國家興起壯觀的「民族解放」鬥爭運動（national liberation movement），殖民地紛紛獲得獨立，帝國主義的殖民體系土崩瓦解，而馬來亞也跟上此浪潮的尾瀾獲得獨立。實際上，獨立建國可說是「民族解放」思潮的具體實踐，而今馬來西亞建國亦已超過半個世紀，這意味著自獨立之後，國家已經歷差不多兩個世代了，整個社會似乎也到了省思「獨立」之於國家意義的時候：當年響徹雲霄的「民族解放」口號意味著什麼？尤其是馬來亞之「獨立」對作為非土著和少數族群的華人社會又意味著什麼？更重要的是，我們可從這些追問中理解及掌握1957年以降馬來西亞華人「問題叢聚」的另一面向，即除了第一章所論及的「原地主義」之外，我們也有必要從二戰後「民族解放」浪潮的歷史脈絡中審視馬來民族主義的建國本質與歧出。易言之，「馬華問題」的核心根源之一在於獨立建國所基於的國家本質與國家建構想像之差異。本章嘗試延續上一章的討論，把「獨立建國」置放於近代「民族解放」運動思潮的脈絡下，圍繞在實質意義上的「解放」價值審視其所得所失，以更清楚顯見華人社會在這其中之失據、處境與問題。

二、獨立是以民族解放為前提

如上所述，對作為移民社群的馬來亞華人而言，獨立建國之於他們大體上是相當被動的，因為它的（中國）政治認同轉向本土較為遲緩，它也沒有諸如馬來人具有土著地位的合法性處境（至少殖民地宗主國也如是視之），他們也沒有北美、澳

洲這類移殖國中白人佔多數人口的優勢位置。從一開始，馬來
亞華人就夾在土著馬來人與殖民宗主英國人之間，而欠缺政治
法統與現實實力，因此所謂的「民族解放」往往不在他們「天
賦」的權利之中。然而，這並不意味著華人社會自絕於這道激
昂的近代思潮，實際上，由於長期作為中國近代思想的外延，
馬來亞華人社會也於一九二〇年代開始興起了一股波瀾壯觀
的社會主義思潮，而「民族解放論」正是社會主義思潮的題中
之義。主要受影響的左派青年曾熱切地投身於馬來亞共產黨的
民族解放運動，甚至走進森林進行武裝鬥爭，與英殖民政府抗
衡。獨立之後，合法的左翼勞工黨也曾把不少青年席捲而去，
直至七〇年代之後才逐漸衰歇。[1]然而必須指出的是，整體左
派本身大體對自己所強調的「解放論」究為何意似乎亦不太明
確，學理建設當然更為單薄。大體上，他們的「民族解放論」
傾向於反殖民、反帝國統治，不與殖民當局合作，期望馬來亞
民族的自決，但卻忽略了「民族解放」最後其實與「民族自決
權」有關，更是以個人的解放——以個人權利——為基礎的。
「民族自決」的一個統一信念是，只有在政治上獨立了，人們
才能實現自尊（熊玠，2001: 173）。比如聯合國大會於1952年
通過的《關於人民與民族的自決權》即指出：人民與民族應
先享有自決權，然後才能保證充份享有一切基本人權（United
Nations, A/Res/637）。

　　從歷史角度而言，「民族自決權」概念可追溯到西歐從
十九世紀封建社會向資本主義社會之轉化時期，它伴隨著「近
代民族」的產生而逐漸發展起來的。它是在對教權至上論、

1　有關勞工黨研究，可參閱朱齊英編著，《馬來亞勞工黨鬥爭史（1952-1972）》（吉隆坡：馬來亞勞
工黨黨史工委會，2001）。

專制王權的批判與鬥爭中萌芽與生成。故此，在這一背景下，「自決」思想是以普遍人權為基礎的，但同時又宣揚以民族來區分，故每一個民族而非其他實體擁有建立獨立國家的權利（熊玠，2001: 84）。易言之，當時人們所具有的一種極為普遍的觀念是，國家必須建立在特定民族的基礎之上，才能確保自由體制的生存，這可謂之為「種族的自決」。對此，韓魯姆（Hurst Hannum）曾指出，「儘管無法期望一個社會在文化或語言上具有同質性，但到十九世紀中期，將民主與同質性等同起來已成為普遍的認識」（引自熊玠，2001: 86）。這一觀念對二十世紀的「民族自決」思潮產生了深遠影響，第一次世界大戰之後美國總統威爾遜（Woodrow Wilson）提出的「民族自決」思想的主要內容就是主張各國邊界與民族及語言疆域一致重合。有關「民族自決權」辯論也隨之而起（石元康，1993: 24）。這也就是說，這一「民族自決」成為二十世紀非殖民化的思想基調，成為殖民地人民擺脫宗主國統治強有力的武器。隨後，在大規模殖民地民族解放運動浪潮中，又誕生了列寧的「民族自決」理論，構成了二十世紀非殖民化民族自決實踐的理論基礎（熊玠，2001: 86-87）。在各種因素的綜合作用下，這促成了二戰後「民族自決」和民族解放運動互動的局面：一方面，「民族自決權」原則得到越來越多國家承認；另一方面，在亞洲和非洲興起的民族解放運動蓬勃發展，成為實踐「民族自決權」的廣闊天地，它反過來又進一步促進了「民族自決權」原則的推廣（季衛東，2003）。然而值得注意的是，這股非殖民化的解放浪潮卻出現了解放意義上的基本變化，即解放意義變成是一種以「非殖民化」為其目的，所針對的對象是「被殖民的領土」，而非民族或文化實體。非殖民化解放的意義在於它強調特定領土上所有受壓迫人民——無論其屬於哪一種族，它

打破了殖民地宗主國強加於殖民地人民身上的種種枷鎖，促進了一個更為公正的國際秩序，有利於人類進步。這也意味著它不是以種族為單位，因為這一「領土」上並非單一文化實體或民族，而它也因此可以避開領土上少數族群的困境。季衛東則認為，人民自決權經歷三個發展階段；第一階段是在兩次世界大戰之間，它形成一種對外自決權（external self-determination）的理論與規範，其主要推動力來自於殖民地獨立運動，乃列寧和威爾遜二人通過民族解放運動達成的。這一階段的自決權主體是統一國家的人民整體，而不是其中的某一部份人民。直到第二階段發展，即在一九七〇年代，「人民自決」原則與保障人權的訴求相結合，正式形成了對內自決權的概念（internal self-determinaton）。最具象徵性事實是，聯合國人權委員會表明自決權不僅適合於殖民地統治狀態，也是一種永恆性的普遍性權利。對於獨立國家的人民而言，自決權主要是對內自決權，也就是選擇社會體制和政府的權利，與個人自由和政治參與等基本人權的保障有著密切關係（季衛東，2003: 75-76）。置換到馬來西亞的處境，其「領土」上的各個族群理應享有所謂的「民族自決權」。然而馬來西亞的情況是，一方面它既不具西歐「民族自決」傳統以來的普遍人權，卻分享了它的民族至上原則，與此同時，又未充份肯認非殖民化「民族自決」思潮裡的重要價值，即承認領土上的其他非主體民族之權利。

　　故此，顯然的，我們可從一部現代世界歷史中看到，在近代第三世界的非殖民化過程中，在實踐上所謂的「民族解放」、「民族自決」也似乎僅僅意味著從西方殖民統治之下取得獨立。換言之，如果沒有殖民壓迫的存在，民族自決便失去其合法性，這也是許多國際法學者的共識（石元康，1993: 22-27）。因此，在非殖民地化時期結束之後，自決的時代就已經結

束了（茹瑩，2003: 86），歷史往往走向反面。許多學者就指出，在許多前殖民地國家，國家地位的贏得既沒有帶來發展，也沒有帶來自尊。許多國家還不能表明他們自己已經實現了自決理想中所允諾的東西，意即在非殖民地化的道路上，其所內含的嘲諷之一在於人權平等的欠奉。自治的允諾之一其實是在政治獨立的自由氣氛中，個人將會在充份享受他們的人權中，得到包括自尊的滿足（熊玠，2001: 174）。民族解放運動的結果往往可能給民族帶來獨立，但弔詭的並不給人民帶來解放。他們推翻了外來的壓迫，換取的卻是自己人的壓迫。薩依德即以反殖民思想家法農（Fanon）對殖民地國家本土菁英的批判指出，民族獨立不必然會帶來人民自由做主意義上的民族解放。因此，民族獨立的思想需要轉變為關於解放的理論，「現在必須經由一個非常迅速的轉型，（民族意識）轉化為社會和政治需要的意識，而使其豐富並深化，換句話說，轉變成（真正的）人文主義」（薩依德，2001: 488-90）。

綜上所述，所謂「獨立」都是以「全體人民」之「解放」為前提的，它涵蓋了普遍的自由、平等、自決、民主等核心觀念。「解放思潮」所到之處，其實意味著「每個人」都要重新考慮個人的位置、個人與個人之間的關係、以及個人與社會之間的關係。解放思潮就是從傳統的社會脈絡中解放出來，重新給自己及個人與其他的關係定位。更為重要的是，人作為人皆具有同樣的尊嚴與價值，因而應受到政府的平等對待，並享有基本的權利。舉例而言，美國的《獨立宣言》（United States Declaration of Independence）就基於人人生而平等的原則。這個宣言不僅指民族的平等，而更重要的是指人與人之間應該平等。美國《獨立宣言》開宗明義地宣告：「在人類事務發展的過程中，當一個民族必須解除與另一個民族的聯繫，並按照自

然法則和上帝的旨意，以獨立平等的身份立於世界列國之林時，出於對人類輿論的尊重，必須把驅使他們獨立的原因予以宣佈。我們認為下述真理是不言而喻的：人人生而平等，造物主賦予他們若干不可讓予的權利，其中包括生存權、自由權和追求幸福的權利。為了保障這些權利，人類才在他們中間建立政府，而政府的正當權力，則是經被治者同意所授予的。」[2]宣言中短短幾句，就已依據自然法則宣告了「人人生而平等」的「真理」。它明確揭示了作為一個民族所要達到的目的，即「獨立和平等」。換而言之，美國的《獨立宣言》就是民族獨立的宣言，也是民族平等的宣言。隨後，無論種族還是民族平等原則，在西方各國憲法中，都先後陸續有了規定和體現。在多元複雜的印度，其憲法〈序言〉表達人民決定「保障印度所有公民」享有：「社會、經濟和政治之公正；思想、表達、信仰、宗教信仰與膜拜之自由；身份和機會之平等；增進互助，確保個人之尊嚴，國家之統一與完整」（Mahendra P. Singh、Surya Deva, 2009: 2）。**在當今世界各國憲法中，沒有規定國內各民族平等的已少乎其少。簡言之，按照「民族解放」的意涵，其實「獨立」意涵著平等、自由以及憲政的建構，其目標是解放個人。**然而馬來亞獨立除了對馬來人主權「解放」之外，還意味著什麼？若從上述角度叩問，答案是非常清楚的，即這標誌著所謂馬來人議程（Malay Agenda）的開始，一個馬來民族國家建構的開始。

三、馬來民族主義下的「獨立解放」

　　要理解馬來亞的建國走向，我們必須追問馬來亞建國的

---

2 可參閱「美國讀本」，https://web-archive-2017.ait.org.tw/infousa/zhtw/PUBS/BasicReadings/1.htm。

主要力量及其型態。如上一章所提到的，支撐馬來亞獨立的民族主義力量主要來自於巫統的馬來建國主義，其基本觀點是：馬來亞的土地是馬來人的土地、馬來亞的文化是馬來人的文化——這是一種原地主義的論述。因此，華人所面對的建國力量並不是一個既強調「民族自決」，同時又強調這種自決應當導致自由民主憲政之自由主義民族主義（liberal nationalism）。不管幸與不幸，華人因素已成為馬來西亞國家建構中，影響國家走向的關鍵因素。華人的存在，在戰後如同其他東南亞國家如印尼一樣，被視為一個問題，被看著是土著的威脅——建立馬來國族目標的障礙、維護馬來權利的威脅。安德森（Benedict Anderson）曾尖銳地指出，戰後「馬來民族主義出現了，雖然它不過爾爾；它以對抗當地華人為職志，遠甚於對抗白人」（本尼迪特・安德森，2012: 413），「馬來西亞自建國以來，一直是一成不變的權威主義政府，但是這一成不變的基礎無關冷戰，而全在於馬來人群體的一種集體決心，在面對較大的『華人』和較小的『印度人』這些少數族群時，要壟斷實際的政治權力」（本尼迪特・安德森，2012: 395）。實際上，甚至有學者指出，華人與印度移民的出現緩和了馬來人與英國殖民者之間的矛盾（維賈伊・米什拉、鮑伯・霍奇，1999: 387）。顯然，巫統的民族主義主要對象是「非土著」的移民社群，因此**在很大程度上，馬來西亞獨立後逐漸走向馬來霸權的制度，這很大程度上也是為了克服「華人問題」**。從1961年的教育法令、1962年的憲法修正、1965年的廢除地方選舉及新加坡被驅逐出馬來西亞，到1969年「五一三」事件發生後的一系列修憲及種族性政策之出爐，諸如新經濟政策、國家文化政策、選區劃分不平衡等皆使這個走向達到高點，並基本完成了馬來民族國家（Malay Nation）的建立。換句話說，國家極大的推動政治和社

會的民族化進程，建構馬來國家可說走向了「獨立解放」的另一反面，並距離「民主化」越遠。因此，我們可以概而言之，**獨立後的馬來亞是一種「民族化」，而非「民主化」的建構。**事實上，許多研究已經顯示，民族或國族主義與平等的自由主義是具有緊張關係的，這也可從馬來西亞的政局得到例證。

顯然，處在第三世界諸如馬來西亞此一「半桶水」式的變調民族「解放」運動下的少數族群，真正意涵上的「獨立」與「解放」之實踐難度由此可想而知。因此從歷史角度而言，獨立建國之時，殖民地政府既退，但華人民眾思想中似乎沒有出現「解放感」。對華人而言，走了英殖民宗主，來了馬來土著霸權，華人對前途更為難定及使人不安，這可說是「民族解放」的悖論。對當時人而言，華人在英殖民時代的際遇要比獨立後的馬來人主權時代好，因為至少兩大族群都是被統治者，而且獨立後的憲法與政策比過去更為不利華人。例如，華團領袖梁志翔認為，對馬來人建議的新工業條例，較諸殖民地政府更加嚴厲，與其獨立得不到互助平等，不如維持殖民政府的統治（《中國報》，1956年4月4日）。對部份人來說，英國人即使自一九二〇年代之後開始實行親馬來人政策，但似乎也不及獨立後嚴厲風行的馬來人特權政策那麼苛刻。當時獨立思潮是整個時代的主旋律，甚至是一個「政治正確」的問題，無人可否。然而就整體而言，除了親英的土生華人之外，當時的一般華人很少有鮮明的「不獨立」意識。在這個新興國家的誕生中，華人領袖大體都保持一種當時被報章稱為「光明正大」的立場：「獨立第一，團結第一」（聯邦華人對新憲制之態度，1957）。公民、平等觀念事關生存權，自然也著重，以華團的四大原則以及「最後關頭」之憂思而言，他們已深切察覺到「獨立」與「平等」未必是同一回事。西方現代思想畢竟也多多少少「轉

化」了華人思想，但卻未形成為一種深刻、絕不放棄的意識。
誠如前述，左派之間雖流行過波瀾壯觀的解放思潮，但其所強
調「馬來亞民族解放」僅是「反殖」、「反帝」，而對當時華人
而言更為重要的「人之解放」之普遍民權觀欠缺深刻的理解。
一位新加坡作者在《南洋商報》撰言：

> 新嘉坡人民也因新柔長堤以北聯合邦之默迪卡慶祝
> 盛典及一個新的獨立主權國家誕生之觀念而深受感動。今
> 者，默迪卡一語之於聯合邦兄弟已產生一種具有現實性，
> 仰且富於鼓勵力之要義。但是新加坡，則依然只是一種感
> 情化之口號而已。（葉平玉，1957）

　　作者從新柔長堤一水之隔的對岸之獨立，反思了新加坡仍
舊作為一個英國自治邦的狀況。作者要求新加坡人思考未來的
政治觀，其中提及「設令默迪卡之釋義為『獨立主權國家』，
新加坡亦可取得默迪卡而能在現在世界環境之中，以獨立主權
國家之姿態生存乎？」因此也就不難理解，當時人大多似乎更
把「Merdeka」（默迪卡）僅僅視為「獨立主權國家」（葉平玉，
1957）。
　　當然，當時大形勢也比人強，即使後來被譽為族魂的林連
玉雖曾喊出「如果不做馬來亞頭等公民，亦絕不做二等公民」
的話，但最後仍然基於「獨立」為重，謝絕赴英倫請願的華團
四人之行。華社可說處於兩難之中，劉伯群也指出，「獨立是
每一個人都表示歡迎的，我們絕對擁護獨立。……對於不平等
的待遇，我們要爭取，但並非反對獨立」（馬華社團代表工作委
會繼續爭取四大要求　憲制白皮書十二日在英議院二讀　致電英
首相殖相及工黨領袖抗議，1957）。華人社團都嘗試不損「獨

立」的角度上爭取利益，「互相容忍」、「忍讓為懷」是當時華社的一種主語。即使在憲法勢必底定之際，林連玉只能無奈地說：看來我們已處失敗的邊緣，「我們只能在事實上通過（憲法），我們亦要留問題存在，做繼續爭取，是為第一原則」（馬華社團代表工作委會繼續爭取四大要求　憲制白皮書十二日在英議院二讀　致電英首相殖相及工黨領袖抗議，1957）。顯然的，華人社會在「和平相處」與「平等」之間，做了對前者的抉擇。

《南洋商報》記者難得地描繪與記錄下了獨立慶典的現場：

> 二萬名群眾，四萬隻眼睛，於一九五七年八月卅一日看到一幕歷史的撰寫。代表英女王的葛羅斯德公爵，在新的國家誕生，和今日少了一個殖民地之時，語不出聲，潸然淚下；公爵以顫抖和低沉的語調說，「鑽石的本身是美麗的，但是當我們把它鑲在精緻的金上，更加顯得美麗。今天，馬來亞不但是戴著獨立的鑽石，同時，那鑽石是被襯上了無匹的英聯合邦的鑲嵌。我知道馬來亞在自由人民的結合當中，將負起一項重要和創造性的責任，而在此處境中，其獨立的鑽石將更加燦爛輝煌。」（梅培實，1957）

在英女王代表所謂的「馬來亞在自由人民的結合當中，將負起一項重要和創造性的責任」動人話語中，馬來西亞是以「自由之名」獲得獨立的。作者同時記錄了首相東姑激動地朗讀默迪卡宣言：「時機現在已經降臨霸思古端娜馬來由[3]（馬來由人的國家）之人民，於世界各國之間，將得到自由獨立及有主權之國民身份。……由上天庇佑，基於自由及平等原則之下，

3「霸思古端娜馬來由」為馬來文 Persekutuan Tanah Melayu 之音譯，意為「馬來由土地聯邦」。

永久成為一個民主獨立國家，永遠為人民之福利及快樂和各國
共同維持正義和平而努力！」然而，這些「自由」、「平等原
則」話語似乎是指向一個在國際上具有平等的國家身份，而非
獨立、解放思潮下的個人平等。有趣的是，作者在引述東姑的
獨立宣言後說道，「我明白一個國家的建立，尤其是從殖民地
胎腹裡誕生出來的屬地，一定有一個憲法和協定；當然，霸思
古端娜馬來由首相必須執行這個憲法和遵循這個協定；丹娜古[4]
的人民啊，多麼渴望在平等原則之下共同生活，頑強地生活，
負起建國重責」（梅培實，1957），其「多麼渴望在平等原則之
下共同生活」似乎與東姑所說的不是同一個意思。

　　整體上，時人似乎沒有深刻認識到「獨立」的真正意義：
如果沒有平等，獨立有何意義？究竟是主權獨立第一，還是民
族平等第一？國家新憲法通過後，當時的《南洋商報》社論極
為深刻、沉重地指出了「不平等」憲制已是無法改變之事實，
並呼籲「現在華人應響應華團呼籲，注冊為國民，選出最能代
表公正民意之代表，以留來日修憲之可能」（聯邦華人對新憲
制之態度，1957）。顯然的，面對不可挽回的狂瀾下，華人社
會只能寄希望於不可知的未來，這其實預示著我們後來所看到
獨立後如火如荼的公民權申請運動，以及一九六〇年代風起雲
湧的國家機關爭奪戰，而在1969年達致高潮，但卻又以沉重的
「五一三」種族暴動而告終。

四、獨立後的華人平權運動與理論貧瘠

　　顯然的，華人的平等認知與要求在馬來國族主義者所謂與

---

4 「丹娜古」為馬來文Tanah Ku之音譯，意即「我的土地」。

生俱來的自然、天賦利益之大論述底下，竟在自身移民的「原罪」性中變得那麼的「緣木求魚」。這就是作為少數移民及其後代在強調「原地主義」的「民族國家建構」中的悲劇。正如學者甘格利（Rajat Ganguly）和塔拉斯（Raymond C. Taras）所指出的，「民族自決原則（指的是建立純粹單一民族的國家）不能解決種族少數民族的地位。少數民族問題注定會出現，因為無論政治地圖如何劃分，在每個國家都會出現不滿意的少數民族」（茹瑩，2003: 87）。顯然的，華人等少數族群在作為近代新民族國家觀念下深受其害，華人的前途從根本上繫於如何對「現代民族國家」觀念進行韋伯（Max Weber）所謂的「解魅」工程。撫古思今，華人社會也應該從自身的痛苦經驗中體認國族主義之害，而不自陷於狹隘的國族主義關懷。法農認為，通往真正的民族自我解放和普世主義，首先諸如民族主義的認同論式意識必須被超越，代之以新而普遍的集體性（優先於特殊性）（薩依德，2001: 497-98）。這是值得我們加以沉思的，普遍民權正是最可以得到任何人認可的價值。

　　從上述討論可知，華人社會在權利危機的促迫下，儘管在制憲時期曾訴諸聯合國人權宣言作為其合法性話語，並鍥而不捨的強調普遍人權意識，甚至初步萌現與認知普遍公民權的意義，但是這個認知又是基於一種「民族集體利益」而來，而不是嚴格意義上的普及人權觀。實際上，在獨立運動時期，大部份政黨包括馬來人或華人社會都從族群角度切入，爭論著各自關心的種族性議題，諸如公民權、官方語言、馬來特殊地位等，而真正具有普遍人權視野的似乎只有由一位錫蘭人辛尼華沙甘領導的人民進步黨。[5] 該黨在憲制白皮書公佈之後，向

---

5 本書第四章將詳細論述。

首揆東姑呈遞備忘錄，批評新憲制規定立法機構可基於「治安需要」而對基本人權及言論自由實施限制，但卻沒有指明必需「合理」。它認為，憲制並沒有對人權及言論自由提供補助，以防範立法機構對人權的侵害，反而使立法機構超越憲法，而且也沒有賦權於最高法院使「無理的限制」不生效（人民進步黨向首揆呈遞備忘錄　提出有關人權意見　認為新憲制草案未如李特建議　充份保障基本人權及言論自由，1957）。它進而言道，連帶的報章自由、集會自由也受到影響，都把人權交予立法機構，而沒有對立法機構剝奪人權提出補救方法（人民進步黨向首揆呈遞備忘錄　提出有關人權意見　認為新憲制草案未如李特建議　充份保障基本人權及言論自由，1957）。華人議員之中，只有楊世謀律師在立法議會新憲制二讀中提出類似的質疑（聯合邦立法會議昨日三讀通過憲制法案　東姑解釋限制言論集會結社自由理由　楊世謀等呼籲「獨立之父」勿忽略基本人權真義，1957）。

　　一般而言，一個社會在特定的發展階段，相應於它所面對的內外環境，會形成某種特定的政治論述，一則藉以澄清它所必須處理的政治問題，二則藉以凝聚關於政治價值的共識。這種論述的發展與演變、積累，構成了一個社會的政治集體意識的歷史，對於其成員的自我認知與邁步方向，有相當的影響。因此，看看什麼論述特別突出、什麼論述又淹沒不彰，可以揭露這個社會集體意識的內容與結構（錢永祥，2001: 371）。顯然，從馬來西亞獨立至今的政治取向而言，華人社會的政治論述內容與結構較為凸顯的是其族群性面向，但論述之理論性、超越性面向則可謂「淹沒不彰」，這是它無力回應許多官方論述或無法提出「對抗敘事」（counter narrative）的原因之一。這必須歸因於馬華社會思想傳統與系譜之欠奉。所謂「思

想」，中國學者蕭功秦認為，以最淺白的話來說，思想就是人類為了適應環境壓力與挑戰時，經由人的心智而產生的「大辦法」（2002: 103）。他指出，思想的本質是解決問題，思想也因社會危機而豐富。以我們所熟悉的二十世紀中國思想史而言，中國人因遭遇許多與其生存和發展有關的矛盾、困境與疑難問題，例如社會不公、菁英腐敗、權威失落、專制壓抑與民族危機等等，中國人在面對這些過程中，形成了各種不同的意見、觀念、理論、價值以及以此為基礎的政治選擇與文化選擇。這些作為解決之道的思想、主義此起彼伏，相互衝突、碰撞或相互影響，從而形成了極為豐富複雜的思想發展與變化的思想的歷史（蕭功秦，2002: 103）。以馬來西亞華人格外深沉而似乎難以解決的困境而言，華人社會可說具備了產生思想的外在條件，但內在限制卻使得它思想資源貧瘠。比如，儘管華人社會抗拒馬來同化政策，並存有保護自身文化傳統的心態，卻始終發展不出比較鮮明的文化保守主義傾向或深刻的多元文化主義。若從政治坐標上來說，保守主義是指「相對於現狀」或維持可以認同的社會體制、秩序，比如美國保守主義就是要守住它的民主、自由制度（余英時，1994: 190-91），但對馬來西亞華人而言，馬來西亞卻幾乎沒有一個值得保守的現狀，因此沒有人敢聲張保守的政治立場。即使是曾長期處於體制內的馬華公會也不敢貿然聲言華人曾處於一種可被認可的境況。這一方面自然是因獨立後國家制度與政策不斷失衡，似乎沒什麼值得「保守」的，另一方面則也與華人對其所欲「保守」的政治底線缺乏明確立場有關。與此同時，儘管馬來西亞華人危機所造就的「平等敘述」使華社彷彿還有自由主義的淡影，但顯然也缺乏一個比較自覺的自由主義傳統勢力。華人社會好講「平等」，其大意是指「機會平等」，卻同樣沒有思想

力度。易言之，華人社會的平等鬥爭，是一個完全沒有理論基礎的平等運動（以上詳見許德發，2007b: 5-5）。何啟良在評述謝詩堅著名的《馬來西亞華人政治思潮演變》時，即深刻的叩問道：「大馬華人政治史裡是否有『思想』可言？」，他並認為，馬華社會找不到啟蒙大師，也沒有介身於思想與政治的知識份子（1995: 157）。實際上，馬華政治更缺乏「自主性」（autonomy），沒有自成一體的系統，基本上附庸於馬來政治，尤其在獨立後深受其演變之衝擊（何啟良，1995: 165）。

　　還好的是，華社存有一道源自獨立前那不太深刻卻很激越的左翼傳統，這個可貴的傳統曾經提供華人社會直至一九八〇年代面對危機時所需要的激越精神與反抗壓迫的動力，也為八〇年代的華人民權運動留下某種精神泉源。八〇年代，以董教總、雪華堂和十五華團領導機關為主的華團，曾進行大膽的試探，從民權、文化建設和民族團結等角度，通過三結合、打進國陣糾正國陣到建立兩線制等號召，尋求在新經濟政策後半期突破華人困境（張景雲，1994: 99）。顯然的，危機進一步迫使華人社會從八〇年代開始明確提出普遍人權觀，並進一步成立了劃時代的「民權委員會」以落實華人利益，同時把關懷面推及至國家層面上的各議題，爭取諸如其他原住民問題、扶弱政策、言論自由、官方機密法令等，這可說是華人社會鬥爭史上的一大進展。華團這一舉措可說突破過去華團「單一課題」的囿限，使華團跟超越種族的泛人類課題聯繫起來（張景雲，1994: 99），柯嘉遜即將之譽為「大馬民權運動之春」，「在大馬現代史上，這個輝煌時期是其所未有的」（柯嘉遜，2006: 2）。但我們必須認知，人權不應該只是工具，它更是一項目標。人類當然難免有自身的利益共同體，但這之上還有普遍人權利益作為坐標。

　　另一點可特別補充的是，二戰之後許多新興國家取得國家在政治上之獨立，但卻未完全擺脫西方殖民在文化意識和知識形式的殖民狀態，因此出現了所謂「後殖民批評」的論述。這是一個曾經由「民族解放」所許諾的理想幻滅之後，人們對之前的反殖民主義感到悲觀，但又必須尋找新的出路，以建立一個新的反殖民主義理論的階段。然而在馬來西亞，這道當今風靡一時的後殖民理論批判卻似乎使用不上。這是因為後殖民反的是殖民主義，在馬來西亞卻不是這麼一回事，因為當他們反掉了殖民遺產之後，留下來的卻可能是更加霸權與膚淺的東西，包括制度與認知。這就是為何至今，我們往往只能訴諸於英國在獨立前夕遺留下來的「憲法」作為爭取權利的依據。儘管獨立至今，這套憲法已經被修改得漏洞百出，原本也未完全肯認平等與普遍人權，卻成為許多非政府組織爭取民權的最後防線。比之前人對憲法的敢於質疑，這不啻是一種後退，也說明了馬來亞獨立之後實際民權狀況之倒退。

五、結語：回歸「解放思潮」

　　綜上所述，在解放運動向建國運動轉化的過程中，馬來西亞華人社會與其他少數族群遭際了許多挫折和重大的災難。但在全球化的時代中，人類利益、理想與認知上的多元化，其實也已經無可挽回。馬來民族主義者最終必須面對這樣的客觀事實，而華人社會應該善於把握國際政治與思想趨勢，使其可以衝擊及洗滌國內的悶局。簡而言之，以馬格利特（Avishai Margalit）的話來說，獨立五十年來，我們面對的還不是一個「正派的社會」（decent society）。「正派社會沒有二等公民」，它是以一律平等的公民身份形成一個人人同樣受尊重的群體。

實際上，從現代民族國家建構角度來看，以國民為基礎的現代國家並不容許出現不平等的公民。從此而言，1957年的憲法與制度是不符現代國家的原則與要求的。經歷兩代人之後，我們今天再回頭以近代民族解放思潮中最關鍵的「獨立與平等」原則來審視國家的憲法與政治格局，我們不由得驚怵「變化」之微少。顯然的，真正意義上的「獨立」之於華人，還是一個遠未企達的目標，我們離「正派社會」還有很長的路要走……。托克維爾（Alexis de Tocqueville）在1835年便已指出，追求平等是現代一場不可抗拒的革命。華人社會似乎別無他法，還是必須回歸「解放思潮」——強調人類普遍追求的民權觀，並加以深化它。

第四章

「憲法時刻」中的族群糾葛與憲政闕失

一、前言

　　二戰後，英國政府重返馬來亞，並於1946年擬定「馬來亞聯盟計劃」（Malayan Union Scheme），之後為因應馬來人的反抗而於1948年代之以「馬來亞聯合邦協定」（Federation of Malaya Agreement）。[1]不及十年間，即1957年馬來亞之獨立建國又催生了基本沿用至今的立國憲法。從二戰後至獨立這短短的十餘年間，馬來亞竟走完了許多國家需要付出昂貴的社會成本、歷經艱辛過程的立憲之路，此時段可以說是馬來亞政治史上的「軸心時代」。幾次重大的憲制確立了聯邦制度，亦標記著殖民統治之結束，更確立了馬來亞作為一個獨立國家的本質。

　　與西方國家諸如法國、英美的立憲歷史迥異，它們是與戰爭、革命緊密聯繫著，也因此憲制是一種自然的演化，一種蘊涵著人民本身對自身公民權利的掙扎與醒覺。馬來亞的憲制與許多第三世界國家類似，卻是一種被賦予的，具有深刻的後殖民色彩，因此馬來亞雖屬於君主立憲國體，而且行憲數十年，但仍與西方的憲政民主有一段距離。實際上，憲法易擬，憲政卻難行。所謂憲政（constitutionalism），又稱立憲主義，是時常與法治交替使用的術語，廣義而言，意指奠定憲法運作基礎的實踐機制，狹義而言，則是明確界定以有限政府和人權保障為其本旨的立憲精神（蕭高彥，2004: 37）。易言之，憲政主義強調「公民」權利，而且假設了民主、人人平等的基本前提，人民也以至高無上的憲法作為國家認同的坐標。一部堪稱符合

1　二戰之後，英國重返馬來亞，並於1946年提出建立「馬來亞聯盟」的構想，試圖建立一個多元民族國家，即賦予華人及印度人享有與馬來人一樣的公民權利。此外，也欲建構一個中央集權的西方式代議民主政體，廢除各州馬來蘇丹權力，但這引起馬來人強烈的抗爭，最終迫使英國政府不得不取消此構想，並於1948年改以比較傾向馬來亞本位的「馬來亞聯邦」（Malaya Federation）替代之。

憲政主義之宗旨的憲法，應該是一部以人權憲章為核心、並以制度設計為配套的憲法（蕭高彥，2004: 37）。同時，由於憲制首先是一個民主秩序，權力屬於全體公民，並因此形成公民對憲政之認同。「憲政認同」所指涉的是一國之內族群及公民超越血緣、文化、宗教及地域認同，而以憲政為基礎架構，並在此層面上構成社會共同體，共享著基本價值、精神。以哈貝馬斯的術語來說，其實就是「憲政愛國主義」，即指人民的愛國情緒──指向熱愛憲法中所保障的自由人權與公平正義（蕭揚基，2009: 99）。

　　建構憲政認同對多元族群國家尤其重要，是其所面臨的基本任務，故此，立憲基礎的關鍵並非去尋根或尋求原生血緣和族群意識，而主要是考量賦予人民普及公民權，以促進公民不分族群地向國家歸屬與整合（蕭揚基，2009: 98-99）。然而，在一九五〇年代的馬來亞獨立憲法擬定之過程中，卻嵌入了過多的族群化想像與血緣歷史論述，使得馬來亞憲法烙印著族群主義多於上述公民憲政精神。本章即在前述獨立前後的背景上，從歷史與政治思想的角度進一步考察馬來亞制憲過程，尤其是針對極具爭論性的公民權、語言、宗教、基本人權等幾項攸關國家本質與普遍公民權利議題加以探析，以揭示馬來亞獨立運動時期族群認同及政治權益博弈對立國憲法的影響與衝擊，如何使得憲政認同建構失去了先天條件。作為本章的研究途徑，下文將主要聚焦於李特憲制委員會所提呈的「李特憲制報告書」及隨後的爭議與修訂，乃至馬來亞正式憲法確立之過程，並嘗試以思想史的角度分析此過程中所揭示的馬來亞憲政闕失，以及種族主義大潮與各族之間的憲政創造力量及資源匱乏對馬來西亞憲政進程的戕害。必須立即說明，此處所謂「憲政」是取上述狹義的定義而言之。本章亦將借用格雷的多元主義的

自由主義視角（John Gray, 2000, 2005），再檢視「李特憲制報告書」，最後將指出種族主義與憲政之間的嚴重矛盾與緊張關係，並因此預示了馬來西亞憲政之路的維艱與難行。

二、馬來亞的「憲法時刻」：獨立建國與李特制憲

1956至1957年獨立前夕之制憲，對各族群包括三大族群而言，都攸關他們自身在新興國度中的位置與權利，因為憲制不但關涉馬來亞的國家命運，而且亦關涉每個人的未來。在這異於平常、全民沸騰的時刻，它實實在在是一個創造國家根本大法（higher law）的重大「憲法時刻」（constitutional moment）。一個重大的憲法詰問──「何種國家？誰之憲制？」──成了每個人、群體需要面對的問題。

（一）何種國家、誰之憲制？

換而言之，由於馬來亞人群的複雜性，當時人所面對的問題是：究竟馬來亞要建立「怎樣的國度？國家本質為何？」。對此問題可謂眾議紛紜，各族群、階層都頻密動員，輿論活躍。要了解上述問題之所以是問題以及為何問題那麼重要，我們必須立即追問在此「憲法時刻」，其社會現實與歷史基礎以及左右憲法取向的動力為何？顯然，由於馬來亞多元族群之事實以及各族群對未來國家建構之想像的不一致，導致各種不同的憲制構想。這些重要構想包含巫統及其馬來建國主義、其他族群所期待的多元共生想像等等，這些都指向了不同的、甚至是矛盾的國家本質期待。然而值得注意的是，此憲制卻受到兩大現實因素所限定：首先，制憲是英國非殖民化的一個過程，而這一段過程中民族主義運動形成時代高潮，反殖民主義的力

量（尤其共產黨）不斷加強，英國被迫採取憲制改革措施，而在這個特殊的「憲制改革時期」，不管憲制改革的程度如何，必須注意的是：英國對殖民地的憲制改革與權力轉移仍有相當大的控制能力。在英國非殖民化過程中，其殖民地總督的權力是決定性的。即使是在殖民地獨立前夕，總督的權力受到某些限制，但總督仍擁有諸多「保留的權力」，如對殖民地立法機關通過的法律有否決權。從某種意義上講，英國掌握著憲制和權力移交的主動權，而此「主動權」在一定程度上顯現於能夠選擇權力移交的方式與對象，並在被迫撤出殖民地時，英國往往寧願把權力交給相對比較溫和的民族主義政黨手中（張順洪，1996: 3）。事實上，巫統或聯盟即是在這樣的後二戰背景下成為獨立與憲制談判對象；其次，馬來民族假定此地乃「馬來人的馬來亞」，而英國也承認其宗主權奪自於馬來統治者。在馬來民族主義論述下，馬來「人民」在形成「民族（國族）」（nation）之後，便成為創建制憲活動之主體——馬來人是具有制憲權的民族。[2]因此，具有主權的「民族」同時成為憲制之權力根源後，馬來亞憲法之天秤注定要往「親馬來人」方向傾斜，而這正是獨立制憲的社會與歷史基礎所在，也是其他族群憂患之所在。

故此，不難理解李特憲制委員會為何被規定了制憲工作綱領與範圍。英政府根據與聯盟政府的倫敦協議之規定，於1956年3月8日成立了一個憲制調查團，負責草擬馬來亞的憲法以因應快速的獨立步伐。被譽為二十世紀其中一位偉大法律界專才的李特勛爵士被委任為調查團之主席，在各州蘇丹與聯盟政府

---

2 有關「制憲權」的相關論述，參閱蕭高彥的〈共和主義、民族主義與憲政理論〉（2006）與〈臺灣的憲法政治：過去、現在與未來〉（2005）。

的同意下，調查團之團員委定如下：詹甯爵士、麥克爾爵士、馬力大法官、阿都哈密大法官。憲制調查團被規定的工作綱領為五點原則，基本依據「1948年聯合邦協定」。本書第二章已略有陳述，為了詳細分析，這裡不妨再加以引述：

> 1. 建立一個強有力的中央政府，州及殖民地（檳甲）可享受相當程度的自治，中央政府與州及殖民地之間，對憲法中指定之若干財政事項，設有協商之機構。
> 2. 維護各州蘇丹作為各州憲制統治者之地位與威信。
> 3. 由各州蘇丹中選出一位聯合邦的最高憲制元首。
> 4. 建立聯合邦全境的共同國族地位（nationality）。
> 5. 維護馬來人之特殊地位，及其他民族之合法利益。

（Abdul Aziz, 2003: 26-27；*Report of the Federation of Malaya Constitutional Commission*, 1957: 2）

顯而易見，此五點原則都是對應於前面提及的有關憲制兩大現實因素而出現的，即：除了強中央、弱地方之外，最重要的是馬來統治者的主權及馬來人的特殊地位。然而，一方面既要保障馬來人特殊地位、統治者地位，又要建立不同族群的共同國族地位，這本身已經內含難以融合的困境。[3]

調查團最終一共收到英國、蘇丹、聯合邦政府、聯盟、全馬華人社團、各政黨、團體及個人之備忘錄一百三十一份，而

---

3 實際上，另一明顯的矛盾是，既要維護各州自治地位，同時又要建立強有力的中央政府。可參閱 K. J. Ratnam, *Communalism and the Political Process in Malaya* (1965: 57-58)。

面見提供意見者則有三十一個單位。[4]1956年杪，調查團團員分批離開馬來亞，到羅馬聯合國辦事處起草憲制報告書。[5]李特憲制報告書於1957年2月20日正式發表。可是出乎意料的是，這份報告書的最顯著特點是它一方面維持馬來人特權，但另一方面又強調法律上平等的原則，給予馬來特權時間限制。客觀而言，在上述「兩大現實要素」的語境下，該報告書可說做出了相當「大膽」的建議，即主要認為：

1、馬來特殊地位：

憲制委員會鑑於過去簽訂的條約（指「1948年聯合邦協定」）以及調查之發現，反對將現時制度（馬來人特權）延長一段時間者，為數甚少（但卻有很多方面反對增加現有優惠及繼續過度延長），[6]而且突然撤銷馬來人特權將置馬來人於嚴重

---

4 呈交備忘錄的機構包括多個今天已不復存在的組織，諸如歐亞人聯盟（The Eurasian Union），馬來亞出生之印度人組織等（*Report of the Federation of Malaya Constitutional Commission*, 1957: 3,107-10）。亦見〈英馬雙方昨同時發表 李特制憲報告書〉（1957）。

5 李特勳士表明，選擇去羅馬而非英國，是為了不與任何人碰面，以使得憲法之草擬「絕對獨立」（李特勳爵在記者招待會強調指出 調查團工作為獨立性 憲制報告書將於明正完成 聯盟備忘錄具有非常價值文獻，1956）。

6 如上所述，《聯盟憲制備忘錄》已建議「馬來特殊地位十五年後再審查」。然而，Tommy Thomas 則指出，聯盟政府在會見李特憲制委員會時，曾以口頭通知此事項。從當時的報刊報導可知，聯盟三黨對此有極大歧見。實際上，直到1956年8月杪，三黨因對於馬來特殊地位仍存歧分，因此已有建議將1948年「馬來聯合邦協定」中有關欽差大臣有責任確保馬來人地位獲得保障之條款，改為由最高元首代替欽差大臣之責並入憲，以換取馬來人特殊地位之措施可於獨立十五年後檢討之議（聯盟理事會對巫人特權 將有折衷辦法提出 以聯邦協定對馬來人地位規定 作為聯盟向憲制團所提建議，1956）。然而值得注意的，不久之後，一位評論作者已公開指出聯盟的《憲制備忘錄》列明「馬來保護特維持權十五年」，並批評此一安排（君秀，1956）。但是，到了聯盟於同年9月正式宣佈其《憲制備忘錄》時，報導則只提及備忘錄接納馬華與國大黨之建議，加入「最高元首將賦有特別責任，以維護巫族聯合邦國民之特殊地位，及其他聯合邦國民之合法利益」，但並未提及「馬來特別地位十五年檢討」一事，可見此事之隱晦。無論如何，由於強大的馬來批判聲音，而最終在憲草中修改此條款（見Tommy Thomas, 2007: 24-25）。

不利之地位，因此建議應當**繼續施行十五年**。但特別聲明，在這期間不得再增加馬來人保留地，其他優先權（preference）如政府職位的「固打」限制、若干商業的准證或禮申及獎學金方面**不得增加，也不得擴大**。十五年後，政府應負責提呈報告，讓立法議會決定是否要保留、削減或完全終止馬來人的優先權（*Report of the Federation of Malaya Constitutional Commission*, 1957: 72）。

同時，必須指出的是：李特憲法草案中**並沒有賦權最高元首保護馬來特殊地位**，也沒有獨立憲法所謂的「馬來特殊地位」的名目，及底下**獨立的單一條款**（如獨立憲法的153條款），而是把所謂的「馬來特殊地位」分為82及157條款，分別列明馬來保留地及固打制（即公務員、獎學金及准證）（*Report of the Federation of Malaya Constitutional Commission*, 1957: 150-151,183），這是與獨立憲法非常重要的差別之處。157條款甚至以**「臨時和過渡規定」（temporary and transitional provisions）列於憲法草案中**（*Report of the Federation of Malaya Constitutional Commission*, 1957: 181,185）。

2、公民權與歸化：

馬來統治者的臣民（subjects，即馬來人）及於獨立日或以後在聯合邦出生者，自動成為公民。但委員會不接受非馬來人所提出的出生主義，因此於獨立日之前在本邦出生者，若在申請前七年中有五年居住於本邦，並略懂馬來文者，**可登記為公民**。但重要的是建議，**若獨立後一年內提出申請公民權者，獲得豁免語言考試**。

同時，在獨立日居住於本邦者，若申請前之十二年內有八年居住於本邦，並且略懂馬來文，亦可登記為公民，但如果年

齡四十五歲或以上者在獨立後一年內申請公民權，也將獲得**豁免語言考試**，這與華團的五年要求雖不同，但卻接受華團對語言考試的建議（*Report of the Federation of Malaya Constitutional Commission*, 1957: 14-17）。

3、國語與官方語言：

馬來語為聯合邦國語，並在未來十年內，英文繼續成為官方語文，十年之後再由國會決定其地位；至於華團及其他族群的華文、印文列為官方語言建議，則不被接受。但是值得注意的是，在**議會中可用母語發言**，為時十年，但議會主席必須是能通曉該語言者。政府通告、佈告及其他文件，應如過去般如常維持使用中文及印度文（*Report of the Federation of Malaya Constitutional Commission*, 1957: 14）。[7]

4、國教之規定：

委員會基本上認為**不需要規定回教為聯合邦國教**，但委員會成員之一阿都哈密法官（巴基斯坦人）一人認為新憲法應明文規定回教為本邦國教，報告書附錄其意見。報告書同時指出，蘇丹會議並不贊成列明回教為國家宗教（*Report of the*

---

7 直至1956年9月18日，聯盟對議會語言同樣仍有分歧。馬華公會認為，「至低限度，在各議會中，若得主席或議長之許可，應准用英語、國語（即華語）及印語。最少十年為限，待至立法議會決定廢巫語外，已無再用其他語言為止。巫統對此不表贊成，但贊成由獨立之日起計，繼續用英語，最久以十年為限，或由立法會決定之較短期限，但此並不妨礙現行政策，在教育制度下，保持其他語言為教授媒介」（聯盟憲制備忘錄修訂完妥 國籍及巫人特權 三政團已達致協議 僅議會採多種語言制問題待解決，1956）。到了最後的備忘錄定稿時，對於議會語言加入華文與淡米爾語以及政府公告可使用華文這兩項均不為巫統所接受，因此備忘錄僅列明了政黨對此之各別主張（聯盟憲制備忘錄將於下學期呈遞 對於國名有兩個意見 則馬來西亞及馬來亞，1956）。

Federation of Malaya Constitutional Commission, 1957: 73）。[8]

　　同時在教育方面，李特委員會規定，任何公民不能由於種族、宗教、出身，或出生地的原因，而被拒絕就讀於政府維持的任何教育機關；也不能因為歧視之理由而拒絕提供本邦公民教育財政援助。此外，也值得特別注意的是，委員會也沒有規定蘇丹議會（馬來統治者會議）的體制與任務，這可被視為淡化了馬來蘇丹的地位。質言之，**李特憲制報告可說已把國家本質[9]、國族基礎含混化（ambiguous）、模糊化，很大程度上淡化了「馬來性」（Malayness）在新興國家的作用，同時減弱了馬來特殊地位，並稍微增進了其他族群的權利。**[10]

（二）檢討歷史，含混化國家本質

　　李特憲制報告雖然接受大部份聯盟政府之建議，但這樣的結果事實上還是使聯盟、甚至可能連馬來亞殖民當局也感到錯愕。李特憲制委員會的出發點不完全是基於英國所給予的上述

8　有關李特報告，亦可參閱〈英馬昨同時發表李特憲制報告書〉，《南洋商報》，1957年2月21日，第8、9版。此外，蘇丹議會掌璽大臣曾針對「國教」一事發表文告澄清，蘇丹議會認為回教不適合列為聯合邦國教，因為這將侵犯各州及其政府單獨處理回教之權利。這是因為：一、各州均設回教首長，回教經在各州憲法間設立；二、現在法律及新憲法之辦法，回教保留為各州之事宜（掌璽大臣澄清　關於回教問題，1957）。

9　有關國家本質其實包括國名之稱謂，但這似乎比較為學界所忽略。在獨立憲制談判中，國名也成為爭論之一。一開始聯盟曾擬建議國家獨立後定名為「南卡蘇卡（Langkasuka）」（聯盟主張制憲十五年內　保障巫人特權　馬獨立後改名南卡蘇卡　規定英巫語為官方語文，1956），然而後來巫統又建議國家命名為「馬來西亞」，馬華則堅持維持原來名稱「馬來亞」，主要因為馬華認為「馬來西亞」更具有馬來人之意涵，聯盟最終決定交由李特委員會決定（聯盟憲制備忘錄將於下學期呈遞　對於國名有兩個意見　則馬來西亞及馬來亞，1956）。實際上，馬來亞獨立前人口普查都將本土馬來人及印尼人歸納入一個大類別，即「馬來西亞人」（Malaysian），意即馬來群島居民之意。在會見李特委員會時，李特委員告訴聯盟代表團，該委員會不能接受巫統之建議，因這不包含於其權力之中（聯盟憲制備忘錄　昨呈李特調查團　雙方曾合作成功之會談，1956）。不過，華團對國名並無任何討論與意見。

10　可參閱K. J. Ratnam, *Communalism and the Political Process in Malaya*（1965: 58）。

五項原則要點，而實際上，報告書自稱：

> 調查團在草擬報告時，經常注意及兩項目的：其一，
> 必須有最充份之機會，發展為**團結、自由及民主之國家**；
> 其二，予一切之方便以開發國家之資源，維持及改善人民
> 之生活水準。而此目的只能由人民自力而達到，調查團之
> 工作，乃使到結構盡量符合此種成就。調查團不但**檢討過**
> **去歷史**，而且檢討現今社會及經濟之情形。在改變政治及
> 行政之形式時，所提建議，必需合乎實際，以及對**每一社**
> **會成員公允**。（英馬昕同時發表李特憲制報告書，1957）

上述兩項原則其實說明了李特委員會重視民主與公民權利
（第一項）以及資源的開發與公平分配（第二項）。第一個目標
毫無疑問是典型的民主憲法原則，第二個目標則說明當時的現
實是憲制委員會所清楚意識到的：他們需要調和與折中理想和
現實之間的平衡（Abdul Aziz Bari, 2004: 183）。這其實可說符
合自由主義者強調憲政主義的基本原則，而這兩項原則似乎又
有違馬來特殊地位，對此張力與複雜性使得李特憲制委員會在
思索憲法時頗為用力：

> ……吾人認識維護巫人特別地位，以及其他種族權益
> 之重要，吾人對此問題曾特下功夫考慮之。（英馬昕同時
> 發表李特憲制報告書，1957）

然而值得我們注意的是，**李特憲制委員會決定「檢討過**
去歷史」。實際上，馬來特殊地位就是立基於馬來原地主義者
的「歷史論述」，認為馬來人是土地之子以及對馬來亞具有主

權。「對歷史之檢討」似乎揭示，李特憲制委員會並沒有完全
依照英國政府與聯盟政府的「意願」行事，儘管他確認了「馬
來主權」（承認蘇丹地位、馬來特殊地位、馬來文作為唯一國
語），但又對之做出限制或不做出規定（特權十五年限期、不
可增加及擴大固打、沒有特別的「馬來特殊地位」專款，沒有
聯邦宗教、淡化蘇丹議會任務、強調國語政策實行的過渡期以
對各社群公平）（英馬昨同時發表李特憲制報告書，1957），而
同時強調「對每一社會成員公允……」（英馬昨同時發表李特
憲制報告書，1957）之原則（議會語言十年限期、沒有聯邦宗
教、公民權資格放鬆、教育及機會平等），在更大程度上「承
認」（recognized）其他族群、社群的公民地位與身份。[11]李特憲
制委員會主觀的核心關懷似乎在於：**如何在各族利益分歧的狀
態中，創造後殖民馬來亞新的政治秩序。**

　　該報告書之建議出臺後，得到許多正面的回應。在英國方
面，可謂一片肯定之聲。英國獨立的《泰晤士報》認為該報告
書是公平的。「……這些建議愈早接受愈早批准和愈少修改愈
好。……這些建議正如所能希望的那樣公平。」保守黨的《每
日電訊報》則說，「上述憲制報告書的建議並沒有為聯合邦提
出革命性的改變。……它應為首席部長所接受。」與此同時，
《曼徹斯特導報》認為，「該草案大大地符合華人的要求，這些
要求就（即）使是聯盟領袖也不容易說服很多馬來人的，另方
面該草案在政府部門以及教育方面所給予馬來人優厚待遇，提
供比他們期望中更要好的保證，這點可能使他們心平氣和。」

11　有關華人社會的要求「承認」，可參閱拙作〈「承認」的鬥爭與華人的政治困擾〉，收入文平
　　強、許德發編，《勤儉興邦：馬來西亞華人的貢獻》（吉隆坡：華社研究中心，2009）。參見本書第
　　一章。

該報也認為，「有一些州政府可能反對上述法案，正如他們將反對任何建立一個堅固的中心聯合邦一樣。李特憲制報告書把難於處置的利益問題加以平衡了。……上述憲制草案經過若干修正後，也許至少可能為馬來亞提供一個可以享受健全民主生活條件……。」（倫敦兩著名報章批評李特憲制報告書 泰晤士報認為報告書建議公平 每日電訊指出並無革命性改變，1957）至於在馬來亞本土，依據當時的媒體報導，法律界認為它並非革命性、新奇之文件（李特憲制報告書並非革命性文件，1957），[12] 但是一般輿論大體上卻認為它溫和、合理、平衡：

總而言之，對問題大部份之處理，都係循聯盟及蘇丹議會所提供之意見，在大體上，該報告書可說得上夠公允。自然，一件如斯重大之問題，當不會使各方面滿意，其中最顯著者，馬來人對其特權，就現行實施，只保留十五年，當然會不滿。其次回教之未列入為國教，將有煩言。華人方面，對出身地公民權之被忽略，自表不甚滿意。渠等指出調查團之苦心孤詣，在予年青之獨立馬來亞國以健全之基礎，甚屬可嘉。憲制調查團要尋途徑，加強中央政府之權力，但同時賦予十一州之寬大之自治權力，無疑為一件艱鉅之工作。就公民權問題，調查團之建議，已超越聯盟之意見，而對申請公民權之語言考試及宗教問題，調查團以（亦？）難免有越俎代庖之嫌。所以渠等希望果真以馬來亞為永久家鄉及矢誠矢忠於斯之馬來亞人士不會興波作浪。……顯然，李特憲制調查團以巧妙之手

---

12 Tommy Thomas（2007）亦有類似的評語，而且認為它寫得「優雅、清晰及流暢」，見 *The Social Contract: Malaysia's Constitutional Conenant*（22）。

法，將世界最優良最偉大之民主，移植於年青及健康之馬來亞。（吉隆坡一般輿論大體上認為合理，1957）

　　從報導上分析，首先值得注意的是：報告書「就公民權問題，調查團之建議，已超越聯盟之意見，而對申請公民權之語言考試[13]及宗教問題，調查團亦難免有越俎代庖之嫌」，說明當時輿論已注意到李特報告書的「逾越」。各主要憲制博弈力量，包括馬來人及華人也都有不滿意之處，但顯而易見，這是一個相對中肯、兼顧歷史（馬來主權）與現實（多元事實）、對各方平等的妥協文件。事實上，在現代社會中，就憲政認同而言，它更適合承擔現實社會資源競爭、分配、整合與矯正並賦予資源配置正當性、合理性與合法性的功能，且更適合承擔人類生存的價值需求與精神依賴的功能，正是這種功能使得各民族共同體中的個體能超越特定民族文化而感受到安全、和平、自尊與被尊重（涂少彬、肖登輝，2009）。以此論之，上述四點原則大體在「肯認」某些歷史因素下，把馬來亞未來歸途導向一個相對符合普遍公民理念的社會，強調資源分配的公平正義，在承認馬來群體的既得利益之時，同時使非馬來群體的安全與自尊更具未來可能性。

　　在李特憲制報告書中，委員會完全意識到馬來特殊地位與建立民主方式的政府之下的普遍國民（nationality）之間是矛盾的（*Report of the Federation of Malaya Constitutional Commission*, 1957: 71）。該報告書曾言明，前述英國政府所限定的五點憲制綱領第五點（維護馬來人之特殊地位），與第四點（建立聯

13　有關公民權語言考試其實多依據《聯盟憲制備忘錄》（聯盟憲制備忘錄草案主張　為國會式民主政府　人民思想言論信仰自由　檳甲出生者自然成為聯邦公民，1956）。

合邦全境的共同國籍）是有矛盾的（*Report of the Federation of Malaya Constitutional Commission*, 1957: 71）。 第四點內含建立一個民主政府及平等的社會，但又要兼顧馬來特殊地位，那是艱難的。從理論上而言，其實李特憲制報告書是把主要的馬來特權及（議會）語言問題此難以獲得永恆有效的普遍共識問題，做了正如第二章曾論及的「暫定協議」（modus vivendi）處理（John Gray, 2000），以求得一個能維持和平但符合起碼合法性的情境，而將真正的「憲政共識」（constitutional consensus）寄待於未來。此處乃借用格雷的術語，而格雷主要是站在多元主義的立場，認為人類價值理想多元，而且這些理想可能不斷衝突，難以妥協，也難以說哪一種更為有價值（John Gray, 2000）。[14] 格雷雄辯的指出，「權利所保護的人類利益有著太多的差異和衝突，從而使這樣一種理論（無所不包的權利理論）成為不可能」，而且建立同質性國家會造成大規模違法基本人權（John Gray, 2005: 151-71）。李特憲制委員會相當清楚，儘管馬來特殊地位與普遍國族概念相衝突，但是那又是一個既得利益與歷史協議，又考慮到當時馬來人的落後，難以陡然廢除，是以，他提倡追求非單一理性共識的理想，即承認差異、尊重差異的社會「暫定協議」，把其列為憲法草案中的「臨時和過渡規定」（temporary and transitional provisions）。同時，李特憲制報告書也規定各語言、宗教以自由及平等原則：「……法律不得因宗教、種族、家世或出生地理由，而有何歧視，政府或公共機關亦不得以上述理由在決定委任、合同或是允許進入任何教育機關或發出有關學生財政援助時，有所歧視」（英馬昨同

---

14 亦參見江宜樺，〈擺盪在啟蒙與後現代之間——評John Gray著，蔡英文譯《自由主義的兩種面貌》〉（2003: 239-248）。

時發表李特憲制報告書，1957）。實際上，在馬來人及其他族群的眼中，許多利益及建國想像可說是處於一種價值理想多元呈現的狀態中，難以獲得徹底的化解、安頓與妥協。這些問題似乎是「無法通約共量」（incommensurable）的，「暫定協議」應該更為符合中道與多元形勢所需（江宜樺，2003: 239-48）。

三、憲政闕失：種族／特殊壓倒平等／普遍

然而誠如前述，李特憲制報告書發表後，馬來人甚不滿意，《每日新聞》與《前鋒報》批評馬來特別地位十五年條款，這使得聯盟政府受到極大壓力，蘇丹也對其權力相對減少甚為不滿（見Tommy Thomas, 2007: 27），東姑因此出面說明李特憲制報告還得經過英國、聯盟政府及蘇丹議會三方面的通過。以馬來人為主的國民黨、泛馬回教協會，及馬來亞人民黨認為，如果接納該報告書，無異將馬來人擠出馬來亞。該三政黨擬聯成一條陣線，以應付此問題。事實上，他們仍未正式仔細研究李特報告書，即已對馬來人特權限定為十五年表示失望。據報導：

> 爾等指出，馬來人特權並非創舉，而係自蘇丹與英廷簽署第一次之協定，即有此規定，自憲制成立後，馬來人之特殊地位，並無改變，數百年來，馬來人之特殊地位，少有變更，何以今年竟限定之享受十五年。（馬勞工黨及巫人政黨 不滿李特憲制報告書，1957）

拿督翁惹法也指出，他初步研究憲制報告書的印象是「馬來人徹頭徹尾被出賣」（馬勞工黨及巫人政黨 不滿李特憲制報

告書，1957）。此外，華人社會也表示不滿的，主要是出生地主義的公民權原則及官方語言建議不被接納。至於馬來特權，雖與華人要求平等待遇不完全一致，但因有限期，倒沒有引起太大的怨言（崔貴強，1989: 405）。

漢娜・鄂蘭曾認為，美國的被殖民經驗是美國立憲的基本歷史要件，但最值得我們加以注意的是，她並指出，殖民地的居民自我構成各種「政治體」（civil bodies politic），而他們對於未來的極端重要性在於形成一個新的政治領域，並在不具有、也不宣稱主權的情況下，得以享有權力，並有資格主張應有之權利（蕭高彥，2006: 134）。但是在馬來亞，歷史條件完全不一樣，誠如前述，對馬來人而言，他們具有某種程度的「制憲權」，他們也是原地之子，這一點也為英國人所承認，而且其特別地位已經彰顯於「1948年的聯合邦協議」之中。因此李特憲制報告書公佈後，欽差大臣大概出於安撫的目的，立即指出李特報告書是可以修改的、未確定的（欽差大臣向全體人民呼籲鎮靜討論憲制報告書，1957），並指出依照程序，李特報告書發表後，將先由各州蘇丹、聯盟政府及英政府三方面代表組成十一人工作團，做初步的考慮，然後再由蘇丹議會、聯合邦行政會及英政府做進一步的審查。[15]最後，始向聯合邦立法議會及英國國會提出，尋求正式通過。這個程序其實說明了李特制憲報告書在這些一道一道的制憲程序中，處處都得經過既定政治實力與意識型態的左右與制衡。

15「李特憲制報告書正式呈遞英女王及九州蘇丹後，於2月21日發表，嗣後為英政府、蘇丹議會及聯合邦政府之事務，研究其建議，尋求三方面之同意，以接納或修正之。隨即成立一個十一人工作委員會，包括聯合邦欽差大臣，輔政司，律政司及蘇丹與聯合邦政府兩方面各派四代表，自2月22日至4月27日之間，曾開過二十三次會議，向蘇丹會議報告三次，即3月14日，4月10日及5月7日三次，向聯合邦行政會議於5月3日及6日報告共兩次」（憲制白皮書全文，1957）。

（一）制憲權與國家本質、特別地位的再確認

果不其然，經過長達五個月的政治談判與妥協，最終李特憲制報告書被大量刪改。所刪改者至少高達40%，其中包括馬來特權被無限期保留及華、印語被允許為議會語言十年被除去，回教國家化入憲等等（李特憲制建議四十巴仙被修正　憲制白皮書公佈巫人享有特殊地位列為永久性　議會使用多種語言制度被否定，1957），以致後來李特爵士個人也公開嚴正表達對新憲草持不承認的態度，並認為這是英聯邦國家中最不具水準的憲法。李特勛爵在7月29日英國國會上議院對馬來亞獨立法令二讀通過時，激烈批評新憲法的修改，並提出抗議（英國上議院通過馬來亞獨立法案　工黨代言人認為「折衷產物」表示歡迎　制憲團長李特勛爵對現憲法不能負責〉，1957），指他完全不對此憲法負責，「余並不因此項修改而氣惱，但此項憲草遠不及吾人在政府法案中所慣見之高水準」，「又謂：余感覺為著余之優秀同事之名譽，余必須聲稱：對於現在形式之憲法完全不能負責，余必須讓其保持如此。」又謂，「修改之處大部份係小節，但余認為，新形式遠不若吾人所建議者明晰」（英國上議院通過馬來亞獨立法案　工黨代言人認為「折衷產物」表示歡迎　制憲團長李特勛爵對現憲法不能負責，1957）。今天回眸重看，馬來亞人或許虧欠了李特委員會五個委員。[16]無論如何，形勢比人強，猶如前述，英國政府、蘇丹會議及聯盟政府三方面代表組成的憲制工作團最終通過了新憲法草案。新草案與白皮書遂於1957年7月2日在倫敦與吉隆坡二地同時發表。

---

16 Tommy Thomas也說過「後代欠了李特委員會等五人」，但他是針對李特接受聯盟之建議，尤其有關「社會契約」及其「憲草之高雅、清晰與流暢」的貢獻而言（2007: 22）。

在新憲制草案中，主要針對李特憲制報告書做了以下幾項主要修訂：

（一）有關公民權方面：

大致接受李特憲制報告書的建議，但最重要的是，它加入一項限制，即**申請歸化者需要部長的審批**。同時也與華團要求居住期五年有差距。

（二）關於語言問題：

（1）對李特報告書最重要的修改是取消有關在獨立後十年內，允許**有條件地在立法會議以華語或印語發言**。

（2）任何人不受阻止或禁止以應用、或教授，或學習任何語言；

（3）列明聯合邦與州政府須保護與扶助其他任何民族語文的應用與學習。

（三）馬來人特殊地位：

（1）取消李特憲制調查團建議馬來人所享有的優先權僅十五年之限定，使得馬來特殊地位成為永久性。但建議改為由最高元首隨時檢討之。

（2）加入條款規定最高元首須負責維持馬來人的特殊地位，以及其他民族的合法權益。同時，在執行此責任時，應根據內閣的意見行事。

（3）最高元首可以指示及保證「合理」固打或比例。除此之外，國會沒有權力單純為了保留「固打」予馬來人之目的，而對商業施行限制。

（四）關於宗教方面：

（1）修改李特報告書沒有國教的建議，而**以回教為本邦國教**。

（2）規定最高元首為馬六甲、檳城二州的回教首長。（〈憲制白皮書全文〉，1957）

李特憲制報告書與憲法草案（白皮書）主要異同對比簡表

項目	李特報告書	憲法草案（白皮書）	兩者主要差距與對公民建國的實質意義
馬來特殊地位	·限制十五年； ·「固打」逐年減少、也不得擴大領域。 意義： ·馬來人特殊地位「暫定化」，公民基本是平等的。	·特權永久性； ·建議由最高元首隨時檢討之。 ·最高元首須負責維持馬來人的特殊地位，以及其他民族的合法權益。 ·最高元首得訓令有關當局，根據他所認為合理的比例保留公共服務職位、獎學金、禮申或准證及馬來保留地予馬來人。	·「憲草」確認馬來亞對不同的群體、公民間有不同的待遇。 ·「憲草」確認國家本質的傾馬來化，使「公民」之間的「不平等」永久化、固定化。
公民權	·在獨立日或之前出生於本邦，並在過去七年中五年居於本邦，略懂馬來文，可申請公民權；而於獨立後一年內申請，可豁免語言考試； ·在獨立日居住於本邦者，若在申請前之十二年有八年居住於本邦，且略懂馬來文者，可登記為公民；若是四十五歲以上，而於獨立後一年內申請，可豁免語言考試；	·大體相同； ·加入一條限制，即申請歸化者需要部長的審批。	·「憲草」使行政權有權審議公民的效忠度及公民權資格。 ·「憲草」使「普及公民權」更多限度。 ·兩者皆不接受華團的「本邦出生者為當然公民」與「五年居住期」要求，非土著歸化公民較有難度。

項目	李特報告書	憲法草案（白皮書）	兩者主要差距與對公民建國的實質意義
公民權	・其他人士，凡在申請前十二年中，有十年乃住在本邦，並遵照歸化的普通條件者，可歸化為公民。		
官方語言	・馬來語為國語； ・華印文不列為官方語，但有限度的保留為議會語言十年。 ・政府通告、佈告及文件如過去那樣使用中文及印度文印行。 意義： ・承認華、印文有某種程度的地位。	・馬來語為國語； ・否定華印文，不列之為官方語，也不接受議會語言十年之建議。	・強化了馬來文作為獨尊地位，再確認「馬來性」作為國家的本質。 ・窄化了少數群體語文的地位。
國教	・不需要列回教為聯邦宗教。 意義： ・在聯邦層面上，宗教平等。	・回教為聯邦宗教。	・「憲草」體現了國家中的馬來性特徵。 ・確立回教的優越地位。

整理：筆者

　　顯然，上述幾項重大修改，把國家的本質再確定為「馬來人的馬來亞」，馬來人獲得了永久、無限期的特殊地位，同時回教列為聯邦宗教，少數族群語言更不是議會語言，這可說基本回歸到1948年馬來亞聯合邦協定的老路。實質上，現代憲

政體制須確認公民身份所涵蓋的權利與義務，以此宣示、體現基本憲政價值（錢永祥，2014: 177），但新憲草規定某些群體之間的公民權利差別固定化，其實說明了國家本質的馬來民族化。「馬來性」的三大支柱即語言（馬來語）、宗教（回教）及王室（蘇丹），加上「馬來特殊地位」得到了憲法的再確認，從此確立了馬來主權作為憲法主體精神，淡化李特憲制對馬來亞作為一個相對符合公民憲政國家的制度設計。正如論者所指出的，「1957年，《馬來亞聯合邦憲法》反映了國家性質的變化。在過去和現在，我國就是一個奇異的組合：它是自由民主的理想和種族性優惠待遇，這兩者相結合的產物。它也含有宗教元素（例如：穆斯林個人法律，是根據以伊斯蘭經文為根基的伊斯蘭法律所制定的），這些看來是和憲法第四條相牴觸的」（Azmi Sharom, 2009）。

　　據《南洋商報》的報導，「原被本邦三大民族認為堪稱公允之李特報告書所建議各項，經包括英國代表、蘇丹代表及聯合邦政府代表組成之工作委員會，做多度之會議研究後，已將其建議做將近四十巴仙之修正。有兩項在原則上做重要之修改，即為加強馬來人特殊地位之保障，由國家元首負責保證之，所規定馬來人享有之特殊地位，列入為永久性，另一項則以巧妙之措辭，否定議會使用多語言制度，即為李特憲制報告書所建議擬定十年期限，應予有限度之權利，在議會中以華語或印語發言，而改以將不禁止或防止任何人使用（惟官方語言例外）或教授或學習任何語言，其次，為聯合邦及州政府有權保持及支持在聯合邦內，使用或研究任何民族之語言。」（李特憲制建議四十巴仙被修正　憲制白皮書公佈巫人享有特殊地位列為永久性　議會使用多種語言制度被否定，1957）與此同時，憲制白皮書暨憲法草案公佈，聯盟及蘇丹一致稱讚，東姑稱新憲

法已為本邦獨立奠下良好基礎。東姑呼籲給予新憲法機會，將多元民族之本邦建立為統一的國家。東姑指出：

> 巫人所持有者乃目前經已享有的而已。彼等並無獲得新東西，或增加些什麼。（憲制白皮書暨憲法草案公佈 聯盟及蘇丹一致稱讚 東姑稱新憲法已為本邦獨立奠下良好基礎，1957）

顯然易見，「1948年聯合邦協議」在此中起了深遠的決定性影響，它可說對馬來社會普遍上造成一種既得的（status quo）的心理底線，使得任何現狀的變化難以進行。馬華公會的陳修信在稍後的立法會議上也指出，「馬來特權已在馬來亞聯合邦協定下賦予，無人願意放棄既得利益，而馬來人聰慧、有自尊心，因此時機到來，他們會自動放棄」（陳修信在立法會強調團結為建國基礎 新憲法雖未臻完善唯極公允 不能盡滿人意但無不良影響，1957）。由此可見，「既得利益觀點」應該是一道重要的憲制修改的依據。有趣的是，陳修信進而指出，「吾人長遠之興趣，乃支持任何改善巫人經濟地位之措施。**馬來亞四分之三為原林，可以養活兩倍本邦人口**，故巫人特殊地位，無人會受到損失……」（陳修信在立法會強調團結為建國基礎 新憲法雖未臻完善唯極公允 不能盡滿人意但無不良影響，1957）。

（二）憲政（限權）力量的低聲與匱乏

上述憲法草案及白皮書除了在國內被直面批評之外，英國本土的媒體也有許多不同的評價。《曼徹斯特衛報》對此有極為持平的評述，該報直截了當指出，新憲制盡量迎合了馬來人針對華人而提出的保障要求，使得馬來人心平氣和下獨立是件

好事，但它進而問到，「……馬來人為了本身的利益，堅持目前憲制草案中的一切條文，是明智的嗎？棘手的就是那些有關公共服務、土地擁有權及公民權的規定」（曼徹斯特衛報著論批評馬憲制白皮書　認為偏重巫人要求，1957）。而且它也批評白皮書有關公民權的規定使華人更難獲得投票權，尤其**現在的白皮書卻規定，他們的申請須由負責的部長裁決**」（曼徹斯特衛報著論批評　馬憲制白皮書　認為偏重巫人要求，1957）。《南洋商報》在一項標題相當聳人聽聞的新聞報導中轉載了倫敦《泰晤士報》的評論：《泰晤士報》認為憲制修正草案，「如果保證的條件能好好地解釋的話，華人可能樂於讓馬來人治理聯合邦，而他們卻繼續經營馬來亞大部份生意。……正如東姑押都拉曼所領導的聯盟是巫、華、印的慎重聯合一樣，顯出對馬來亞的分裂，做出相同慎重的彌補。在這項憲制下，這個新國家是沒有理由不繁榮的。」然而「在馬來亞，他們並非像暹羅或印尼一樣是少數民族。有多少華人將申請公民權，如果他們申請了公民權，馬來亞將會出現什麼新的政治面貌？馬共可能是一個消退中的力量，但他們並非純粹華人的效忠唯一焦點」。該報認為，「……在獨立後的馬來亞憲制下，華人的政治形勢，還是一個未知數」（倫敦泰晤士報評馬憲草　華人的決定將受北京注意　新憲制下馬來亞沒有理由不繁榮，1957）。有關英國媒體的反應已在第二章提過，這裡不再贅述。簡言之，從這些外報評論可知，憲制白皮書是極具爭論性的，尤其是公民權限制及馬來特權等課題，許多輿論都將其與李特憲制報告書做對比，可見李特報告的某些「暫定協議」處理方式是中間輿論較可接受的、最好的權宜之計。[17]

17　可詳見許德發，〈大局與獨立：華人社會在獨立運動中的反應〉（2009: 102）。亦可參閱本書第二章。

　　1957年7月10日，憲制白皮書在馬來亞議會中提出時，曾引起一番辯論，但最終獲得通過。7月19日，在英國國會中，也在數位議員針對「平等」與宗教、語言等議題提出質疑與辯論。保守黨議員得禮生（Mr. Derekson）、維克斯小姐（Miss Vicks）、培茲氏（Mr. Bates）以及工黨蘇連生（Mr. Sorenson）都提出異議（英國下議院三讀通過馬獨立法案　數議員動議修正未獲接納　將交上議院通過再由女王批准，1957），工黨的前殖相克里芝若思士（Arthur Creech Jones）對反對黨的一些同情的修改建議表示同意。[18]他指出，「對於公民權、宗教、土地規定發生了極大的不安，許多議員接獲馬來亞一些負責任團體代表的信件，說明憲制報告書對某些種族有不公之點。這些團體代表希望至少一些法案必須訂立，以保全各民族的平等待遇」（英國下議院三讀通過馬獨立法案　數議員動議修正未獲接納　將交上議院通過再由女王批准，1957）。然而，殖相波藹（Lennox-Boyd）在答覆時則回應道：「有關消除種族及宗教的仇視，今後將盡力鼓勵……」（英國下議院三讀通過馬獨立法案　數議員動議修正未獲接納　將交上議院通過再由女王批准，1957），但他言道，「公民權（之達致協議）乃不同方面應用良好態度造成之結果。」對於語言的承認方面，他認為若依照要求，實際上是承認一個數目的語言而非一種語言，因為華人並不能全講一個同樣的語言。「**宗教方面，它指出英政府必須同意，因為蘇丹及聯盟強烈要求**，但宗教自由已得聯盟及蘇丹會議的同意」（英國下議院三讀通過馬獨立法案　數議員動議修正未獲接納　將交上議院通過再由女王批准，1957）。最終殖相波藹在迴避問題下，以技術問題拒絕接受修改動議，最終國會通過馬來亞獨

---

18 可詳見本書第二章，註釋14。

立法令。殖相的理由是：「接受動議必丟棄去年的工作，而再度討論，而原來的協議已得聯盟部長、蘇丹及甚多人民所贊成」（英國下議院三讀通過馬獨立法案 數議員動議修正未獲接納 將交上議院通過再由女王批准，1957）。據劉伯群指出，這些議員的質詢是他們英倫之行的直接結果（馬華團代工委會昨開會議 不滿四要求未被接納 函詢東姑是否能保證及時發給公民權申請公民權時如被拖緩應即具情報告〉，1957）。

　　我們把焦點回聚於當時的馬來亞國內。實際上，自由主義者強調憲政主義主張可分為兩個基本原則：其一為「分配原則」，也就是「個人自由領域被預設為一種先於國家存在的東西，而且個人自由原則上不受限制；相反地，國家干預這個領域的權力原則上要受到限制」；另一則為「組織原則」，也就是「國家權力有幾個機構共同分享，並被納入一個受限定的權限體系中」（蕭高彥，2006: 119）。這也就是說，「分配原則」體現在公民的基本權利之中，而「組織原則」乃是通過政府的權力分立讓國家的權力運作具有可測度性（蕭高彥，2006: 119）。然而不幸的是，這些憲政原則在當時都不被關注。馬來西亞立憲之初，華人或其他族群皆受到各自「族群認同」所限，僅僅關注於各自族群權益的保障，[19]完全沒有形成真正意義上的「公民認同」意識，因此**缺乏認真關注憲政中最重要的上述兩項基本原則：普遍公民基本權利（人權）及（尤其是）限權（政府權力）問題**。當時的華人從族群權益角度對獨立建國憲法很不滿意，左派雖主張「民族解放」，但憲政啟蒙可不在他們的視野中。至於當時的馬來人組織，他們要麼不是支持新憲草，要麼就是諸如拿督翁惹法的國家黨（Parti Negara）之種族主義立

---

19 比如頗具代表性的華人社團組織的四大要求只觸及普遍公民權問題，但不觸及政府限權問題。

場，或就是從左翼角度立論，比如馬來人民黨。簡言之，馬來亞馬來人社會以民族主義思潮為主流，尤其主要來自於巫統的馬來建國主義，而不是任何可以導致自由民主憲政的自由主義民族主義思想。

當時，似乎僅有人民進步黨是一道憲政主義力量的微弱低音，唯獨它從一個傾自由主義角度批評憲草。該黨在1957年7月8日立法會議前夕呈書東姑，副本同時給聯盟三黨，針對憲草中的「基本人權」事項提出尖銳批評，反對新憲制規定立法機關（國會）可基於「治安需要」而對基本人權及言論自由實施限制，但卻沒有指明限制必需「合理」（reasonable）（人民進步黨向首揆呈遞備忘錄 提出有關人權意見 認為新憲制草案未如李特建議 充份保障基本人權及言論自由，1957）。李特報告中的憲法草案在對有關10（1）、（2）、（3）等項分別涉及言論自由、集會及結社的條款中，註明其受聯邦法律（有關聯邦保安利益、與其他國家良好關係、公共秩序或道德，或者在關係到藐視法庭、誹謗或煽動罪行）的「合理限制」（reasonable restriction）（*Report of the Federation of Malaya Constitutional Commission*, 1957: 126）。同時進步黨也認為，新憲草並沒有對人權及言論自由提供補助，以防範立法機構對人權的侵害，反而使立法機構超乎憲法之上，而且也沒有賦權**最高法院審核「無理的限制」**。由此可見，進步黨的《備忘錄》實已觸及重要的**「限權」**問題了。事實上，李特憲制報告書對此指出：

> ……對保證基本個人權利（除受緊急狀態有關條例之約束）是不可反對者，此憲法保證法律至上，**法庭具有權力與責任，實施基本權利，並將以立法或行政行動等破壞任何此種權利的企圖，作為無效。**

　　我們建議隨時提供予以任何人對於人身自由，任何一方面受非法侵犯之補救辦法。我們建議：任何人未經推事授予法權不得不加以扣留，奴役或強迫勞作。（英馬昨同時發表李特憲制報告書，1957）

　　進步黨是以認為，李特憲制報告書對於基本人權的言論及發表自由予以充份保障，甚至認為其所做保障符合聯合國憲章，使得馬來亞人民獲得與英國、印度、巴基斯坦等國人民享有同樣的基本權利。[20]但是在新憲制草案中，言論及發表自由只成為一種宣言，並沒有對防範立法機構對此種權利的侵害做出補救。《備忘錄》認為，保障人權的要點是必須使憲法能夠約束立法機構，可是新憲制草案不但未使憲法高於立法機構，反使立法機構在憲法之上。除此之外，《備忘錄》也注意到其他族群所忽略的重要人權事項。進步黨發現，「**報章自由**」並未包含在憲草中，因此沒有特別的相關保障。因此《備忘錄》認為，「報章自由」可說是被含納入「言論及發表自由」條例之中，而基於上述規定（即沒有防範與補救措施），報章自由亦受影響。《備忘錄》舉例，比如對報紙發行之檢查，印度的高等法庭曾認為這是「不合理的限制」而宣判無效，但假如馬來亞政府實行報紙檢查，則法院亦無能為力。對於其他基本人權如集會自由等，《備忘錄》亦提出同樣的意見，並認為李特憲制報告書的相關章節理應包含在新憲制草案之中（人民進步黨向首揆呈遞備忘錄　提出有關人權意見　認為新憲制草案未如李

20　不過就這一點，學者有不同意見。憲法學者 Abdul Aziz Bari 指出，「李特委員會並沒有相當承諾走向完全功能的完善民主，因為他們沒有看到有權利清單（bill of rights）的重要性。對基本自由憲章只因為幾個組織堅持它的重要性後而接受。但不幸的是，委員會認為，該規定應由議會來調節，須經由法院來審查」（Abdul Aziz Bari, 2004: 183）。

特建議　充份保障基本人權及言論自由，1957）。實際上，更具意義的是，李特憲制報告書在針對「緊急狀態」條例時曾清楚聲明：

> 　　基本權利的存在或州與聯邦的分權，皆不許危及國家的安全或是**民主生活方式之維護……**。只有在國家受到（的）威脅特別危險時，方可侵犯及基本權利及各州權利。

> 　　我們希望在新憲法生效以前，目前的緊急狀態結束，**我們並不認為目前的緊急法令是完全令人滿意的**，並在預防性的扣留方面，應有確切之規定，但在緊急狀態期間企圖修訂現存立法，可能引起大困難，故我們主張，現存緊急法令，**於新憲法實施時，應延續一年**，並有權可修訂或廢除其任何部份。（英馬昨同時發表李特憲制報告書，1957）

　　顯然，有關進步黨的人權意見最終不被接受，而李特憲制委員會的「一年後廢除緊急法令」建議亦為新憲草所捨棄。

　　當然，歷史的後見之明已經清晰的告訴我們，人民進步黨所提及的少數超越族群的意見被淹沒於當時的種族浪潮中。這不僅反映了**種族主義、土著主權與憲政主義觀念在理論、現實層次上的緊張關係**，也揭示了當時具體歷史條件對馬來亞憲政的深遠影響。實際上，「憲政」是一個龐雜而巨大的領域，其意義在很大程度上取決於社會所面對的議題。學者研究發現，透過對二戰後制憲經驗的重建，發現東亞國家的制憲經驗反映了三種制憲模式，即包括：促進民主的制憲、獨立建國的制憲、國族整合的制憲（Wen-Chen Chang, 2008: 111-41）。此外，

臺灣在威權時期，社會主要關注的是落實憲法所規定的各種人民權利與限制政府權力；在民主化之後，由於族群衝突加上臺獨訴求，獨派關心的是如何重新立憲立國，而關心民主的人士則關注如何限制多數人形成的民粹政治。然而，在今天中國大陸自由派中間，有不少人則關注憲政如何從共產黨專政轉化為人民主權。[21]這些個案都說明，凸顯憲政不同面向取決於人們當下的認知、追求及策略。馬來亞當時的三大族群則都出於對自身權利的憂患，而聚焦於憲法對自身群體權利的保障，並不注重嚴格意義上的普遍人權概念。即便華團已初步萌生普遍公民意識，但是華人社會力量仍與其他族群一樣，對立憲著眼於**「保障策略」**，與巫統馬來民族主義者的差別只在於華人由於形勢所迫，提出了「聯合國憲章」及「人權宣言」作為爭取權利的合法性來源。[22]當然，巫統的**「保障策略」**背後亦有其確立馬來人作為國家本質的民族建國主義動機。事實上，許多憲政思想家都強調，制憲的政治決定必須預設「人民」（people）經由理性的辯論、思考與抉擇，將自身轉化為「公民」（citizens），而多數決定之正當性，不能僅是多數實力使然，而有理性的基礎（蕭高彥，2005: 40）。但是，馬來亞沒有這樣的公民醒覺基礎，自然沒有「公民社會理性」，同時也欠缺這樣的機制，立憲只能以英國政府及屬於貴族階層的蘇丹議會及巫統（聯盟）為主導力量。當時的《南洋商報》社論即指陳，「馬來亞不是革命，憲法不是國民大會決定，而是必須經過英馬雙方的協議。因此不易更易，立法會議看來只會通過……」（我們對憲制

---

21 這一方面承蒙錢永祥先生的提示，特此向他致意。

22 當然，這種時代逼迫也使得華人社會後來延伸出人權思想及限權意識。從歷史角度來看，一九八〇年代華團的人權運動與提倡兩線制度，都可追溯自此時期。

白皮書的觀感，1957）。事實上，當時聯合國人權宣言儘管已經出臺多年（1948年12月10日頒佈），但人們在種族主義大潮中，忽略了制憲是促進平等、自由與限權的重要歷史歷程與機遇，也因此錯過了馬來亞唯一的一次「憲法時刻」。

　　我們或可以張君勱來訪陳禎祿再窺視一些現象。張君勱曾於1952年3月14日由新加坡抵達馬六甲，在沈慕羽諸人陪同下訪見陳禎祿。他們「談論中外各項問題，臨行前，張君勱對記者說，中共暴政，必定覆亡，海外同胞應一致反共抗俄，實行民主，中國方可得救」（《古城月報》，1952年4月1日）。然而，話鋒一轉，作為中國近代著名憲政主義代表性人物的張君勱又謂「華人既寄食斯土，為久居長安計，應該爭取政治權利，加入馬華公會，為實現此中理想，馬華公會設立政治訓練班，實甚需要云」。[23] 看來，當憲政主義遇到華人族群權利時，族群權利壓倒了這位著名憲政大師一生所念茲在茲的普遍人權及限權理念。當時的人們似乎忘了（或不覺）**普遍人權以及限制政府與華人權利是一體兩面**的，正如著名學者史卡特・高登（Scott Gordon）在其著作《控制國家：從古雅典到現代的憲政主義》所指稱的，憲法之基本精神即在於它的「多元制衡」以及「控制政府」內涵（引自廖元豪，2006: 131-36）。一般而言，我們也都知道，現代國家的正當性即建立於憲政主義的基礎。憲法對於人權的保障是憲政的一個基石，更重要的是憲法的保障還要落到實處，其中最根本的就是對國家和政府權力的限制。易言之，憲政主義政治透過權力分立與法律主治的制

---

23 據報導，「今晨8.30，前社會民主黨張君勱乘機由新加坡抵達馬六甲。由程家驊、吳志淵、林其仁、沈慕羽諸先生陪同晉見陳禎祿，談論中外各項問題，情甚歡洽，嗣後參觀古跡，中午陳禎祿招待午餐，而於3.30乘原機回返新加坡。張君勱是應印度政府邀請，到該國講學。此次經印尼、澳洲各地來新加坡，因慕陳禎祿為馬華領袖，特來訪候」（見《古城月報》，1952年4月1日）。

度，有效制約政府的權力，從而保證個人的各項權利，這也是
憲政有別於其他任何政治體制的一個根本特性。

四、結語：憲法正義與社會的保守化

　　質言之，憲法必須正義，並能處理正義，而對像馬來西
亞這樣的多元結構國家來說，憲法除了必須顧及權力制衡與
人權，也要兼及對多元文化的歧異性之肯認（multi-cultural
recognition）。然而正如前面已提及的，馬來亞當年的憲制擬
定過程裝滿了太多的族群性，甚至深受種族主義的干擾，以致
無法在較理性的環境中好好制憲。獨立憲法是否已實現人之主
權，以及是否**對多元文化下的各種歧異性做出充份承認**，並能
解決族群紛爭或提供一個平等及妥當的處理機制，都已為人們
所高度質問。獨立五十餘年之後，隨著觀念與歷史背景的變
遷，世界各地追求「身份認同」已蔚為當代潮流，若在「公平
對待公民的政治自主性」這項要求下來理解憲政價值，「承認」
（recognition）確實構成一項憲政價值（錢永祥，2014: 180）。
詹姆斯・塔利在其《陌生的多樣性：歧異時代的憲政主義》書
中，以「文化承認之政治」（the politics of culture recongnition）
概括此一追求（2005: 2）。他認為，我們一般所談的現代憲政
主義過度側重普遍性與一致性，無法面對文化歧異性的事實，
結果產生種種不公不義的現象，而這就是我們這個時代之特性
的「憲政問題」──這個問題將會是這個時代不得不關注的政
治軸心（詹姆斯・塔利，2005: 2, 14-15）。對塔利而言，「若公
民們的文化特性得到承認，並且被納入討論憲政結合體之形式
的協議內容當中，那麼就這個政治領域的面向而論，這樣的憲
政秩序，以及依此憲政秩序所建構的現實政治世界便是正義的」

（詹姆斯・塔利，2005: 5-7）。重返馬來亞憲法，**這部憲法對國家本質的建構是高度建立在聯盟的發言權與思想型態下的，而且形成了許多憲法詮釋傳統，但其他觀點在現實力量匱乏下卻缺席了**。顯然的，處此全球化時代，也即處於這個歧異性的年代裡，各民族都得到合乎正義的承認已經越來越成為一種普世價值，因此憲法是否承認並適應文化歧異性已經是一個必須思索的問題了。

尤其在歷經數十年獨立發展後，馬來西亞這部違背「李特憲制報告書」高達40%、被李特爵士批評為「**共和聯邦國家中最不具水準的憲法**」，又歷經了無以計數的修改，以致律師公會前任主席拉惹阿茲（Raja Aziz Addruse）曾發表「憲法沒有價值」論。在2007年的第十四屆馬來西亞法律研討會中，拉惹阿茲激烈批判國陣政府多次修改聯邦憲法，毀壞制衡體制和人權保障，使得這部國家大法的價值蕩然無存。他言道：「憲法保護權利的說法已經說不通了，因為憲法可以隨時、隨意被行政權更改，特別是當法庭做出不利政府的詮釋。對我而言，憲法目前已經沒有價值」（對我而言憲法沒有價值 拉惹阿茲：頻密修憲精神蕩失，2007）。大體上，拉惹阿茲與上文提及的當年人民進步黨的關注並無二致，他們都從憲法失去制衡及人權保障的功能切入，指出憲法問題之所在。其實，馬來西亞憲法允許國會多數席位之修憲權力，更進一步證實了憲政學界的一種意見，即「**民主**」**與憲政主義的衝突與張力**（蕭高彥，2004: 38-40）。因為，在憲政主義的架構之內，多數治理與政治平等的民主理想，就只能在憲法所關建的政治制度及其公平程序之中獲得實現，而無法深入及於對構成憲法本身的最核心成素──權利典章──的實質審議（蕭高彥，2004: 38）。易言之，憲政主義並不主張憲法的基本權利被輕易修改，即便是多

數人選擇，因為這可能導致少數人基本權利被剝減，而獨立至今馬來西亞憲法之「不斷被修改」，「立法機構凌駕憲法」，不正是當年馬來亞人們輕忽憲政主義原則所埋下的伏筆嗎？馬來西亞憲法給予行政和議會的各種權力，已經不是憲政主義合理的範圍內（Abdul Aziz Bari, 2004: 186）。因此本文下筆至此，其實我們已經可以輕易判下一個決斷，即不管從上文一再強調的普遍公民觀與限權的角度，或從憲法不能隨意修改的視域來看，**馬來亞乃至馬來西亞的憲法都不完全符合憲政主義的基本原則**。[24]這就是典型的所謂「有憲法，未必有憲政」論題！李特憲制報告書之大量被修改，已老早預示了馬來亞憲政之路的艱難與蹣跚。

極具弔詭的是，時至今日，馬來西亞似乎出現了一股「回歸憲法」之歸趨。這部憲法時常為當今許多非政府組織，或華團或反對黨，作為他們權利鬥爭的基準。人們記憶應該還歷歷在目，在2008年大選前，為了應對當時巫青團長希山慕丁在巫青大會上連續不斷的高舉和親吻馬來短劍之舉動，馬青大會首先高舉憲法手冊，國陣的另一成員黨民政黨則繼之特別編彙憲法手冊，並在代表大會上推出所謂的《國本錄》。然而正如前述，馬來西亞憲法「先天不足，後天失調」，其重重紕漏與問題已使它不能作為一切正當權利的基準，也不具備作為憲政制度維護的基礎，因此高舉憲法已經揭示社會對基本權利訴求

---

24 不過問題不僅於此。正如前述，由於馬來亞的多元價值與難以尋得一個單一的、永久的理性共識，李特憲制委員會對重要的條款也只能提出限期性的再審議之建議（如上提及的馬來特殊地位十五年及議會語言十年再審議）。這似乎說明，多元社會之難以獲得憲政共識使得憲法中留下「可以不斷修訂」的空間與權力。實際上，東姑在獨立憲法確定後，為了安撫少數族群，曾強調「憲法是可以修改的，以顧全各族利益」，馬華公會中央暨總委會議在最後時刻決定接受憲草時，竟特別「在議案中加以記錄：總委會注意到東姑最近說，憲法是可以將來修改的，以顧全各族利益」（馬華中央暨總委會議通過 接納憲制白皮書及憲草修正憲草 第一五二條事已通知英政府，1957）。

的保守化傾向。同時，這也深切說明馬來西亞獨立之後實際民權狀況之倒退，以至於人們仍必須以這部漏洞百出的憲法為基準。誠然，歷史是永無休止的爭論，歷史也是現在與過去之間無休止的對話。我們從歷史記憶的角度言之，「回歸憲法」意味著大家都遺忘了憲制過程中的不正義程序，忘卻了當時及獨立以來人們的糾正鬥爭與悲哀，這不能不說是一種認知上的倒退。當然，從西方憲政發展史來看，從傳統政治到現代憲政的發展過程，各國都必須付出昂貴的社會成本，馬來西亞的憲政之路也不例外。

第五章

政治變動下的華巫關係與
次族群間之整合

一、前言

　　對馬來亞而言，二戰至一九五〇年代期間可說是一個極關鍵的年代。如上所述，當時這個英殖民地正大步邁向立國之際，華人也不得不思考自身在新興國度中的社會契約——對子孫世代的生存權利具有重大影響的制定國家憲制——更是不得不費心留意。然而，這套攸關各族利益的憲法絕對不是一個族群的單向決定，而是除了殖民宗主國之外，主要還必須與另一多數族群，即自認屬於土地之子的巫族之互動中定下的。

　　實際上，在英國長期的統治之下，馬來亞複雜的族群結構被化約為所謂的「三大族群」。在獨立建國前夕紛亂的政治博弈之中，各個族群利益即是以所謂「三大族群」為談判和分配單位的。從今天靜態的角度來說，在我們一般的想像中，目前的華人與馬來人似乎原就是分別各為一命運共同體，然而若我們把時間拉回一九四〇至五〇年代，或者更早的時期，則又呈現一個大不同的景象。儘管當時的馬來民族、華人大體上擁有某種程度的共同意識，但其內部又是各自呈現多元的，乃至於互不認同的現象。易言之，從歷史場景去審視，這「三大族群」其實並非那麼「自明」的。他們並非今天所見的如此「堅固」，而是呈現出高度的異質性。例如，早期的華人居民內部在語言、文化和社會地位等各個方面都存在不同，這些不同與地域和經濟生活的差異交織在一起，使華人社會呈現出紛雜斑駁的面貌。各方言群如瓊州、福州、潮州、廣東、客人之間幫派森立，互相衝突消長，同樣的，馬來人社會也顯然可見本土馬來人（Melayu Jati）、武吉斯、米南加保、爪哇等次族群，他們之間儼然可分，互不相屬。各自族群內部可說處於一種原生緊張狀態（primordial tension），但這種狀態卻在戰後政治演

變中發生根本的轉變。各族群之間及其內部似呈現一種微妙變化，即次族群間的異質性減弱，並趨向更為同質的族群結構。

二戰後至一九五〇年代之間的諸多議題，可說是與族群權益相關的「原生論爭議題」（primordial issues）。當時社會動員（social mobilization）頻繁，而且這些動員是以「三大族群」單位為範疇，一方面自然提升了各族人民的政治覺醒與關懷，但在另一方面，也增強了形成三大族群界限的「原生意識」（primordial sentiments）與「原生歸屬感」（primordial attachment）在各族間的作用。這些根植於種族情操、血統、文化、歷史及語言的因素，一再通過各種形式的政治競爭與利益角力，進一步加深了各個族群的「你一我」差距，但在另一方面又有助於各族內部的整合。實際上，幾乎在獨立建國之前，隨著聲稱代表各自族群的巫統、馬華及印度國大黨之成立及「聯盟」的組成，政黨政治已經確立以華、巫、印為邊界的原則。一個最顯著的例子是，土生華人或峇峇社群所組織的「檳城僑生公會」欲申請進入「聯盟」，以成為「第四個單位」即被拒絕，原因是巫統認為「不啻違背巫統、國大黨與馬華公會組織聯盟的目的——團結馬來亞的三大民族」，因此，東姑建議「檳城僑生公會」以加入代表「華人」的馬華公會成為其附屬組織的方式參與聯盟（檳僑生公會參加聯盟事　巫統昨重申立場　必須成為馬華附屬才能入盟　東姑表明對僑生公會入盟態度，1957）。顯然，一切政治與權力交易大體都是以族群為操作與談判單位。因此，族群問題乃獨立以來，馬來西亞政治與社會變遷的主要動力，它不僅主導了華人國家認同的轉變，其實也深刻衝擊著華人、馬來人各族內部次族群間的關係與認同層次問題，乃至對另一個移民社群——印度人社會——的影響

亦不可免。[1]當然，這些族群內部的原生性認同是有其更早的明確界限的。換句話說，儘管在政治層面上，它們是建立在歷史上發展起來的差異上，但它卻是在獨立時期的政治作用下得到強化的。它們畢竟是一個新政體形成過程的必要條件。本章主要正是探討這一關鍵年代華、巫兩大族群的關係，尤其是在變動的政治互動中的族群內部重組與調整。

二、二戰後的政治變動與族群關係

二次大戰後，第三世界各國族群皆以民族主義旗幟為號召，以建立起各自的獨立國家。這當中又涉及經濟社會資源分配的問題。在很大程度上，國家建構或重建是利益的再分配過程。國家重建改變了最初的利益分配，但人們從分配中獲得的配額是不相等的，因此國家重建中自與各種形式的社會動員、運動聯繫在一起（鄭永年，2003: 257）。是故，族群已被視為現代國家中的一個重要的分歧（social cleavages），其重要性在馬來西亞尤高於階級。因此實際上，族群在現代社會中所扮演的角色和功能的研究，已成為當前社會科學研究相當重要的議題。

一九五〇年代獨立運動時期的族群關係是極具爆炸性的。在獨立建國時期，對於新興國家應該以何種型態立國、權力如何分配、公民權與語文等問題，成了各大民族間角力的關鍵。前面已經提到，分配的不均造成在國家重建中自與各種形式的

---

1 獨立後為了維護權益的需要，包括「印度人」亦逐漸建立起對自身的新的族群認同感，印度國大黨即一直嘗試連接所有「印度人」，並自認代表全體印度人，但這裡無法詳述。相關的研究可參見 Francis Loh Kok Wah (2003: 223-244)。

社會運動聯繫在一起，馬來西亞華人與馬來人之社會動員都在此時頻密地移動、造勢，這衝擊了各大族群底下的勢況。對馬來人而言，它正尋找國家的「民族」，作為國家（既然它嘗試把馬來「民族」成為某種國家）認同的內容，導致它內部原本存在的族群差距進一步縮小。華人則努力爭取平等的公民權與利益，衝擊了馬來人的憂患與建國想像。換句話說，建構族群邊界，很大程度上是在與「他者」的互動中體現的。馬來亞嚴重的原生性問題很大程度上是一個歷史或政治的建構物，並非一塊鐵板。在四〇至五〇年代間的政治利益爭奪與時代變動底下，各個族群內部都在各自結集、重整，而且是一個內部整合運作最為頻密的時期。在未分析五〇年代的關鍵作用前，我們有必要追溯華巫二族群內部在這之前的錯綜複雜關係。

（一）中國根源與一九四〇年代之前的華人方言群分化與認同

在新馬華人研究中，「幫」與「方言群」（兩者基本上沒有歧義）是兩個最常被借用於探討華人內部群體的分析範疇。然而，在中國學術界方面，「民系」則是更常見的分析範疇（陳運飄，1999）。這意味著方言群或幫在中國作為一個大認同範疇而言，它僅被視為一個民族內部的分支，分支內部自有共同或同類的語言、文化、風俗，相互之間互為認同。就中國南方漢族而言，有說閩方言的閩南、興化（莆仙）、潮汕，說客方言的客家、東江本地，說粵方言的廣府、粵西、四邑、桂南等民系。不過，在中國一般較多稱「某某人」而不是「某某民系」，如「江浙人」、「東北人」等。但是值得注意的是，「民系」一詞在用於漢族時，基本上只運用於廣東、福建等省內各族群語言、文化、風俗等差異較大的地區，這又可見華南方言

群之間在根源上屬於「類族群」的分界。

　　一些學者認為，方言是中國社會結構的第三種群體認同辦法，是中國漢族社會結構的第三種變數。在漢族傳統社會結構研究中，首先提出把方言作為一項劃分標準的是柯恩（陳運飄，1999: 101）。1968年，他在研究華南的廣東和廣西的「客家」與「本地」兩個不同祖籍人群的關係時，認為方言是鄉民／紳士二分法則和宗族以外，中國社會結構的第三個變數，是第三種群體認同的方法。透過對移民和聚落建立過程的分析，他指出在兩廣地區，方言的差異對於社會群體構成和聯合有很大的重要性。因此，他認為「方言群」這一概念仍需保留，因為「方言」可以當做一種社會文化的變數，是構成群體的一個主要力量，許多特殊的社會活動方式都直接與方言的差異有關。柯恩進而根據研究成果指出，在香港新界的四百二十三個村莊中，有一百六十一個是廣府民所居，二百五十五個是客家人所居，只有七個是兩者混居的（陳運飄，1999: 101）。同時，他指出，廣東及鄰近的廣西境內，鄉村聚落嚴格地遵守方言界線，甚至婚姻關係也都限於方言群內。而在土客衝突中，以方言為認同基礎實際包容了親屬和地緣性的團體意識，所以這種衝突可以蔓延到廣大的地區。十九世紀的兩廣就是這樣的情形。而士紳階級在這些衝突中均扮演領導者的角色，組織人力從事軍事行動。在這種情況下，地域化宗族群體被迫融入以方言為認同標準的更大防衛單位（陳運飄，1999: 101）。

　　我們同樣可從來自華南移民社會的早期臺灣找到類似例證。在清領時代前期的械鬥中，主要是以祖籍別的閩、粵分類械鬥和漳、泉分類械鬥為多。尤其在乾隆後期，大量移民先來後到地為土地分配起衝突，如為了灌溉水權、爭取墾地、建屋蓋廟等等。但許多研究表明，方言群之間的關係也會隨著更大

背景的置換而調整。王明珂在研究臺灣閩客關係與臺灣認同之間的互動時，就發現由於在「臺灣本土化運動」的趨勢與現實政治需要下，強調「二二八事件」的集體記憶，而過去長期存在的客家人與福佬的械鬥、衝突與矛盾，則被遺忘（王明珂，1994: 265）。我們轉換情境，再從中、臺看回新、馬兩地的場景。根據Freedman，移居新馬的華人大多來自中國氏族幫派長期不和的傳統地區（1958: 105-113）。實際上，早期新馬華人社會結構的複雜性，是許多研究者都具有的共識，華南的方言複雜性延續到馬來亞。陳育崧最早勾畫出此種方言性意識在華人移民社會的重要性。他指出：「幫是東南亞華人社會結構的特徵，是由於移民群中說不同方言而造成的格局下所形成的。在新、馬地區，遠較東南亞其他地區，幫的表現比較突出。……要了解華僑社會的結構，不可不先了解幫的位置。」（陳育崧、陳荊和編，1972: 15）。它基本上是由好些具有不同方言群意識的人所組成的，這種意識的具體或行為上的表現有幾種方式：相同地域所組成地緣組織，相近行業所組成的業緣組織，及自認同宗所組成的血緣姓氏團體等等（麥留芳，1990: 28）。麥留芳指出，華人社會即由好些方言群體所組成，當這些族群的方言群意識增強時，移民社會便會變得更複雜；反之則比較簡化。由於可見，方言群意識左右華人移民社會之想法，並非虛構之事。黃枝連在分析幫派主義時甚至曾如此寫道：

　　　幫派社會的存在是千真萬確的，是每一天的生活現實；那比馬華社會還真、比馬來亞社會更真。至於其他民族的存在，（對個人）是沒有什麼特別的意義的；（對個人）也不會有什麼重要的影響可言的。（黃枝連，1971: 131）

　　更值得關注的是，黃氏又進一步斷言：「在歷史上——尤其是一九三〇年代以前，只有一個個幫派社會的存在，而還沒有一個統一的團體的馬華社會的存在」（黃枝連，1971: 131）。顏清湟也有近似的看法，他認為，一個早期的中國移民是沿著方言的界限來擴大它的社會關係的。他們先與操同一方言的人接觸，然後再逐漸擴大，與說相類似的方言但口音不同的人交往（顏清湟，1991: 166）。幫的存在把華人社會劃分為各自獨立的幾個部份。每一個幫都形成了自己的世界，有他們自己特徵的寺廟、墓塚和學校（顏清湟，1991: 166）。這種分幫進行宗教活動的方式，意味著華人之中存有精神生活上的隔離。這種隔離甚至擴大到死後的另一個世界——不同幫有不同的墓塚（顏清湟，1991: 167）。顏清湟的研究時段乃至於 1911 年，他進而指出，「幫的分離也是有意識的。各幫領袖既預見不到建立具有一種方言的統一的華人社會的可能性，也意識不到建立這樣一個社會的必要性」（顏清湟，1991: 167）。直至二十世紀初年，學校也是分離的。依據顏清湟的研究，十九世紀新馬長期的社會動盪，幫派的衝突是其中一項主要根源（顏清湟，1991: 182）。大體上，幫與幫之間的關係是僵硬的、敵對的、和緊張的。他們極少互動，即使有也僅限於宗教與慈善活動。在不同幫成員之間進一步的交往，都不受鼓勵。

　　此外，麥留芳曾為文具體的探討十九世紀時居住於海峽殖民地（即馬六甲、檳城、新加坡）的華人移民的方言群意識，並涉及其分別與階級意識和宗教活動之間互相消長的情景。據麥氏指出，三州府的資料揭示，華人移民社會的方言群意識相當牢固，而階級意識似乎只能發揮局部性的作用，如促使某些語言相近的族群（如廣府及客家人）聯合起來，以謀取更佳的社會經濟利益（麥留芳，1990: 40）。麥氏還發現，在三州府各

主要方言群間之彼此捐獻和社會參與行為，群體界限最嚴密的是由漳、泉和永春人所組合的閩南族群。此族群把其他方言群如客、廣、瓊、潮人，甚至連該三屬之外的興化、福清、福州以及金門的福建人，都視為外族人，與他們互動次數最少。縱使他們在馬六甲及檳城曾積極地參與超地域性的，或整合性組織的活動，他們本身的基本組織，如會館或廟宇，仍是非常排外的（麥留芳，1990: 29）。林孝勝的研究也顯示，馬來亞華人內部的幫與幫之間的分合無一定的規律（林孝勝，1995: 46）。在1800年間，檳城就已有跨幫的組織，但在新加坡與馬六甲，廣福兩幫則不交流，而且處於對峙的境況，這表明方言群之間的隔膜。但是，在處於弱勢的幫之間，卻有合流的歸趨。如在新加坡的廣、潮、瓊及客各幫則連成陣線，以對應當時處於強勢的福幫（林孝勝，1995: 47）。這顯然說明了當下利害關係的作用，超幫與否在於當下需要多於認同。這剛好符合了晚近社會學者指出的「建構性」一面，但在另一方面也揭示方言群之間具有某種「可合性」，即他們之間具備一個公約數——「中國人／華人」。即使已經歷涵化過程極深，而另外自成認同的峇峇族群，也同樣自認中國人（陳志明，1984: 167-200）。

社會學研究也已經證實，族群是在一個較大的社會文化體系下建立的，故認同形式可以是多樣性及多層次的。某一特定族群的成員是根據其所處的族內和族際的生存環境，選擇其自我在不同層次上的認同。這種層次可以反映出感情的親疏和歸宿，如人們對華人族群認同的層次，其順序是：華人、方言群。這也就是說，「中國人／華人」這樣的身份層次與建構是維持方言群間黏合的重要因素。綜論上述所提，必須指出的是，華人族群內部結構的變化不是靜止與孤立的，但它後來的內聚也不是一九五〇年代政治與社會巨大變遷下驟然的產物，

而是一個不斷變化、不斷內聚的過程中之現象。

（二）一九三〇、四〇年代馬來人的內部差別及其印尼因素

　　上文已指出華人族群認同在上個世紀初期或至少在一九三〇年代以前，是呈現複雜與多元性的，那麼馬來族群認同又呈現怎樣的局面呢？事實上，許多早期的資料證明，所謂今日的「馬來人」也是極為異質的，遲至二戰前並未有單一的馬來認同之出現。依據馬來人研究專家古立克（J. M. Gullick）的研究顯示，在十九世紀時，馬來人與其他後來被納入馬來族範疇的爪哇（Jawa）、米南加保（Minangkabau）等族是並列的概念，而不是一個屬概念的關係。古立克指出，在一八七〇年代的霹靂州土生馬來人（Melayu Jati）不接受印尼人遷入者為其「兄弟」（saudara），除了米南加保人（J. M. Gullick, 1978: 35; 1969）。其他遷入者諸如武吉斯人（Bugis），來自蘇門答臘的克林茲人（Orang Kerinci），拉瓦人（Orang Rawa），滿代靈人（Orang Mandailing）以及巴達人（Orang Batak）都被視為外族（J. M. Gullick, 1978: 35）。而且必須指出的是，在他們的相互關係之中，他們也自覺彼此之間的差異。比如霹靂州的武吉斯人講自身的語言，而且鮮與其他馬來族群通婚，克林茲人（Kerinci）則自認其回教信仰比起其他馬來族群更虔誠。他們穿白布織成的衣服，並疏離其他社群（J. M. Gullick, 1978: 36）。在雪蘭莪州方面，武吉斯王族甚至與剛剛遷入的、來自蘇門答臘的採礦者及務農者有著敵對的傳統關係。王族貴胄必須委任一些商業大臣（datuk dagang）作為他們之間的中間人。而在森美蘭州，情況也好不到哪裡去，佔優勢的米南加保人逐步地驅逐武吉斯

及拉瓦商人（J. M. Gullick, 1978: 36）。尤有進者，馬來外來次族群從商較多，他們之間潛伏著的相互憎恨情緒，除了間或觸發戰亂之外，更為了控制本地的商業利益，而發生了1848年的森州拉瓦戰爭（Perang Rawa）。相反的，本地馬來人則大部份務農，即使有一些遷入者也從事農作，但彼此界限依舊存在。當時的馬來鄉村也常常物以類聚，它們之間依據相同的文化群體據地而居，而大體上不同社群者並不聚居（J. M. Gullick, 1978: 36）。甚至到了1892年，還有紀錄顯示遷入者拒絕與已久居者的本地人打交道或成為鄰居，由此可見分化之嚴重性。在政治上，這種相互憎恨在某種程度上還被統治者利用之，文化差距與敵視態度上的境況促成了各自群體內部的團結，以及加強了對村長的效忠度，使其易於控制（J. M. Gullick, 1978: 37）。

　　簡言之，文化差距成為一個村落的界限，而兩個隔鄰的村落之間往往知道自身與對方的文化相異。他們知道自身的淵源，依舊記得他們是外來的或其祖先是來自米南加保、西阿（Siak）、巴督巴拉（Batubara）、亞齊（daerah Batak）和蘇門答臘其他地方的他者村落。他們之間儘管承傳了印尼文化中的重要基本要素，但至少他們同樣知道彼此間存在的差異（J. M. Gullick, 1978: 195）。但奇怪的是，在「州內」還存在一種「州」的團體意識。據瑞天咸（Frank Swettenham）的觀察，霹靂州馬來人具有「對任何外人有一種異常憎恨與嫉妒心（包括非霹靂州的馬來人）」（J. M. Gullick, 1978: 195）。在森美蘭州人方面，他們則過份以「傳統」來區分自身與他者。即使面對一些跨越州屬的、文化上相同族群，他們之間也有相互區分的態度。舉例而言，霹靂州與森美蘭州共同存在著米南加保因素，但二州人之間互視對方為外人（J. M. Gullick, 1978: 196）。對他們而言，當時並沒有存在一個涵蓋全體半島州屬、蘇門答

臘、加里曼丹和其他由遷移或商業聯繫而統一隸屬的馬來世界（Alam Melayu）意義或感情之網。州屬才是馬來世界的最大單位，甚至森美蘭州還有詩云：「州」就是「世界」（Alam）（J. M. Gullick, 1978: 196）。但是必須注意的是，州民對州屬的同一性的自覺是很少的，除了對自身為一個政治單位下的州民有所認同（J. M. Gullick, 1978: 196）。

即便經過歷史的沉澱，直至一九三〇年代末和四〇年代初，外來印尼人及其後代還是被本土馬來貴族及官僚所歧視，包括在政府部門尋工（Ramlah Adam, 1994: 14-15）。[2] 這是作為一位著名馬來民族主義者的馬來國民黨人波斯達曼（Ahmad Boestamam）的個人親身經驗。依據1930年的《馬來亞報》（*Warta Malaya*）的一篇社論，當時在柔佛州的馬來人存在著輕視爪哇人的態度，將他們稱為「租約爪哇人」，這是因為他們大多成為馬來地主，尤其是村長、縣長的土地開發工人或勞工。他們也自成一群，並深居於內陸地區。當時這份刊物的編者，即後來巫統創辦人拿督翁惹法就勸告柔佛馬來人勿持此態度，因為他們與馬來人是同一血統及種族（Ramlah Adam, 1994: 16）。至少到了一九三〇年代，馬來報章 *Majlis* 及 *Warta Negara* 還在討論何為純馬來人與具阿拉伯及印度血統的馬來人定義問題。有馬來新聞之父之稱、馬來民族主義者 Abdul Rahim Kajai 否定那些父親為馬來人混血兒為馬來人，而且他們被視為外來者，儘管他們是回教徒。另外，則有人如翁惹法認為，只要其父親為馬來人即是馬來人。[3] 這些對馬來人定義的爭論表明馬來

---

2 依據 Cf. Vlieland 在1931年指出，在大部份的事件中，印尼遷入者的子嗣很快就融入馬來社會，並以此地為祖國。但相反的，爪哇人主觀的融入或適應過程卻比較慢，一般上要經歷幾代以後，而形成這個過程的方式是相互通婚（引自 J. M. Gullick, 1978: 38）。

3 原見 *Warta Malaya* (9 Sept 1930)（引自 Ramlah Adam, 1994: 16）。

人的歧異性。一些來自半島以外者如波斯達曼則贊成前者之定義，拒絕承認來自馬來群島以外的馬來人為馬來人。對於半島馬來人而言，他們更為嚴格，即拒絕承認印尼人為馬來人。這是因為，印尼蘇門答臘島本身的「馬來人」擁有自己的「馬來國」（坐落於東海岸的佔比「Jambi」），而波斯達曼所屬的米南加保人（居住於蘇島北部）並不被視為馬來人（Ramlah Adam, 1994: 16）。[4]正由於被歧視，波斯達曼作為第一代出生於霹靂州移民者後代自覺的疏離於霹靂州馬來人，而且不承認馬來亞為其國家，而還是以印尼人自居（Ramlah Adam, 1994: 17）。在他內心深處，作為一位普通的外來者，他對自己的地位感到深刻的自卑，並對通過世襲而在馬來社會與英國政府中享有傳統地位的馬來高級階層似乎存有嫉妒（Ramlah Adam, 1994: 27）。這就是他後來主張成立包括印尼在內的「大馬來國」（Melayu Raya）的早期心理動因。這其實透露了為何馬來人政治最後分成兩條鮮明的不同途徑的部份歷史緣因。在一九四〇至五〇年代，馬來政治存在著一支以右傾為導向的路線，他們由受英國教育的中上層菁英所領導，其理論是建立於「馬來亞是馬來人所有」的大前提之上。另一支是左傾的，他們熱烈支持「所有馬來亞被壓迫的人民」爭取自由的要求，他們的目標是要團結所有印尼人與馬來人，認為團結是建立「大馬來國」的基礎（Radin Soenarno, 1960: 1-33）。這很大程度上，是本土馬來人與印尼遷入者不同的「馬來人」定義與認同所造成的。[5]

4　Ramlah Adam認為，這套蘇門答臘的有關馬來人定義被用來反對接受印尼人為馬來人（1994: 16）。

5　在日據時代，日本還為馬來人造成一個泛馬來人運動（Pan-Malay Movement）的氣氛。當時日本計劃將蘇門答臘島及馬來半島合併為一個政體，並以新加坡為政治中心。因此，日本軍事政府大力宣傳兩地種族與語言的關係，以及經濟上的相關聯。儘管這個計劃並未得到實踐，但是馬來人卻因此進一步地對蘇門答臘產生親和感（楊建成，1972: 101-102）。

　　前面已提到，本土馬來人可能接受印尼印蘇門答臘島有關族群定義之影響，即「馬來人」是有別於其他群體的，他們也成立了自身的「馬來國」，並把其他群體視為他者。這裡我們有必要追溯印尼蘇門答臘本土的族群互動。在一九四〇年代，儘管印尼民族主義思潮湧動，但並未被蘇門答臘的馬來人所普遍接受，他們急欲在蘇門答臘東部成立馬來國家（Ariffin Omar, 1999）。這形成了「大印尼論述」與「小馬來國家」兩種論述的對壘，但最終馬來民族主義者建國失敗。這事件的重大含義在於，在蘇島的馬來民族與其他族群是不和諧的，這也說明馬來亞的馬來族群與印尼遷入者之間的融合不是「必然的」。誠如前述，後來的融合與外在因素有著相當重要的聯繫，尤其是馬來亞後期的社會與政治環境值得我們加以注視。在日本投降與印尼宣佈獨立時期，其實並非各個印尼族群都響應獨立，蘇島的馬來人就是一例，他們深恐自身前途未獲得保障（Ariffin Omar, 1999: 61）。實際上，在荷蘭時期，馬來人在蘇島東岸獲得特殊的待遇。當地的馬來蘇丹也擔憂其在大印尼共和國成立之後的地位，而馬來人傳統上是依附於蘇丹制度上的，這造成馬來人以及各蘇丹（如Deli、Langkat等國）傾向於向聯軍（荷蘭政府）尋求政治庇護。[6]它們也對「蘇丹王國」在一個「共和國」中的位置感到徬徨。由於大量非馬來人的印尼人居住在蘇島東岸的馬來本土內，那麼共和國又如何處理馬來人的特別地位？這些都是他們最關心的切身利益，但更值得關注的是：馬來人的排他性——他們視蘇東為自身的民族領土，而這非其他外來族群所可染指的。

　　由於馬來王國與共和國主義者之間的矛盾，以及被視為荷

6　有關三者之間的關係，詳見Ariffin Omar（1999: 61）。

蘭的「走狗」，蘇島東岸在1946年3月3日發生一場由共和國支持者、主要是非馬來人發動的「社會革命思潮」（Ariffin Omar, 1999: 73）。幾個馬來王室以及其眾多臣民被屠殺。這也是「反王朝制度」以及因為憎恨馬來人過去在荷蘭時代享有優待所引發。依據學者東姑莫哈末·拉·胡斯尼（Tengku Muhammad Lah Husny）的分析，在這場馬來王室被推翻的事件中，蘇東的馬來人為了逃避這場針對性的屠殺，他們被迫隱去自身的文化特徵，因此喪失族群特性（引自 Ariffin Omar, 1999: 74）。直至1946年4月，數以千計的馬來人遭殺害，至今真正的數字仍被遮掩（Ariffin Omar, 1999: 82）。許多馬來人認為，社會革命是巴達（Batak）族的議程，藉以奪取馬來人在蘇東特權。大部份馬來人並不支持這場所謂的「社會革命」，因為幾乎在任何方面，都對他們不利（Ariffin Omar, 1999: 76）。

　　從以上分析可知，從根本上言之，馬來人顯然在馬來亞是極具異質性的，即使在還未從印尼遷入馬來亞時。在印尼本身，許多馬來次族群也不被視為「馬來人」，自身也沒有這樣的自我認同。實際上，當分析一九四〇至五〇年代的歷史時，「馬來人」顯然是無效的類別，因為當時馬來人與來自印尼的各族群之相互認同差異極大且不相疊。

三、殖民地行政指令與族群邊界的重構

　　很多主張建構論的社會科學家認為，許多亞洲國家的民族主義或認同往往直接根源於殖民地當局的制度性遺留。著名的安德森就認為，「殖民地官方民族主義的直接系譜，應該溯及殖民地政府（colonial state）的想像」（班納迪克·安德森，1999: 183）。他以為，人口調查、地圖和博物館此三類權力的

制度（institutions of power），一起深刻的形塑了殖民地政府想像其領地的方式，包括其統治下的人類性質等（班納迪克・安德森，1999: 183）。事實上，稅收、行政法令和戶口調查類目的標準化，促進了原本敵對或互不關心的群體間之聯合。把市民分成具隨意性確定的群體，例如：某種稅物的納稅人，某種城市、群或行政區的居民，某個年代應徵的士兵，這就造成新的社會認同，或者為更廣泛的聯合奠定了基礎（西德尼・塔羅著、吳慶宏譯，2005: 87）。我們確實可以從一些現象看到這種綜合作用。安德森甚至進而清楚地言道，馬來亞在1911年的時候（第一次的人口普查），絕大多數被歸進某個範疇或次範疇的人們根本就不大可能用那種標籤來認識自己。當然，這些因分類而出現的「認同」之穩固化仍有待殖民政府以其行政的穿透來迅速促成他們的具體化（班納迪克・安德森，1999: 185）。

在客觀作用上，國家介入民族識別，可通過法令將官方認定的民族變成永久性的範疇；在另一方面，工具論的利益只要符合國家的政策，也會在某一民族範疇中持續下去。通過確定一種區別於其他社會群體的共同認同感，它提供了一個顯示社會差別的一種手段。在這樣的分類下，華人或馬來人的利益也根據這樣的論述或範疇加以區分，個體逐漸明確地與一個更大的集體聯繫起來。這個集體或許被稱為「種族」、「民族」、「國民」或「國家」。在這樣的分類法則下，許多政策不是針對方言群或社群，而是以所謂的「華人」、「馬來人」、「印度人」作為單位。馬來學者三蘇（Shamsul）也曾引用Bernard Cohn對英國在印度殖民經驗所建立起來的一套知識（colonial knowledge）指出，在戶口調查的人種分類中，過去以爪哇、蘇門答臘、馬六甲等原鄉或地域為認同單位的馬來人，被歸進「馬來和其他」（Malay and others）分類中，使得馬來種族

（Malay race）在英國的殖民過程中，開始萌現馬來民族（Malay Nation）意識（2002: 1-26）。

　　證諸歷史，在1911年之前，馬來亞仍未有較現代化的人口統計。直至1911年，馬來亞才開始有比較可信的現代統計。殖民政府原本計劃每十年對馬來亞人口進行一次統計，因此接下來1921和1931年都有人口統計。但1941年卻因二戰而中斷，因此第四次人口統計要到1947年才得以繼續。第五次統計是十年之後，恰好在馬來亞獨立那一年（J. Kennedy, 1993 [1962]: 222）。那麼，英國殖民地政府是依據何種準則來分類其被殖民者呢？實際上，種族主義在十九世紀末是以西方科學為基礎的，「種族」成了帝國主義的基礎架構之一，並依此而建立一套行政制度（馮客，1999）。西方殖民地政府依據種族（race）以及起源地（place of origin）的準則來劃分複雜與多元的人種，即馬來人、華人、印度人及歐洲人。而華人的定義就是來自中國的人群及其後裔。這種依據西方概念的官方「認同範疇」進一步固定化了馬來亞的多元認同及群體三分的格局。

　　從中國近代思想史角度而言，值得注視的是，當英國人將馬來亞的來自中國的移民等而同之，在中國本身，中國革命者同樣也在建構他們自身的認同分類，而且亦依據西方的種族觀念。由於對清王朝的民族仇恨，以孫中山為首的中國革命派按照幾乎為大多數民族主義者所奉作真理的民族國家理論，提出了「驅除韃虜」口號。他們不僅是為了打倒一個舊王朝，而且是在建設一個新國家（nation state）。他們敢於堂而皇之地鼓吹：「中國者，就是中國人的中國也。孰為中國人，漢人種是也。中國歷史者，漢人之歷史也，敘事以漢人為主，其他諸族之與漢族有關係者，附入焉」（會稽，1904年7月14日）。他們以文化作為種族邊界，區分滿漢，強調漢人的共同起源，以

及文化、語言的同質性。從更為廣闊的歷史角度看,近代中國興起的是一場與排滿革命有關的漢人認同建構運動,如國粹、黃帝崇拜等事件,這些都對近代中華民族作為整體性發生巨大的作用。[7]因此,在二十一世紀初期,有關漢人現代民族認同已經正在經歷強化的過程之中。一般上,論者也認為五四運動及一九三〇年代抗戰的中國內部動員是其他關鍵因素。近代中國民族的深沉「危機意識」可說是構造整體中國人認同的主要源由(楊念群,2006),它促成了中國人,包括海外華人的共同意識。這事實上說明,中國人內部儘管存在不少異質性,但又存有關鍵與重要的同一性——即已形成久遠的「中原」、「中國」或「漢人」意識。這亦是馬來亞華人內聚過程中不可忽略的背景之一。

接下來,我們依據英殖民地當局人口分類對族群建構的影響做一分析。基本上,當時「馬來種族」的人口範疇是被歸結到一個稱為「Malaysians」(馬來西亞人)的類別概念下,其意為「馬來群島居民」。[8]其分類細節如下:

歷年馬來亞人口普查中的「依種族區分之馬來人口」分類範疇

1921	1931	1947	1957
Malays	Malays	Malays Proper	Malays
Javanese	Javanese	Javanese	

---

7 有關近代中國民族主義傳播和建構的研究已有豐富的成果,此可見方維規(2002: 33-43)。至於近代漢民族建構的論述亦不少,可見沈松僑(1997: 1-77;2000),孫隆基(2000: 68-79)。

8 在1921年的人口普查分類範疇中,馬來人口是以「Malays」(馬來人)為單位之名稱,但自1931年以降,至1957年,則被改稱為「Malaysians」(馬來西亞人/馬來群島居民)。這似乎說明「馬來人」概念當時仍未寬泛的被接受為可以涵蓋各印尼族群的民族概念(見Manjit S. Sidhu and Gavin V. Jones, 1981: 264)。

Banjarese	Banjarese	Banjarese	
Boyanese	Boyanese	Boyanese	
Bugis	Bugis	Bugis	
Achinese	Achinese	Achinese	
Korinchi	Korinchi	Korinchi	
Mendeling			
Borneo Races			
Sakai	Sakai		
Other Races	Others		
	Batak		
	Menangkabau	Menangkabau	
	Jambi	Jambi	
	Pelembang	Pelembang	
	Other Sumatra	Other Sumatra	
	Riao Lingga	Riao Lingga	
	Other Dutch Borneo	Other Borneo	
	Other N.E.I		
	Dayak	Dayak	
			Indonesians
		Negrito	Negrito
		Jakun	Jakun
			Semai
			Semelai
			Temiar
		Other Aboriginal	Other Aborigines
		Sundanese	
		Other Indonesians	

引自 Manjit S. Sidhu and Gavin V. Jones, 1981: 265。

　　此表值得我們注意之處是，在1911至1947年的馬來聯邦（Fede rated Malay State）各州人口調查中，在「依種族區分之馬來人口」底下，列出了下列各項：「馬來人」、「爪哇」（Jawa）、「沙蓋」（Sakai）、「班惹人」（Banjarese）、「波岩人」（Boyanese）、「曼達靈人」（Mendeling），「克靈茲人」（Krinchi）、「占比」（Jambi）、「亞齊」（Achinese）、「武吉斯」（Bugis）與「其他」。這裡頭除了大多數的「馬來人」和「沙蓋人」之外，其他全部來自蘇門答臘、爪哇、南婆羅洲及賽樂布（Celebes）等島嶼。而弔詭的是，在荷蘭殖民地的人口分類中，則建構了與此有差距的分類，即馬來人是與爪哇、亞齊並列的次要族群（班納迪克・安德森，1999: 184-85）。這一點從前面提到的蘇門答臘島的馬來人自成一國即是明證，這裡不再贅述。實際上，以加里曼丹為例，其族群分類為達雅人（Dayak）、華人以及馬來人。而此處所謂的「馬來人」是指達雅人以外的其他印尼人，這顯示「馬來人」定義的含混性。1957年，即馬來亞獨立那一年的人口普查分類中，則只簡化成「馬來人」、「印尼人」（Indonesians）及其他原住民，但在此之前，則區分了本土馬來人與來自印尼的各個族群。這種做法延續至一九七〇和八〇年代。這裡至少透露了兩種現象，即一、印尼人被列為與馬來人同類的族群（也是土著），二、從印尼移居而來的各族群已經被概括入馬來族中，而1957年的「印尼人」範疇應是指當時新近遷入的印尼人。顯然可見，直至1947年的普查為止，印尼各族群依然是豁然分明的。到了1965年，馬來人又與其他東馬土著合為另一個歸類，以解決大馬成立之後的族群失衡現象。沙巴與砂拉越的土著被歸進「馬來人及其他」之名下，但這種歸類並未成功塑造為一個族群，畢竟達雅人自有自身的認同。這印證了社會學家查爾斯・赫胥曼

（Charles Hirschman）曾對十九世紀末至今先後做的人口調查所出現的「認同範疇」（identity categories）所做過的研究結果。研究顯示，「在這段期間之中，這些範疇經驗了異常迅速而又膚淺武斷的一系列變化——這些範疇持續的被聚集、重組、混合、還有重新編排順序」（班納迪克・安德森，1999: 184）。

　　至於華人人口分類，則以幫派（clans）為其次單位，即各個方言群都在這個分類之內。1911年英國殖民政府的人口普查中，華人被分類為十個「方言群」，包括「Hokkien」、「Cantonese」、「Tie Chiu」、「Hailam」、「Kheh」、「Hok Chiu」、「Hok Chia」、「Kwongsai」、「Northern Provinces」與「Other」（見Manjit S. Sidhu and Gavin V. Jones, 1981: 266）。到了1957年的人口普查時，加入「Henghua」，成為十一個類別。這裡值得指出的是，海峽華人從1911年的人口普查中已經不被列為華人人口分類中的一個次群體（儘管在1881、1891及1901年的海峽殖民地人口普查中，它被列為七大華人次群體之一），這已經意味著在官方的族群識別中，它是不存在的。顯然，直到獨立之後，大的種族範疇都被保留下來，甚至集中起來，不過被重新指名，並排列為「馬來人」、「華人」、「印度人」[9]和「其他」（班納迪克・安德森，1999: 184）。

　　實際上，英殖民政府帶給馬來民族團結的意識，此股團結的力量兼備了本地與外來的，並漸漸地使馬來民族結合起來。

9　這裡稍微補充官方對「印度人」的歸類內容，它包括「India Tamil」（印度淡米爾人），「Telegu」（泰盧固人），「Malayali」（馬拉亞利人），「Punjabi」（旁遮普人），「Other Indian」（其他印度人），「Pakistani」（巴基斯坦人），「Ceylon Tamil」（錫蘭淡米爾人）and「Other Ceylonese」（其他錫蘭人）。然而在1957年的人口普查中，「Pakistani」，「Ceylon Tamil」and「Other Ceylonese」卻被抽離出來，被歸入為『其他』（R. Chander, 1975: v）。這可能是因印度於1948年獨立，巴基斯坦與錫蘭已分別立國。換言之，1957年之後所謂「印度人」單位是以印度國家為範疇。

在英政府未到馬來亞以前，這種團結的力量是潛伏著的，所以馬來州屬是各自為政的。1919年當所有馬來土邦都併入英參政司制度以後，英人加強了這種力量。英政府把馬來土邦置於一共同的法律之下，而參政司制度在本質上是一種劃一的制度，它是建立在共同法律原則的基礎上，只不過為了適應當地環境而做了若干修改。交通的改善掃除了地理上的阻礙，使馬來人彼此得以接觸與交往（Radin Soenarno, 1960: 3-5）。伴隨著這些情況的變化，是馬來民族漸漸意識到種族認同，而近代回教加速了此意識的提高。

簡單的說，從人口劃分來看，對英國人而言，馬來人與華人之間是種族的區別，而馬來人之間與華人之間則是相同種族間的地域上之差別。這反映在人口分類的設計中。然而，官方人口統計把印尼移民歸納入馬來人單位，但它們之間的文化、語言、習俗方面卻有極大的不同，之前甚至連基本的交流都有問題。所以可以如此說，「馬來人」這一概念是英國人創造出來的。通過人口的歸納與分類，馬來人可說是從種族（rumpun Melayu）概念轉到民族、族群的概念。在華人方面，歷史上的幫派械鬥的經驗也告訴我們，華人方言群之間的整合不是必然的。但從不同的視角而言，如在馬來人的眼中，恐怕華人各方言群中也沒有任何差別，都是中國人。易言之，在很大程度上馬來人或華人在特殊的馬來亞之定義，已經過一個殖民地塑造的過程。但是這個過程還是要經過一些現實的層面作用，才能更加具體化以及凝固化，尤其是在一九五〇年代各自族群的民族主義者之鼓吹與煽動下，雙方的互動與矛盾激化了這個作用。

四、族群競逐：一九五○年代緊張關係中的次族群關係

　　所謂現實層面就是二戰後至一九五○年代的政治博弈。實際上，族群界線，常常變易不居、模糊難辨且有彈性。政治上的情緒因素以及不同情境的變化，更是政治、社會乃至意識型態重組過程中重要的組織原理。在與世隔絕的孤立群體中，是不會產生族群認同的，至少族群認同是在族群間互動的基礎上發展起來的。如果一個族群中的個體，從未接觸過異質的文化，那麼就無從產生認同，必須首先存在一種差異、對比，才會產生將自己歸類、劃界的認同感。這是認同產生及存在的基本條件。一般而言，族群競爭的場域不外乎政治權力、經濟資源、以及文化認同的分配／確認。而在馬來亞而言，族群角力的基礎是建立於人口的多寡上，這決定了各族群都極力動員各自的「團結」。

　　從歷史的脈絡上說，二十世紀是馬來民族與國家主義明顯出現的時代。英殖民政府從一開始，即採取親馬來人的政策，漸漸俯順馬來人的一些要求。然後隨著華人移民社會逐漸本土化，他們的種族利益與馬來人民族與國家主義的衝突只是時間的問題。到了一九二○年代以後，華巫的利益衝突明顯了，二十世紀的二○與三○年代可以說是華人與馬來人在種族利益上明顯衝突之開始（陳志明，1984: 179），但到了五○年代事關族群未來的憲制談判時期達到一個高潮。

　　前面我們已經談到英殖民政府的人口分類意識，儘管當時存有極大的異質性，它把印尼人歸入馬來人範疇之中。這種歸類在政治現實與利益作用下，變得更加凝固與穩定。當來自中國的人口逐漸增加，甚至超越本土馬來人之際，馬來族群界限就變成更具模糊化，使族群得以擴大優勢。前面已經舉證

說明，馬來人次族群的認同直至一九四〇年代，仍舊鮮明。如
戰後1946年，霹靂州吉輦縣來自加里曼丹的馬辰人就成立了
自身特徵強烈的「馬來亞加里曼丹人聯合會」（Perkam），其
支會遍佈西海岸各地，如安順、沙白安南、吉隆坡、丹絨加
弄、巴株巴轄、豐盛港等。他們受到印尼民族主義建國理想所
鼓舞，傾向要求馬印合併。後來此政團加入「人民力量中心」
（Putera），反對馬來統治者與英國簽署「馬來亞聯盟」計劃。
但是，在面對族群利益共同點，馬來人各次族群在政治組織
上，逐漸融入更大的馬來政治組織，如巫統與馬來國民黨。[10]另
一方面，馬來人自「馬來亞聯盟」危機以來，具有很大的恐懼
滅亡思緒。在邁向獨立建國的過程中，儘管馬來人體認到「族
群間妥協」對爭取獨立成功的重要性，但仍然憂慮獨立後的地
位，尤其在公民權的發放方面，即擔憂華人投票權過多，而在
獨立後喪失政治權力。馬來人很大程度上依賴宣揚一種「種族
同一性」的神話（即同文同種、馬六甲王朝的輝煌等），以此
作為其認同話語中的關鍵因素。當然，這種神話需要一種對歷
史——即此族群差異——的忘卻。這涉及馬來人在四〇年代的
建構過程。誠如前述，一派如波斯達曼等主張馬印合併者可說
是邊界鬆散者，另一派主張馬來亞單獨立國者，則可說是堅守
固有認同界限。無論如何，移民的不斷增加引發了一種種族國
家主義（ethonationalism）的強烈情緒，拿督翁這位不主張馬印
合併者就提出引進印尼人的看法，以加強力量（Ramlah Adam,
1992: 337-38）。顯然的，危機意識使他們「忽略」了之前歷史
上、客觀上存在的差異與敵對。

10　馬來國民黨（Parti Kebangsaan Melayu Malaya, PKMM）乃第一個於二戰結束後成立的馬來政黨。
殖民政府於1948年宣佈「緊急狀態」後，由於其左翼色彩濃厚，多名領袖被扣留而逐漸瓦解。

　　為了克服人口的憂慮與保持人口的優勢，拿督翁於1956年
11月建議，把印尼人「帶進」馬來亞。他認為如果要達致馬來
人在1946年的要求與訴求（指巫統反對「馬來亞聯盟」），以維
護馬來人的傳統權利，而「如果已經確定馬來人將跌於後頭，
那麼還有什麼比通過帶進來自印尼的同一民族，以增加他們的
數量以及增強他們的地位來得重要？」（Ramlah Adam, 1992:
337-40）拿督翁認為，印尼人在文化和民族血統上與馬來人有
許多相同之處，而這些相似處可以使他們更易融進本地社會。
再者，許多印尼人後代定居於馬來亞更有助於這個過程。但值
得注意的是，他認為，英國當局也接受印尼人為馬來人的一部
份（在前述馬來亞的人口普查中，當局以馬來西亞人此詞來定
義馬來人與印尼人）（Ramlah Adam, 1992: 338）。[11] 儘管當時的
巫統基於競爭中的政治立場駁斥拿督翁，但基本上接受此建議
對克服自1956年開放公民權後對馬來人口比率減少及對政權威
脅的重要性。[12] 實際上，往後的政局發展證明，巫統正逐漸按部
就班地實現此建議。華人對此建議自然不可能接受，一位不具
名的馬華領袖就對此嗤之以鼻（Ramlah Adam, 1992: 340）。

　　作為馬來人所想像的「競爭對象」，華人社會也清楚顯見
內部的演變。比如，當時的海峽華人是親英政府的，但卻反對
英政府的親馬來人政策，因此他們的種族利益與馬來人之民族
與國家主義的衝突只是時間的問題（陳志明，1984: 179）。峇
峇華人一向自認是「土地之子」（sons of the soil），因此馬來民
族與國家主義出現後，峇峇以及其他海峽華人的政治思想與口

---

11 但實際上，與馬來國民黨及印尼後裔追求馬印合併的理念不同，拿督翁作為本土馬來人，他只是
要收取有能力與已經過濾的印尼人，以增加半島馬來人的人數（見Ramlah Adam, 1992: 338）。
12 有關爭論，可見Ramlah Adam (1992: 339-41)。

號是「馬來亞為馬來亞人所有」（Malaya for Malayans）。如埃默森（Emerson）所述，一九二〇與三〇年代的英政府已經決定不讓華人與馬來人享有同等的政治地位（轉引自陳志明，1984: 180）。其實，海峽華人認同英籍，但文化與種族認同中國。陳志明指出，峇峇華人的文化與認同受到不同的政治、經濟與社會因素的操縱（陳志明，1984: 189）。從二〇年代開始，由於政治因素，他們逐漸與華人趨向一致。二十世紀中期的英國政府與獨立後的政府都不把峇峇華人當做特別的土生華人看待，他們因此與華人一樣，不享有土著特權。假設他們當時獲得特別地位，那麼情況也許將不一樣，因這將有助於峇峇社會的興盛，甚至於很多非峇峇華人也將參入峇峇社會（陳志明，1984: 190）。四〇至五〇年代的政治因素促使峇峇華人逐漸融入華人社會，他們也承受移民華人的壓力，開始學華文，成立及參與馬華公會，最終融入華人社會。

1957年獨立後，官方更以族群屬性為其政策出發點。國族或國家文化常經由國家政權所操控的諸如強迫教育等有效而又具侵略性的「權力技術」，來達到它建構國族共同體的目的，最明顯不過的就是憲法延續了1948年馬來亞聯合邦協定中的馬來人定義。當然馬來人的人口歸類也毫無保留地延續下去，馬來人可說採納了由殖民帝國主義首先發明與使用的文化與象徵等資源，加固了現代馬來人建構。實際上，在印尼，由於它是一個比較純粹的土著社會，各次族群可以繼續存在，沒有融成一族的緊迫感。因此兩相比較，它揭示了馬來人的建構性是不容置疑的。華人方面，中國移民也在「華人權益」的巨擘下，

拋棄其方言意識，改以「華人」（中國人）為優先。[13]顯然的，每次只有在雙方互相定義時，各自一方才有意義。由於面臨巨大的壓力，遂形成更為具體與堅固的「華人意識」，以抗衡馬來民族主義建國的壓力。在面對嚴峻的社會現實下，華人社會也一直出現「團結論述」，使得族群意識產生變遷。推動華文教育、整合華團以及權益危機意識作用下，都造成了華人社會內部各方言群人口的自我認同變化。劉宏即指出，華人意識的重新調整與一九五〇年代的本土化趨勢和華社加緊為中華文化和華文教育的生存做鬥爭（南洋大學的創立充份說明這一點）的步伐相一致（劉宏，2003: 406）。此外，加以土生華人的增加，亦加速了本土化趨勢，造成次族群間隔閡越趨淡薄。

實質上，在二戰前，大多社會新聞如法庭案件、意外事故等，大多以方言籍貫稱謂當事者。最遲在一九四〇年代末，華文報章大體已經以「華人」作為其主要稱謂。以1949年為例，《南洋商報》在報導社會新聞時，基本上以「華籍人士」來稱謂華裔涉及者，[14]同時夾雜著「方言籍貫」的稱謂，如粵婦、榕籍老者等。[15]到五〇年代初期，在《南洋商報》上仍可見方言籍貫與運用華人稱謂，但有一個明顯趨勢是新聞標題是「華人」，

13　陳志明教授對方言群意識的轉變也有一些觀察：「筆者記得在一九五〇年代的馬來亞柔佛地區，我們的福建籍貫華人親屬很少有人與非福建籍的華人聯姻，因為這樣的婚姻人們還不能接受。今天筆者的許多親屬像其他的華裔馬來西亞人一樣，婚姻對象已不論福建籍貫與否；方言群認同不再成為一個問題，因為所有的華人都已自視為一體，只有在送禮和婚俗上有必要注意某些文化差異。」（陳志明、羅左毅譯，2002: 7）。

14　例如〈緊急法令複捕一華人・另捕九私會黨徒〉（《南洋商報》，1949年5月20日）；〈一華婦墜海〉（《南洋商報》，1949年9月10日）。

15　例如〈一閩籍私寓遭三匪械劫〉（《南洋商報》，1949年5月25日）；〈緊急法令下昨扣留一閩籍〉（《南洋商報》，1949年12月13日）。

內容則注明其方言籍貫越趨增多。[16]1956年獨立前夕,我們從中文報章看到,「華人」的自我稱謂則大體已定,而以籍貫相稱逐漸減少(《南洋商報》,1956)。我們再以創刊於1953至1956年的馬六甲《古城月報》為例,「華婦」基本上代替了「閩婦」、「潮婦」等稱呼。[17]相對於馬來人,四〇年代末的中文報刊也多以「巫籍」、「巫人」稱謂,但饒有意味的是,還出現不少「爪哇人」的稱謂之情況,直至1956年的報刊也是如此。這似乎印證了學者所說的,爪哇人是相對比較難以融入馬來社會的論斷(J. M. Gullick, 1978: 38)。

一九五〇年代前夕成立馬華公會,也說明了華人社會的這個進展。此外,1956年4月27日獨立前夕,出現了第一次華團全國性的結合,即為了一個族群的普遍公民權利益而首見「全馬華人註冊社團爭取公民權大會」。在八〇年代,隨著實施風起雲湧的新經濟政策,種種不平等現象相繼發生,華人社會也興起了團結華人的氛圍,當時各地華團就推行了「多說華語,少說方言」運動。簡單地說,他們在馬來西亞的共同命運深受馬來人對政治控制的影響。此種情形使華人形成更加寬泛的族群認同意識,他們總體上自稱為「華人」,而福建人、廣東人、客家人等認同則成了次族群特色的認同意識。

五、結語:弔詭的「共生」關係

總的來說,在一九五七年代的獨立勢必即將到來之時,馬

---

16 例如〈三華人擁有鴉片‧各被判判監三年〉(《南洋商報》,1954年6月23日);〈某華籍律師失信遭警方扣留〉(《南洋商報》,1950年10月17日)。
17 此可參見一九五〇年代《古城月報》新聞報導。

來亞各個被定義的族群依據已被穩固化的族群範疇，去爭取各自權利，而即將撤退的英國政府也以所謂三大族群和平相處為其離去的條件。因此我們看到，一九五〇年代的議題主要都是與所謂「三大民族權益」相關的「原生論爭議題」。顯然，整個五〇年代社會動員頻繁，增強了「原生意識」與「原生歸屬感」在各族間的作用。這些根植於種族情操、血統、文化、歷史及語言的因素，一再通過各種形式的政治競爭與利益角力，進一步加深各族的「你－我」差距，有助於整合各族內部。原生性差異傾向於壓倒其他因素，如階級忠誠和以上層階級自持的態度。後二者的隱沒使這兩個群體喪失了互相和睦相處的少數幾個紐帶之一（克利福德・格爾茨，1999）。顯然的，民族之間的權力關係會影響認同的選擇，而不管是馬來人或華人似乎都接受國家的分類，以重新建構或重組自身的認同。這再一次證明，族群這一現象的形成，確與國家的統治相關聯（陳志明，2002: 49、52）。**過去的論點較傾向於把近代中國變動（如維新派與革命派的宣傳與影響）作為一種主要角度，而顯然馬來亞本土近代進展的影響應該更加值得關注。**

　　馬來西亞的馬來人與華人的關係史中，他們之間可說形成為一種雙方「族群認同方式」的必要存在。兩者雖是矛盾的，但又是弔詭的「共生」關係。兩大族群在相互競爭中，相互穩固化了對方的內部關係。在現代政治制度底下，現代原生感情不是得到安撫，而是被刺激，比如人口普查即會制造「種族滅絕」（如今天許多馬來人次群體消失了），也成了原生煽動即內聚的武器（克利福德・格爾茨，1999: 326-27。）。歷史已經說明，馬來人、華人內部或在地方層面都不完全相同，但在現代政治競逐、勾劃下，卻成為一個全國性範圍的結構實體。同樣的，所謂三大族群之一的印度人也類似，一位印度學

者 S. Arasaratnam 指　出：「Only in the widest possible definition of the term "community" could we call the Malaysian Indians a community. In the political and social context of Malaysia the Indians were pressured to look upon themselves as a community and other ethnic groups did look upon them in that way」(Francis Loh Kok Wah, 2003)。現代普遍的政治設計與宣傳，已深深普及與穩固化了今天所謂的華巫族群邊界。原本狹義的、限定的族群，經過歷史的過程逐步聚集成較大、更普遍的以共同的社會框架為背景的族群，並最終塑造了誰與誰密切或密不可分的觀念。然而，這種族群分類意識卻使馬來西亞種下至今未能平息的原生性、衝突性的感情與禍根。

第二編

獨立建國之後
平等追求與文化困局

第六章

「五一三」之發生、記憶政治與華人的受創意識

一、前言

歲月流逝，「五一三」驀然已過去五十年。隨著政局變幻、時間推進在親身經歷者記憶中的沖洗以及新生代的嬗替成長，而且受到各自年代背景的制約，各方面對「五一三」的記憶與詮釋自然難免發生許多變化與變異。所謂「一切歷史都是當代史」，歷史終究逃不過當下的影響，尤其是事件本身性質的隱晦、敏感以及其可資利用性至今未減。也就是說，記憶始終難以脫離當下政治現實的干擾，「五一三」記憶已然為政治所用，成為馬來西亞的記憶政治。對馬來西亞華人而言，「五一三」更是「馬華問題」更深沉、更嚴峻、更具體化的轉折點，事件之後政府修改憲法及擬定政策，使得國家憲法原本本質化的馬來原地主義更為深化至實際的政策層面，平等與公正問題更為顯著。是以，要理解當代「馬華問題」則不可能迴避這一促使整個馬來西亞社會景觀發生重大改變的政治事件，本章著重通過各族的「五一三」集體記憶揭示如何發生此一事件，並指出各方記憶之差距以及華人所受到的深刻衝擊。

二、一種合法性的資源：「五一三」符號的形成與誤用

從學術視角上看，暴動研究在歷史學研究上具有相當重要的地位，因為暴動是理解社會矛盾最明顯的特徵之一，它涉及的問題涵蓋面極大，例如國家政策、種族、階級、政經結構等等（楊聰榮，1999: 6）。然而，除了官方論述之外，「五一三事件」從來沒有真正公開議論，自然也從未成為一項嚴肅的學術議題，因此它的真實只存在於民間中。正由於它的民間性，它自然留下更多的想像空間，也有更多不一致、甚至模糊地帶。

這使得其歷史面目顯示了複數性和多層次性，甚至可以說，許多選民都知道「五一三事件」已然成為「記憶政治」（memory politics）的一項顯例。它對官方或馬來人以及華人都有劃時代，但完全不一樣的意義。對馬來人與華人來說，「五一三」猶如時代啟動器，開啟了兩個不同族群的歷史走向及心態史（mentalites），然而弔詭的是，同一個啟點卻導向了絕對不一的景象。這正是「五一三」記憶值得探究的原因。[1]事實上，「五一三」業已成為不言自明的政治性歷史符號。符號體系是知識和支配的工具，它通過某種被賦予特定意涵的言詞構造既定的事態，使人們依此理解並相信某個指涉。符號幾乎是一種魔術般的力量。這意味著，擁有某種符號資本（symbolic capital）的人，便具有一種認知工具和將社會現實的表達強加於弱勢群體的力量，並可通過特殊的動員效應獲得好處，這就是符號權力（symbolic power）。因此，如何為「五一三」下定義，自然在充滿矛盾、爭奪、追逐的政治情境下顯得特別重要。法國社會學者布爾迪厄（Pierre Bourdieu）即曾指出，「命名，尤其是命名那些無法命名之物的權力，是一種不可小看的權力。薩特說過，言詞能引起很大的破壞。情況確是如此，例如當『命名』行為被用在公眾場合時，它們就因而具備了官方性質，並且得以公開存在」（布爾迪厄，1997: 91）。換而言之，當某個事件如「五一三」被簡單化為某個令人聞之色變的符號時，它便形成某種妨礙人們思考，甚至營造某種恐懼想像的符號性壓制（symbolic domination）。

---

1 本文僅嘗試分析官方（包含馬來人）、華人民間以及華基反對黨對「五一三」的基本闡釋與記憶之間的分殊及其所造成的影響。事實上，學者之間的闡釋亦值得進一步縷析，不過由於資料以及本文的切入（僅從官方與民間關係切入）所限，只好留待來日再述了。

　　如何命名與定義跟「選擇」記憶緊密攸關。許多社會學研究顯示，在那些公共領域貧弱的社會，其「過去」容易被政治權力作為一種符號加以任其恣意套用或操弄。對過去的詮釋，往往與正當化其權力來源與政策相關聯，因此過去總是利害攸關而非常不穩定。昆德拉在著名的《笑聲與遺忘之書》（*Book of Laughter and Forgetting*）中有一句廣為人知的話：「人與權力的鬥爭，就是記憶與遺忘的鬥爭」。昆德拉寫道：「為了不讓一絲一毫不愉快的記憶來打擾（1968年後「恢復正常」的國家）新牧歌，那曾沾汙國家美好記憶的布拉格之春和俄國坦克都必須消除。所以，在捷克斯洛伐克沒有人紀念八月二十一日。」同樣的，許多與官方或當權者相悖的記憶資源將被切斷，尤其通過相關的法律執行上述意旨。

　　猶有進者，修憲、制定政策本身很明顯即是一種記憶的方式，也是加強其詮釋力度擴散的方式。Schudson認為，「過去」被鮮活地保存在各種基本的社會制度中，比如法律、教育、語言、政治規則、社會互動的規範等等。Schudson寫道：

　　　　過去的記憶會影響目前的狀態，不只是因為個人痛苦的經驗或某一代人遭逢的危機……它同時也因為記憶是制度化地存在文化形式與社會行為中，比如「承諾」，以及將來承諾制度化而成的「契約」，或者財產，以及它透過繼承而來的持續性。（引自蕭阿勤，1997: 272-73）

　　就此而言，1972年2月國會恢復後的憲法修改以及制定各種政策，以鞏固馬來人地位，亦可視為官方對「五一三」的一種記憶。除此之外，在現代教育普遍的今天，歷史記憶有效地透過標準的國民正規教育體系與大眾傳播媒體來承傳。人們對

「過去」的意象極易受此「社會工程」（social engineering）的操弄。收緊到馬來西亞情境來說，如所周知的是，馬來西亞政府及其政策主要是以馬來觀點為主導，教育體系亦以「馬來西亞是馬來人的」為基本取向，而華人之史的記憶自然常在史外了。美國著名學者施萊辛格（Arthur Schlesinger）說，把歷史作為武器是濫用歷史，而把歷史作為救世良藥則意味著對歷史本身的褻瀆，然而這確是一種社會的常態。面對這龐大的國家機關以及強勢權力底下，華人歷史記憶益顯其民間性——零散、受制與傳言性。

三、華人社會無法終結的暗影

對華人而言，「五一三」意義殊大，它是華人在馬來西亞歷史上最大的悲劇。所謂的悲劇是多重的，是政治權力爭奪上的悲劇，也是文化、教育上巨大陰影鋪天蓋地的啟點，亦是經濟上大挫折的起端，更大的悲劇則是開始了漫長的苦悶壓抑期。[2]「五一三」標示了華人追逐爭奪國家機關機運的一去不復返。從此以後，一九六〇年代尤其是左翼所營造的抗爭激情不再，「五一三」所塑造的悲情則有力地貫穿了整個七〇、八〇年代。

慘劇發生之後的一週，當時最大的中文報《南洋商報》發表一篇看似平和、克制，但顯然掩飾不了處在即時現場的沉重憂患之社論，即已預示了華人創傷的難以痊癒。這篇題為〈任重道遠的動亂善後工作〉指出：

---

2 一般中文學術界認為，一九七〇年代是華人社會的苦悶期，八〇年代則是困惑尋路期。

　　　　這次禍起蕭牆，事變後，秩序雖可恢復，但大家心裡
直接間接，都有深淺不同的傷痕。這種創傷要長久的時間
才能痊癒。短時期內，傷痕猶新，腦海中的記憶猶新，要
通通把它忘掉，是不會那麼容易的。就因為如此，精神的
善後工作，就比物質的善後工作，更重要幾百倍。（1969）

　　從華人祖輩大規模南來百餘年以來，華人以血凝結而成的
浩劫不計其數。日本侵略、1948年的緊急狀態，以及獨立後的
「五一三事件」都足以構成華人史線式的災難脈絡。以受難人
數計，「五一三事件」當然不出日據時段十五萬人落難之最；
若以人口徙遷流離之廣，「五一三事件」也未能與緊急狀態比
擬，但論「五一三事件」的當代影響以及對心靈之衝擊的遠與
深則比前二者有過之而無不及。如果說，「shoah」是猶太人不
可翻譯、替代的遭遇，[3]「五一三事件」經驗對馬來西亞華人而
言，同樣無可代替（許德發，2001a）。

（一）華人的受害意識

　　大體上，華人社會對於「五一三」都存有一種巨大的受害
感。在事件發生後，當時華人社會就流傳各種有關華人被殺害
的情景，即便發表官方白皮書，也無改華人聽信這些傳聞，至
今亦如此。筆者曾特訪一些老一輩的華人，即使事件已經塵封

3　在二戰之前，「Shoah」在希伯來文裡頭原指任何一種大災難，但現在則專指希特勒納粹所造成
的猶太大屠殺。因為對許多猶太知識份子而言，猶太人在二戰期間所經歷的迫害是歷史上絕無僅有
的。因此，他們拒絕把Shoah意譯為其他語言中相同的字眼，因為猶太人的經驗是不能被翻譯成其
他民族所能領悟的經驗的（費修珊、勞德瑞，1997: 5-6）。筆者這裡的意思不是指「五一三」可以
比擬Shoah，而是要確切說明華人的「五一三」經驗同樣是獨特的、民族性的，只有馬來西亞華人
才能感受到的。這點下文將會加以敘述。

數十年，老一輩華人仍對華人在「五一三」的遭遇感到憤慨，他們顯然又不約而同地覺得那是「無可奈何之事，因為他們有軍隊」。在上一代的記憶庫，還有更加細微的回述，包括一些被殺害、強奸、房屋被焚毀等情節、華人體育會與私會黨的維護行動等等。一位老一輩的楊姓男士回憶道，當暴動發生後，增江區華人立即組團欲到市區援助華人，不過羅里在途中被警方攔截。以個人的經驗而言，從小就已經聽聞許多流傳於長輩之間的有關「五一三」的故事，比如一群華人剛從戲院出來而被掃射的故事。不過，據下述劉姓被訪者的說法，1969年5月13日吉隆坡聯邦戲院剛好上映馬來影片，華人私會黨趁著戲終人群步出時，向大多為馬來人的人群報復。[4]這顯然與一般在華人圈流傳的故事不同，由此可見「五一三」記憶的模糊、流傳性，甚至於矛盾性。

坦言之，由於官方封鎖新聞，在謠言滿天飛的情況下，華人的「五一三」記憶不免含有不少流言性質，虛構、誇大成分不能否定，而正是在這樣的民間流傳中組成了華人記憶。事實上，在這方面的口述歷史值得進行，如果能夠把這些零零星星的回憶加以整理、聯繫，似乎可以重現「五一三」以及之後幾天的整個暴動過程。[5]在訪問一對六十餘歲劉姓夫婦、當時住在秋傑路的受害者時，該婦人說她現在回想起來仍然心有餘悸。她們憶述說，當時一些暴徒通過回教堂的廣播器呼籲「放火焚

4　新近出版的《在傷口上的重生：五一三事件個人口述敘事》（五一三事件口述歷史小組，2020）一書對此恰好進行了口述歷史，但情節有些差別。可參見〈觀察〉，頁46-47；〈歷史〉（84-86）。

5　2020年終於出現了第一本「五一三」口述歷史著作，見同前注。此書共收入十九個故事，訪問了二十位死難者家屬與六位親身經歷者，但更全面的口述歷史仍待開展（〈五一三事件口述歷史小組，2020）。有關華人社會的「五一三」記憶，林嫚婷於國立暨南國際大學東南亞研究所的碩士論文《五一三事件華人之集體記憶探討》（2007）亦可參閱。

燒華人的產業，因為華人有錢」，他們於晚上十二時左右在混亂中連夜逃命，夫妻二人分別一手抱著幼子、另一隻手牽著幾歲孩子逃到鄰近華人商店躲藏。後來，他們與鄰居的木屋被暴徒之火焚毀了。他們追憶道，軍隊過後安置他們於精武山體育館。在受訪過程中，她們顯然記憶猶新，劉姓男人也似乎顯得急著要表達他當時的經歷與感受。這或許就是所謂「因為對往事的敬畏，而記憶得清晰無比」的意思罷。一位姓方的婦人則說，有一家在馬來區的華人商店被一位認識的馬來人索取數千元以提供保護，不過最終除了一位已出嫁的女兒之外，全家死於非命。[6] 這位幸得保命的女兒是她所認識的，據說後來政府給予每位死者二千元的補償。

著名留美馬來西亞華裔作家林玉玲（Shirley Lim Geok Lin）的自傳《月白的臉：一位亞裔美國人的家園回憶錄》也為我們提供了一位華裔馬來亞大學學生身處其中的悲憤感受與回憶（林玉玲，2001）。從林玉玲的個案所得，我們或許可以論斷，即使一位文化、政治認同有異於一般主流華人的華裔英文教育者，當面對壓頂而來的反華浪潮之際，他們自覺或不自覺中都會傾向於與華人同樣的受害意識。[7] 這再一次表明，族群關係是主宰馬來西亞各族認同的重要因素，它導致了華人萌生共同感。林玉玲二十餘年後回憶道：

　　家裡只有收音機，沒有電視，所以戒嚴這五天我們完全和消息隔絕。從收音機裡，聽說有一群來自鄉下的馬來

---

6 同前注，頁190至208有詳細的口述歷史敘述，其細節有差別，可見歷史記憶的模糊性。

7 林玉玲是一個英文教育者，她並沒有強烈的華人認同。猶如她自己說的：「我完全在英國教育的體制長大，沒有多數華人的種族情結……眼見華裔與馬來菁英彼此爭權奪利，我反而向歐亞及印度裔靠攏，迸裂出來的火花，冀望在僵化的種族屬性禁錮中尋求出路」（林玉玲，2001: 201）。

民眾，因為抗議華人舉辦選後勝利遊行，跑來示威遊行。
報導指稱他們身上原本配有巴冷刀自衛，結果演變成暴力
事件。過了一些時候，先是謠傳，後來看到外電報導，證
實在吉隆坡有許多華人的商店遭人縱火燒毀，數百名華人
被殺。事後統計，大屠殺的結果有大約兩千人喪生。軍隊
進來了，可是馬來軍隊處理種族暴動的速度緩慢，據說還
反射殺了一些華人。（林玉玲，2001: 222）

　　總而言之，華人一般上的感受可以概括為「五一三」是
「馬來人教訓華人的歷史事件」。基本上這得到當時許多第三
者的目擊者所支持。「五一三」事發以後，許多駐吉隆坡的外
國記者及通訊員即紛紛對外發出「馬來人軍警暴徒如何燒殺、
搶劫、強奸華人」（楊建成，1982: 235）。西方記者嘉茲・亞
力山大（Garth Alexander）作為親眼目睹者之一在其著作 *The
Invisible China* 中即引述一位《南洋商報》記者 Tan Yok Swee 的
話明朗指出，「五一三」乃巫統黨內極端份子蓄意制造的（引
自楊建成，1982: 235-36）。一些學者認為，由於華人政治力量
已經由合法途徑威脅及馬來人的政治特殊地位，造成既有的聯
盟形式已無法確保馬來人的政治特權。所以，馬來極端份子不
惜以暴力行為來否定現存憲制，「五一三」以後的憲法修正以
進一步保護馬來人權益，就是馬來人所設想的，實現一種新政
治制度（楊建成，1982: 237）。事實上，許多華人私下都有類
似的想法。
　　遭遇如此重創之後的華人集體心態顯得耐人尋味。張景雲
曾說，「『五一三』之後華人受到很大的驚嚇，而處於『休克
期』（shocked）。八十年代之後才逐步醒過來。」整個一九七
○年代的華社確實陷入一種可說是「不知所措」的境界，悲

情籠罩。楊建成在其著名《馬來西亞華人的困境》裡就說，「五一三」以後，「華人對政府猜疑和敵意的情緒瀰漫著整個華人社會」（楊建成，1982: 288）。R. S. Milne 與 Diane K. Mauzy 也說，非馬來人採取壓抑的態度，他們的精神也不再激烈（1982: 102-103）。「五一三事件」在不同地區的華人之間引起基本一致但又稍微不同的反應。據一位當時在新加坡工作的馬來西亞華人追憶，「五一三事件」期間，新加坡民間曾有些騷動，許多人之間議論著如何救援。李光耀也憶述道：「有關馬來西亞馬來人的凶殘行為，以及當時武裝部隊在處理問題時明顯偏袒的消息傳開來後，人們驚憤交加。我當時身在美國，要向耶魯大學學生演講，在那裡看到有關暴亂的報導。吉隆坡暴亂發生的那幾天裡，新加坡也發生了華人攻擊馬來人的事件。軍方強有力的壓制行動，軍隊也出動了……」（李光耀，2000: 261）。在砂拉越，據文史學人田英成對筆者說，當地華人也同樣悲憤莫名，他們立即聯想到自身剛加入馬來西亞聯邦的未來命運，信心大受打擊。由此可見，儘管「五一三事件」主要發生於吉隆坡一帶，但其影響、衝擊顯然超越一時一地，消息傳來之後，華人都有感同身受的集體感，即便剛脫離與加入馬來西亞的新加坡及砂拉越華人亦不例外。

　　這裡終究有一項不可不問的問題：滿心敵意與猜疑的華人如何面對被認為加害他們的馬來人呢？林玉玲的自傳談到，「在大學裡面也可以明顯地感到緊張的氣氛。以前本來就不跟馬來人往來的華裔師生，現在更是擺明跟馬來人保持距離」（林玉玲，2001: 223）。由於馬來人與非馬來人社會聯繫的破裂，一些華人也參與對馬來商店、德士以及其他經濟交易的杯葛（Gordon P. Means, 1991: 9）。一位前引姓方的女士說，吉隆坡華人就自動自發不吃馬來人Satay聊以抗議，一些光顧者會被責

備。華人也出現設法將資金匯出國的流向，也有隱隱然的移民流。李業霖先生私下言談中說，他於1972年自新加坡返回吉隆坡時，可以感覺到華人無奈的情緒，那時有一些人打算移民，屋業停滯，屋價低落……（許德發，2001a）。從這些反應舉措可知，華人所受恐懼與憤恨之深。

（二）華人社會記憶與遺忘之張力

不管我們喜歡與否，「五一三事件」實已深入華人的靈魂及族群基因。從以上敘述我們可以知道，華人的「五一三」經驗是充滿族群性的，因為只有作為華人才會有這樣的遭遇、與受到這樣的對待，也只有站在華人的處境始能對華人的感受瞭然於胸。對華人來說，「五一三」暴動所承載的警示顯然是：這是一個馬來國度，形勢比人強，你們無能造次！華人明確了解到馬來人在國家機關上佔盡優勢，這意味著在關鍵性時刻，華人無法把自己的意志加於馬來人身上。從這次變動中華人得到極為慘痛的教訓。後來的歷史證明，「五一三」以後的華人只得降低期望，接受華人處於從屬地位的現實。林良實不就說過，少數族群應表現得像少數族群。華人的社會期待（social expectation）顯然不復往昔矣！（Lee Kam Hing and Heng Pek Koon, 2000: 207）華人的警惕與歷史的恐懼最為國陣所深諳，並將之轉換為利己的政治資源，而加以馭用，因此事實上「五一三」反成了用血寫成的符號與暗影，連年累月地發揮其符義功能（signification），在華人身上形塑了一種具有特殊政治內容的心理機制、一種社會政治結構性恐懼。每當大選時期，它即會一再顯靈，甚至業已成為一種「綜合症」。長久以來，一有什麼政治上的「風吹草動」，華人常有動輒動亂或得咎之心理。因此，儘管流血意義的「五一三」已經過去，但政治及

心靈意義上的「五一三」之過去卻杳杳無期。

　　然而我們不得不深想的是，除了「流血」的恐懼記憶之外，華人還有什麼更為深刻的記憶內含與精神內涵？答案可能是否定的。事實上，這種過於恐懼的陰影恰好是極不利於華人深刻蘊藏具有內涵的集體記憶之其中一項重因。這種陰影反過來逃避了回憶，所以一種典型的說詞是「我們應該往前看，過去就讓它過去吧！」然而，當他們逃離記憶時，他們也逃離了他們的先人或當年的自己。儘管無法避免個人私領域的回憶或敘述，但個人私下的回憶畢竟是零碎的、沒有連續性的，而且非集體的。顯然，由於太多不利「五一三」創傷得以撫平的因素，很多人失去理性層次的認知，「五一三」成為一種抽象的符號，造成概念——流血——先行，而輕易被恐嚇，即使有公共的回憶也沒有太多的分析，陰影下的記憶也自然顯得粗糙、含混，文學與學術的記憶建構幾乎付之闕如。換句話說，「流血」陰影掩蓋了記憶的細節與清晰度。這形成了特殊的**「華人記憶裡的忘卻」**，由此導致集體記憶的簡化。然而，即使憤怒與無奈，現實的情況是：華人還是得生存下去，這就是現實！這符合了集體歷史記憶學者Halbwachs所相信的，社會根據變遷的情況，會不斷調整它的記憶，以保持自身處於「平衡狀態」（引自蕭阿勤，1997: 283）。這或許就是所謂的生存之道罷。

　　進而言之，沒有分析與未經梳爬的記憶終究轉化不成歷史。把記憶的陰暗化解或分析掉應當是華社的當務之急，而當記憶轉化成歷史時，我們才能使將來出現新生。當然這事關華社的文化深度之外，更與官方對公共論述空間的禁限係有極大的關聯。如果以十年為一代，那意味著華人對這事件的記憶業已經過數代人的過濾或沉澱了。但極為弔詭的是，數十年來的沉澱，並沒有引發或貯存出數十年來難得一見、應有的深沉厚

度。也就是說，華人的創傷並沒有形成一種「悲情升華」。何
啟良認為：「大馬各民族對民主的體認不強，但對五一三悲劇
烙印深切。他們從五一三悲劇所吸取到的教訓，也因本身的文
化價值觀的差異而有所不同。馬來政客，特別是大選來臨時，
尤喜引用此史實暗示馬來政權被挑戰的後果。華人政客則對
五一三事件有所顧慮，以憑弔的心情待之，絕少提及，隱隱間
知道此乃種族衝突之極點，應不惜任何代價避免它的重演。大
馬國民對這項大馬史上大事的闡釋，和其他問題一樣，找不到
共識點」（何啟良，1995: 166-67）。何啟良所謂的「應不惜任何
代價避免它的重演」極為深刻點出了「五一三」符號在華人思
維考量中的位置。「五一三」之陰影已經擴大至可以掩蓋其他
重要的基本訴求，因此才會產生大選效應。從這裡頭的效應邏
輯可見，歷經「教訓」後，要求安定已是華人的基本心態，民
主人權則是次要之事了。

　　在中文評論界或學界偶有一些提出重思或紀念的聲音，不
過由於知識界力量還未成形，自然未能引發更有份量的回響，
因此也無從談起有所謂系統的「五一三」觀。華社的中介華
團則近乎「不提為是」。新一代年輕人據說很大部份已經不知
「五一三」的來龍去脈，[8]但卻猶知「五一三」是一個動亂的代名
詞，由此可見「五一三」的符號化，老一輩的恐懼持續傳染、
滲透及年輕人的心理了。這都是「五一三」沒被容許公開討論
的結果，華人也將繼續籠罩在陰影下，沒有走出的一天。

---

8 根據馬來亞大學華文學會的調查報告，高達97%華裔大專生知道「五一三」，不過該報告卻相信
他們的了解只在表面。另外值得注意的是，儘管66%認為「五一三」不會重演，但還有30%認為可
能重演。這樣的調查結果可以解讀為受高等教育青年可能的良好發展，不過高達三份之一者擔心重
演仍是極高的比例，何況認為不重演不等於感情上不擔心，而沒有接受高等教育者的可能比例更高
（《南洋商報》，2001年1月4日）。

四、官方版本的發生學闡釋

不消說，官方的詮釋自然與華人民間記憶大迥其義，即使在官方或巫統方面，對「五一三」的闡釋同樣歧義紛出。由於巫統處於權力中心，政治利用甚至造成對其解讀更為複雜，從中我們也更能看出有趣與密切的權力追逐與歷史應用。R. S. Milne 與 Diane K. Mauzy 就指出，「五一三」之後所採取的長期性目標政策是建立在對此事件的詮釋以及評估如何避免事件重演（1982: 92）。

（一）馬來人的唯恐意識

事發後不久，政府曾經發表一份稱為《五一三悲劇》的白皮書。依據白皮書，事件的導火線是由於非馬來人，尤其是華人在1969年大選「多獲寥寥數席」就露出想像不到的傲氣，馬來人因此為自己的前途深感恐懼；然而更致命的是，馬來人對1945年日本投降之後短暫的「華人執政」恐怖記憶，[9]在這關鍵時刻於他們腦際間「重演」（re-enact）。在這新恐舊懼的「微妙」作用下，對抗思緒因此掃蕩了全首都的馬來人（全國行動理事會，1969: 38）。因著眼前的恐懼引發重演一幕一幕的「舊記憶」的發生學說法其實是相當戲劇性的，頗是社會心理學分析的材料。就是這樣的官方詮釋版本下的發生學背景，華人遭受無比巨大的沉痛教訓（許德發，2001a）。

幾乎大部份不管是任何背景的作者都提及「五一三」前

---

9 據白皮書，在日本投降至英國人恢復統治的三個月空隙，以華人為主的抗日軍在各地設立「人民法庭」，許多馬來人慘被殺害。因此造成在馬來人的腦海中，留下一個洗不脫的印象：這就是華人取得優勢的危險（全國行動理事會，1969: 9）。

夕華基政黨民主行動黨以及民政黨在首都進行的毫無節制的、
對馬來人做出挑釁性舉動之勝利遊行。而且,大都視此為激
怒以及加重馬來人對失去政權、華人執政的恐懼,以至觸發
「五一三」爆發的導火線。這顯然深受政府白皮書的影響。[10] 敦
依斯邁也在其著名的言論中說,「這個國家的民主死亡了。它
死在反對黨的手上,因為是它們觸動引致暴動的事件」(The
Straits Times, 19 May 1969)。這場「勝利遊行」也因此成了華
人最先激發「五一三」的最重要證據。白皮書描述說,在雪州
巫統進行「反遊行」時,已傳來文良港華人對付馬來人的暴
行,顯然把矛頭直指反對黨的非馬來人(全國行動理事會,
1969: 43-59)。因此不用說,巫統並非問題的始作俑者。

　　華人的挑釁如在遊行時抬著大掃把遊街,意在「掃走馬
來人」,並高喊「Melayu sudah jatuh」(馬來人已經下臺)、
「Kuala Lumpur sekarang China punya」(吉隆坡現在已屬於華
人)、「Ini negeri bukan Melayu punya,Kita mahu halau semua
Melayu」(這個國家不屬於馬來人的,我們要驅逐全部馬來人)
等口號成為活脫脫的口詞,可被引用來指出華人「不接受馬來
人在政治上統治地位」的論據。事實上,對許多馬來人而言,
馬來人特別地位從來沒有如此公開的遭受威脅(Husin Mutalib,
1990: 54)。不過從華人版本來看,楊建成就指出,此報告書的
內容是根據「馬來西亞『就是』馬來人國家」的立場,來指責
非馬來人這些外來移民如何不守本份(林良實的「少數族群」
之論顯然可於此相互引證得上),如何不肯向馬來政治權威及
文化效忠和認同,以至於引起馬來人的猜忌,造成種族衝突的

---

10 事實上許多論著,包括國內外的論著都沒有發掘超越官方或一般的看法,因此對「五一三」前
後的論述基本都沿著同一方式。尤其是很多外國學者,由於資料所限,引用官方資料為多。

悲劇（楊建成，1982: 242）。官方本身也是存有歧義的，如上所述，東姑即強調馬共與私會黨的因素。東姑是這起事件另一個直接受害者，他的說法似乎含有一種過氣人物的遁詞。客觀上歸咎於馬共或私會黨在，是最為容易而幾無對證的。東姑針對馬共說：「事件是共黨及反國家份子有計劃的陰謀，這一小部份人的目的，在於企圖制造暴亂來推翻政府⋯⋯」（《星洲日報》，1969年8月3日）。最後，東姑的說法被內長依斯邁所否定，「每一個人認為共黨應對騷亂負起責任。較後我們發現共黨與我們一樣感到震驚」（John Funston, 1980: 209-10）。

馬哈迪作為反東姑領導的黨內激進派代表則另有解讀。對他們而言，這是因為東姑政府對華人過於讓步，使華人要求更多，這失卻了馬來人的信心，而與此同時，過大的權力也使其罔顧批評的意見（馬哈迪，1981: 8-18）。他們也認為經濟不平衡是另一因素。巫統黨內分歧也說明兩派藉「五一三」之爭來合理化自己的派系利益。「五一三」以後的政爭，東姑即概括之為「建立此黨和協助我國獨立之一派與新派極端份子的權力鬥爭」（Tunku, 1969: 108），可旁證指出「五一三」乃巫統內爭所引發的說法。

馬哈迪的想法有多大程度代表馬來人？再看看林玉玲的記錄：

> 英文系有一位研究生，蜜莉恩⋯⋯她曾得意洋洋的說了一句話⋯「我們馬來人寧願讓馬來西亞變成叢林，也不情願給華人統治」⋯⋯我們不需要華人。要是沒有華人，我們就得過落後貧窮的日子，我也甘願。（林玉玲，2001: 223）

　　蜜莉恩大言不慚地說，雖同為公民，我們的地位不相當，她說我的社群是一個問題，而種族大屠殺正是處理這個問題適當的方法。（林玉玲，2001: 224）

　　當時一些馬來大學生或知識界顯然是認同這個說詞的，不然就沒有引起激烈要求「對華人太軟弱」的東姑下臺的學生運動了。從東姑所受壓力之大而被迫辭職即可推測到這股洶湧的黨內外勢力。在這些激烈的聲浪中，還混雜著要求建立「一個政黨，一個民族」的聲音。然而必須指出的是，馬來社會也有不同的意見，比如具爭論性、向來堅持其非種族立場、曾是反對黨一員的馬來知識份子賽・胡辛阿拉搭斯即質疑所謂的「經濟不平衡論」，他認為假如是這樣，那麼已肯定種族緊張與暴動將時常發生（引自 R. S. Milne and Diane K. Mauzy）。此外，甚至有認為巫統殺害華人的言論，但屬於絕對的少數。這也說明馬來人內部看法未必是一致的，而且是變化不定的，在某種程度上胥視其意識型態背景。前巫統領袖瑪麗娜在脫離巫統加入公正黨之後，在1999年大選前夕，曾經公然提出「『五一三』事件是由警方及當時巫統領袖，尤其是前巫統青年團團長兼雪州巫統領袖拿督哈侖所策劃的」（《星洲日報》，2000年1月3日）。它的大膽言論引起巫統領袖的強烈反應，也因此被控上法庭。哈侖本身則挺身指出，「沒有人引發這場衝突，而是當時的情況導致事件的發生，我親睹年輕人遊行到這些村莊」（《南洋商報》，1999年10月9日）。

　　事實上，1986年哈侖在安邦再也補選時也曾經被挑起「五一三」責任問題。馬華公會公開指責哈侖是「五一三」的罪魁禍首。極為弔詭的是，親46精神黨、但當年與哈侖屬於兩個陣營的國父東姑竟然挺身替哈侖講話，指出哈侖並沒有挑起

種族衝突（《通報》，1989年1月16日）。甚至於反對黨的陳志勤也認為哈侖沒有在當年衝突中扮演反面和引發的角色。這顯然與華人社會老一輩經歷者普遍的記憶與認知大迴其趣。[11]根據個人的觀察，一些老一輩華人都毫不猶豫地認為他是「排華頭」。其實，這兩起事件所引發的爭論是難得的反思機會，不過由於政治利益的糾葛以及政治敏感氣氛太過偏執的作用，馬來西亞社會錯過了兩次重新面對這歷史幽魂的機會，理性爭論最終戛然而止，為政治所淹沒。

（二）政治性傷亡數值與軍隊角色

「五一三」受害人數也成了最大爭議，死亡數目變為一個複雜的政治性數值。根據官方白皮書，截至1969年6月30日，死亡人數是一百九十六人，其中華人一百四十三人、馬來人二十五人、印度人十三人以及其他十五人（全國行動理事會，1969: 89）。華裔民間自然沒有自己準確的人數，不過他們普遍相信，人數肯定大大超出官方數字，當時的西方記者也加以質疑（Leon Comber, 1983: 71）。外國通訊員Slimming的八百多名華人被殺人數成了各方運用的數據來源（Slimming, 1969）。另有一千人與兩千人的說法，可說聚訟紛紜。白皮書在這方面的說法是「……這項誇張的數字可能是因為當時誤信沒有根據的謠言及公眾人士探詢失蹤人士之數次，有以致之。在失蹤案件中，有許多是重複者，因親朋間曾有為一名失蹤者作重複報失」（全國行動理事會，1969: 73）。

---

11 馬華公會對哈侖的否認斥其為「篡改歷史」的行為，並指責哈侖另一方面又在馬來社會玩弄此課題，以圖在馬來社會提高聲望。從此可窺知，同一個「五一三」課題可在兩個族群之間引起完全不同的極端效應（《新明日報》，1989年1月6日）。

　　對華人而言，這顯然主要與武裝力量有極大關係。李光耀就在其回憶錄裡坦率地指出，「如果警察和軍方公正不阿，結果不可能是這樣的」（李光耀，2000: 260）。這其實已得到許多非華裔或馬來學者的證實，儘管他們之中提出一些解釋。比如，Gordon P. Means即認為軍隊缺乏面對暴亂的經驗，在族群基礎與政治同情下，造成他們許多懲罰性措施都指向華人，把他們視為「麻煩製造者」和「反國家份子」，而非應該保護的受害者（1991: 8）。另一些認為與他們接受訓練對付馬共有關，他們欠缺心理上對付馬來人的準備（John Funston, 1980: 210）。一位前述劉姓華人則對筆者說，來自沙巴的軍隊由於執法公正，反被中止任務了。官方白皮書也冗長地針對軍警角色以及為什麼華裔受害者人數偏高做出解釋，即「有一部份人士，誣責保安隊員在執行職務時，有欠公平及帶有種族色彩。在此次重大事件中，軍警動員，計武裝部隊二千名，警察三千六百名。若此種誣責具有任何真實性，則該所謂被視為『目標』的某種族之死亡數字將更龐大矣」（全國行動理事會，1969: 70）。

（三）巫統（國陣）的論述策略與馬來社會的詮釋

1. 政策的根據：國陣自我的合理化

　　國陣或官方基本上把根源歸咎於經濟的不平衡，國陣的「經濟決定論」成了後來在「新經濟政策」名目下整體而全面貫徹馬來至上政策的合理化以及其「不可質疑性」歷史背景。華人被指為「不接受馬來人在政治上統治地位」也成為許多旨在加強馬來人優勢地位之法令與政策擬定的因由。國會制定及通過規定關於馬來人、統治者、國語不可質疑的憲法修訂。此印證了前述Schudson所言，**修憲、制定政策本身即是一種記憶的**

方式。土著特權、國語的憲制保障以及其不可挑戰性即明確說明，「五一三」事件是因為馬來人利益受到非土著挑戰才引發的。所以，土著特權的設立才是符合社會所需的「常態」，反之則是「反常態」的。國家要恢復國會立憲制必須以承認馬來人無可置疑的地位作為前提。

另一方面，巫統也把「五一三」的事發歸咎於反對黨。每逢大選，「五一三」常被特意提出，這在於提醒選民，反對黨得勝的結局就是慘劇歷史的即將重演。「五一三」符號在國陣的幌作之下，「動亂」似乎又將重演的緊張景象已經出現不只一次。[12] 這凸現了國陣或政府詮釋之工具性。

2. 馬華公會與其他國陣成員黨的立場

與「五一三」發生密切關係的馬華公會對這起事件的看法也值得關注。作為華裔政黨的馬華公會，基本上對「五一三」的詮釋角度與國陣骨幹的巫統沒有太大的差距，這主要因為馬華與「五一三」之利益關係、傾向與巫統相近。在馬華公會自撰的《黨史》中，有一節特別談到「69年大選與五一三」。基本上，該文主要依據東姑的《五一三前後》作為敘述論據，極力指責反對黨挑撥族群緊張關係是導致「五一三」發生的主要原因，另一方面也強調馬華公會的教育政策在多元社會下的合理性，而完全不加反思其與當時華社浮現巨大反差的可能錯誤（馬華黨史，1994: 60-63）。馬華公會與政府的利益係為極為深沉的關聯，即使二十五年（1994）以後其傳人再續歷史仍舊不能跳脫當年馬華領袖的利益視野。因此，自稱代表華人的馬華公會與華人的民間記憶自有分野。

---

12 1987年的茅草行動前夕以及安華被捕前後，華人民間即流傳「動亂再起」的流言。

　　此外，當年在野，也參與反對黨勝利遊行而後來加入國陣的民政黨則似乎顯得格外尷尬。這是一種兩極錯位所引致的，它一方面不可能完全依照政府的立場來解讀「五一三」，因為這無疑自陷其前身於不義的境地，另一方面又已身在國陣，這使它無法為當年的自身辯護。

3. 馬來人：合理要求的歷史性勝利

　　與華人社會大挫折的詮釋恰恰反其道，對馬來人而言，「五一三」之後開啟了一個馬來人激情追求其更合理的生活而勝利的時代（Husin Mutalib, 1990: 53）。許多參加暴動的馬來人即描述「五一三事件」為「塞翁失馬，焉知非福」，因為他們使領導人認識到有必要採取激烈的行動。[13]一位印裔學者拉瑪沙米就曾坦率地指出，「根據巫統的版本，1969年是馬來人站起來，爭取馬來人利益的開始。所以『五一三』後，我們不能質疑四個問題：馬來特權、馬來語的國語地位、回教是官方宗教和馬來統治者的地位」（吳益婷，2001年5月13日）。甚至一些馬來學者也有此解讀，著名的馬大前校長翁姑阿茲（Ungku Aziz）就認為：「對馬來人而言，這個事件開始了馬來人經濟發展的歷史起點。……如果沒有『五一三』，就沒有已被各方接受的新經濟政策，而這是不應該被遺忘的」（Utusan Melayu, 13 May 1985）。甚至一些人認為，「五一三」以後實行的教育、城市化政策是造成回教運動復興的根本（Husin Mutalib, 1990: 55-64）。從此窺視可大約言之，在一些馬來人的心目中，「五一三」

13　原　見Donald L. Horowitz, *Etnic Group in Conflict*, Berkeley: University of California, 1985, pp. 653-68。轉引自陳美萍，〈馬來西亞華巫族群關係〉（嘉義：南華管理學院亞太研究所碩士論文，1999），頁40。

是具有特別的、甚至積極性的意義，此跟華人記憶中的消極性形成強烈對比。

然而多年以後，一般馬來人到底對華人在「五一三」的慘痛遭遇是否有何反思之意則仍舊是謎。不過一位馬來學者卡瑪俄尼亞強烈認為，任何人都不應去揭「五一三」的瘡疤。她認為，「過去已經過去了，這是悲劇。針對『五一三』，我絲毫不覺得有再對話的必要。不要再去掀起這個痛苦和恐懼記憶，讓這件事永遠離開我們」（吳益婷，2001年5月13日）。這種忘卻性的看法有何意味？饒有興味的是，至少它與一些華人要求翻案、或平反是完全兩回事。

五、反對黨的立場：回應模式的窠臼

反對黨顯然是這個事件的另一受到直擊的一方。在民主行動黨眼中，「五一三」是聯盟政府不能接受反對黨勝出，方演變成的。〈民主行動黨1966-82年的史論〉中直接指出，悲劇是執政黨內一股不準備遵守人民民主裁決才導致的（民主行動黨，1982: 59）。民主行動黨的詮釋是：「五一三」的爆發是對民主力量的一大打擊。它的一些領導人如林吉祥在內安法令下被逮捕，因此其受政治迫害意識亦極為顯著。但殊為難得的是，其領導人在「受到慘痛教訓」下仍不改其志地堅持建立當年蘊發衝突的「馬來西亞人的馬來西亞」理念，而數度進出牢房。長期以來，也仍不懼地批評時政，這為空盪的反對領域留下可敬的聲音。

饒是如此，數十餘年來的民行黨在整個政治文化與形勢比人強之下，也似乎無能為它認為不義的事件做出任何有力的平反。它自身也從來沒有反思其當年的角色與責任。相反

的，它甚至同樣沿循與國陣近似的思考模式，即只針對國陣對「五一三」的濫用做出反擊，以免影響它在大選中勝出的機會，而不是自發地省思「五一三」。換句話說，它是在應對國陣詮釋之下回應，因此還是受制於國陣的思維邏輯。事實上，在「五一三事件」中，反對黨如民主行動黨是其中的要角之一，它有極大的說話位置與責任。作為反對黨人以及當年的反對政治領袖之一，陳志勤可能只是碩果僅存的反思者。他在其回憶錄中認為，「五一三」是可以避免的（Tan Chee Khoon, 1991: 129-31）。他從反對黨的角度認為，或許反對黨只需為大選勝利做簡單致謝，以及他個人稍微提早宣佈民政黨無意參與反對黨聯合政府，這至少即可平定馬來社會失卻雪州政權的恐懼。

　　華人選民得以「解去五一三符號」的心理恐懼對反對黨當然有政治上的正面作用。因此，力促建立一個良好政治環境來營造一種理性、不受恐懼和暴力控制的公眾生活當是一個積極反對黨的責任。一九九○年代末期隨著爆發安華事件而更多非政府組織的積極份子如蔡添強等加入反對黨後，替陣曾呼籲國陣政府公開「五一三」檔案，以讓人民和學者自由找出事件發生的真正原因；替陣甚至促請政府設立皇家委員會徹查「五一三」，以歸還人民歷史的真相（替陣籲全民支持還歷史真相　五一三列團結日，2000）。不管這是出於政治性的，或是人道的考慮，這些都是良性發展的歸趨。只有真正了解這段過去，剔除一切政治性的詮釋以及民間傳言似的記憶，才能將「五一三」置放於一個適當的位置上。

六、結語：真理在民間，國家終究是惡

　　從以上分析所知，官方、馬來人與華人民間之間的感情記

憶或是事實記錄都出現嚴重的錯位，事件永遠各有版本，兩歧
性極為凸出。當然必須說明的是，對同一事件，不同的人自有
不同的記憶，於不同的時間，記憶也會相異。然而概括地說，
華人大概只有受害記憶，在政府而言，「五一三」則成為土著
特權的合理化論述，對於隱晦之處則盡量文過飾非或諱莫如
深，許多官方檔案仍然不予以公開；或者在所謂全民大團結的
大敘述之下，「五一三」必須被掩蓋。誠然的，一個自由的民
主社會仍舊需要論述歷史的「主敘述」（master narration）以作
為一種「道德紐帶」（moral bond），從而賦予公共生活某種意
義，並且防止瓦解多元社會（蕭阿勤，1997: 251）。然而，這
樣的主敘述共識必須透過公共對話中取得，不然將更深沉地撕
裂整個社會，後果不堪設想。

　　許多例子已經證明，足以防止任意的、工具主義的詮釋
「五一三事件」只賴於一個開放、自由領域的出現。這種社會空
間是一個個人記憶、專業批判、揭露真相、以及不同的詮釋，
都可以自由表達的場域。政府也必須允許人們自由地運用各種
保存歷史的制度化機構（例如各種歷史檔案，包括軍警、行
政等機關的相關對象），以及自由地使用文化媒介。在這種公
共領域中努力要從斷簡殘編中辨識一個比較真實的過去，如果
不是在物質上可以得到酬賞，那麼至少在道德上，可以受到讚
揚。只有在這樣的條件下，始能自由表達各種記憶，甚至產生
力量。當出現一個自由公共領域，而任一公民都可以自由表達
他內在真正的記憶，而無需擔心可能受到對付時，那才可能減
少記憶所造成的分裂，以及族群之間或者官方與華人之間的猜
疑。但無論如何必須立即坦率指出的是，儘管官方的詮釋可以
有效地傳達，「五一三」也被列為禁忌，但它們並沒有完全封
鎖傳遞非官方歷史記憶。然而因為缺乏一個充滿活力的公共領

域與公共知識社群,非官方記憶幾乎只停留在私人與家人之間的傳遞。在前蘇聯,長久以來,年輕人從父祖輩得知的真相,與學校教授的歷史之間一直有巨大的鴻溝。「公認的歷史」與「家傳的歷史」之間的衝突,造成精神上的壓抑與道德上的傷害(蕭阿勤,1997: 278)。置放在本個案研究來說,許多華人的記憶中亦出現所謂的「信任鴻溝」,幾乎沒人相信官方的說法。對華人來說,華人在「五一三事件」中受到的創傷乃國家機關與政客、暴民的有機結合之結果。自「五一三」以後,華人普遍上更深化了對政府的不信任態度,雖然另一方面華人又希望爭取更多的政治權利,以及國家機關在各個領域的資助,因此可以這麼說:華人覺得國家機關終究「可愛而不可信」——可愛,因為華人需要政府的資助;不可信,因為國家機關的濫用。因此一種極為普遍的看法是,「五一三」是華人遭受到教訓與壓迫的最佳以及最近的實例,真理是在華人民間這邊。

　　從集體記憶理論上說,「五一三」經歷者由於共有特殊的經歷,可說自成一個記憶群體,然而隨著他們逐漸老去和人數減少,它所承載的那一份歷史見證,將會隨之湮滅。Halbwachs於《在福音書中有關聖地的傳奇地形圖》中指出,人們改變過去的意象,反映的是社會結構的變遷(引自蕭阿勤,1997: 282-83)。從這句話引申來說,至今老一輩華人甚至新一代都不能改變對「五一三」的基本想像,這似乎也說明馬來西亞社會結構與深層問題與數十年前沒有多大的差距。另外也必須一提的是,華人社會亦欠缺雙面向的記憶,即不應只有受害意識,也應反思自己,比如:華基政黨及其支持者是否也要負起一部份責任?客觀地說,他們的不理智也有份共譜出這齣馬來亞獨立後最大的悲劇,並使華人陷入長期的政治從屬地位與難以解魅的記憶恐懼。看來政府必須反思「五一三」,始能平撫華人心

中的沉痛與恐懼，華人也才能從「五一三」陰影中走出來。對於「五一三」，華人至今仍是猶如談虎色變，事實上沒有多少族群應該承受或者承受得起這種恐懼記憶的吞噬。當年的報章社論有言：

> 這些人命的損失，是無法補救，也無法補償的。我們只能希望，這次人命喪失這麼多，會給大家一種慘痛的教訓，永遠牢記在心頭。會使那些生存而身歷其境的人，更能夠了解精神善後的重要。（任重道遠的動亂善後工作，1969）

對照當年異常沉痛的「永遠牢記在心頭」呼籲，數十年後每個人似乎更應該叩問自己的良知：我們遺忘了那段歷史嗎？精神善後在哪裡？我們有勇氣正視那「淋漓的鮮血」嗎？但顯然的，「不提過去」或「不加追問」的立場在今天仍然佔據了市場。但反思「五一三」，議論「五一三」才是走出陰影的第一步，至少我們不應該忘懷死難者。數十年過去了，今天到底死難者家屬安在？可無恙？他們是如何度過那悲痛歲月的？一些重要的情節如到底是誰、通過怎樣的程序下才能開槍之類的問題仍是謎團一塊。直言之，這些基本的人道關懷竟然因為政治化的結果被徹底抵銷掉了。然而時至今日，我們是否可以認真思考為死難者豎碑，難道真的完全沒有這個政治條件嗎？

法國學者Jacques Le Goff曾呼籲「**探討記憶的專家——人類學家、歷史學家、新聞人員、社會學家——獻身於社會記憶的民主化的奮鬥**」，也值得全體大馬人銘記心中，這更是華社若欲促使自身的「五一三」民間記憶得以顯立以及發揮其活力所必須謹記的。歷史顯然不可被壓抑，而且還需要為它解魅。

如果歷史能因壓抑而不再重演,那自然是件大幸事。然而,許多事實已經告訴我們,壓抑反而是歷史再現的前奏。

第七章

「五一三」戒嚴中的華巫報章
敘事與官方論述的形塑

一、前言

　　如上一章所述，各族群對「五一三」有著自身的記憶與闡釋，而官方更控制各種社會輿論機制與言說空間，進行操作其記憶政治，這實際導因於各族群之權利分歧。然而，這些不同的闡述與記憶方式主要通過各自的語言媒體與輿論作為中介，故本章接下來將通過當時的中文《南洋商報》與馬來文《每日新聞》（Berita Harian）對「五一三事件」及相關發展之報導，管窺「五一三事件」戒嚴時刻的言說空間限度與政治環境下所形塑的各種敘事，尤其是官方論述。本章將分析從「五一三」暴動始，至7月底事件逐漸平息及各地陸續解除戒嚴為止之報章報導，並將其置於官方之政治論述以及當時國內政治中予以考察。本章希望藉此時段切入，揭示中文及馬來文報刊歷史敘事的差異，最後略微指出它們在馬來西亞族群記憶政治形塑中所起的作用。

　　事實上，正如前述，對於「五一三」的研究，除了官方論述之外，「五一三事件」並未有過真正的公開議論，因此留下許多想像空間與模糊地帶，這即是為何「五一三」被認為是「記憶政治」（memory politics）的一項顯例（許德發，2002：32）。這主要在於官方檔案之闕如與未開放，因此報章研究就顯得極為重要了。本章所探究的兩家報館分別是當時中文與馬來文最主要的日報。當時馬新分家不久，《南洋商報》自1968年即由吉隆坡報社所供應，1969年（五一三之前或之後仍待查）雖已分別編排，但兩地新聞互相交換（葉觀仕，2010：129）。《每日新聞》則是在1957年創辦於新加坡，「五一三」時應仍在新加坡出版，[1]加以「五一三」戒嚴時期，大報並沒有被完全禁

---

1 相關資料缺乏，但「五一三」戒嚴時期《每日新聞》只停刊二日，因此應不可能於吉隆坡出版。

止出版，只有小報受到勒令全面停刊，這有幸為我們提供一些當時的實際情境。新加坡《南洋商報》在事件爆發時沒有中斷出刊、《每日新聞》則停辦兩日。儘管當時政府成立新聞管制中心，專門提供官方的資訊（詳見後面的敘述），但我們依然可以窺視到這兩家報紙的報導手法與敘述。本章將嘗試從這兩家不同語言的報章敘述中觀察他們之間是否存有差異？而這些差異說明什麼？這對族群認知與想像之差異是否構成影響？同時，各語言報章與官方論述的關係如何？

除此之外，本章也嘗試關注在「五一三」戒嚴時刻的非常時期下，報刊中所透露的人民日常生活及其所體現的涵義。然而，由於報刊資訊所限，此一日常生活研究的意義在此只能做初步的探析。實際上，日常生活研究的理論告訴我們，日常生活也離不開政治，正如研究的學者所言，生活個體在日常情境中將一種隱蔽的政治秩序內化為自身實踐的法則（鄭震，2013: 77）。日常生活並非像其表象所顯示的在一種理所當然的秩序中運轉，日常生活也並非像其表面那樣平淡無奇、瑣碎無聊，它充滿著利益和力量的博弈，充滿著任意和專斷、支配和鬥爭（鄭震，2013: 78）。日常生活看起來總是一切照舊，彷彿唯一現實的就是不變的關係，不再有歷史的超越，有的僅僅是永恆的關係（鄭震，2013: 79）。然而，日常生活的實踐知識也會透露一種不同利益群體之間的張力，顯示了一種無意識的「弱者的實踐藝術」，即一種生活中的反抗態度，甚至它是構成狹義政治革命的重要基礎之一（鄭震，2013: 83）。正如列斐伏爾所指出的，社會的變革不能僅僅局限於那些高於日常生活的層面，缺乏日常生活之相應轉變的社會變革將難免失敗的命運（鄭震，2013: 85）。日常生活轉變是緩慢、微妙和難以察覺的，但日常生活是變革的動力源泉，乃變革的合法性和有效

性的基礎，同時也是阻礙和干擾這一變革的力量來源，並且構成這一變革所引發的諸多問題得以展現的最深刻和最微妙的鬥爭場所（鄭震，2013: 87）。在戒嚴生活中，華人又有怎樣的一種意識與作為？在結構與主體二元之間，他們顯現了怎樣的態勢？

二、戒嚴下的言說空間與報刊述事

有關考察官方記憶操作值得參考的媒介有很多，比如政府官方的文件、國會答辯記錄、官方講話，甚至相關教科書等（王廣濤，2017: 43），而本文則將主要通過政府對輿論與報導的限制與審查，尤其是官方文稿，同時輔以官方發佈的《五一三悲劇白皮書》作為分析途徑。《五一三悲劇白皮書》代表了官方對「五一三事件」的基本解釋，它是在事件後同年10月8日以英文、馬來文正式公佈（*Laporan Tragedi 13 Mei*, 1969）。[2] 所謂內部審查是指政府、警方、國家行動理事會等機構，對記者的報導在公開發行之前有形或無形之審查、或者因此形成的自我審查，及管制報章出版。當時，報紙、雜誌以及電視臺、廣播皆被作為重點審查對象。為了探析戒嚴時刻的報刊敘事，我們有必要先理解當時的官方控制行為。

（一）設立新聞管制中心與管制行動

「五一三」事變之後，政府宣佈戒嚴令並禁止出版報章，但在5月16日敦拉薩說，「關於新聞報章的出版，政府迫不得

---

2 〈騷亂白皮書已開始發售〉（1969）：（吉隆坡8日訊）五一三騷亂事件白皮書今日正式公佈。有英文本及馬來西亞語文本。每本售價一「元」。

已於今日上午宣佈暫時禁止報章的出版，我們知道報章一向和政府通力合作，政府非常感激，不過為了防止局勢的惡化，政府才暫時禁止報章的出版」，並出乎意料地宣佈各大報可以復刊（敦拉薩宣佈各級議會暫停其任務　聯盟將組過渡內閣　馬華議員將受邀入閣　義斯邁醫生重任內長　實施新聞檢查制度，1969）。然而，報紙復刊是以政府實施新聞檢查制度為前提。自17日起，政府開始實施新聞檢查制度，因此馬來西亞各大報可以依據這些條例於18日出版。這也就是說，報章基本停刊四日。與此同時，敦拉薩也在17日這一天正式宣佈成立「國家行動理事會」以負責治理全國安全，而一切法律與條例將由敦拉薩簽署始能生效（大馬副首相敦拉薩昨日正式宣佈成立　國家行動理事會負治理全國安全　法律與條例將由敦拉薩簽署始能生效　敦陳修信披露隆市各銀行明日將營業，1969）。值得注意的是，敦拉薩又補充說，「明天所發表的新聞檢查條例只是對大報章而言，其他小報暫時不准出版。希望這些報章負起報導的責任，使局勢得以恢復正常」（敦拉薩宣佈各級議會暫停其任務　聯盟將組過渡內閣　馬華議員將受邀入閣　義斯邁醫生重任內長　實施新聞檢查制度，1969）。易言之，大報如《南洋商報》、《每日新聞》得以繼續出版，小報則仍被禁止。5月18日，各大報章開始恢復出版與銷售。據《每日新聞》，上千人爭購重新出版的報紙，包括《每日新聞》、《海峽時報》、*Sunday Mail* 及另外兩家馬來西亞報紙。據報導，「讀者說，已經四天沒有報紙。五千份《每日新聞》從吉隆坡運往檳城，在二十分鐘之內即售完。《海峽時報》在封面中刊載了未運往檳城、從周三至周六的報紙封面」（Beribu2 berebut2 membeli akhbar, 1969）。然而如上所述，《南洋商報》與《每日新聞》由於在新加坡出版，前者其實正常出版，而後者則只停刊兩天。

實際上，在實施新聞檢查及新聞管制中心成立之前，報紙的「五一三」報導是相對比較鬆弛的。我們以《南洋商報》5月16日的報導為例，即可見之。[3] 由於這一報導難得可讓我們看到當日的緊張氣氛，這裡詳加引述：

> 當吉隆坡數個地區及八打靈再也今晨宵禁解除時，據悉發生數項事件。成群結隊的人民用今晨戒嚴令解除之時，集結在吉隆坡各地。今晨八時五十分，廿名青年在秋傑律與端姑阿都拉曼路（峇都律）交叉點想攻擊一名男童，警方開火，惟無人受傷。據悉有一批群眾圍集在默迪卡體育場，警察被調至該區以驅散他們。星期二晚騷亂達到高潮之吉隆坡中區，甘光峇汝及增光區於今晨七時三十分解除宵禁三小時。在甲洞、雙溪毛糯、梳邦、半山芭及蕉賴區宵禁於上午十時三十分解除，中午十二時三十分再實施。……至今已知有七十五人喪生，二百七十七人受傷，最少有三十間房屋及一百輛汽車、羅里車、摩托單車，史古打及巴士車被燒毀及破壞。一共有六百三十八人因觸犯宵禁令被捕——雪蘭莪一百三十八人，霹靂五百人。今晨有一名觸犯宵禁人士被開槍擊斃。儘管昨晚一直下著毛毛雨，吉隆坡各地及八打靈再也還是發生一些事件。不過警方說沒有發生重大事件。……
>
> ……在八打靈再也，警方施放催淚彈驅散群眾。警方亦收到（馬大）大學醫院受攻擊之報告。在沙叻秀群眾吹笛及擊鼓，警察被派往調查。**在八打靈再也的亞辛路一**

---

3 《南洋商報》於5月14日仍僅報導全國選舉消息，只在封面有一則簡短訊息說明戒嚴信息，到15日才大量報導五一三事件，包括一篇社論。16日則更全面的報導。

隊警察巡邏隊於午夜過後不久遭伏擊，警察開火，襲擊者
逃走。在八打靈再也及吉隆坡各地可聞數響槍聲，有一名
觸犯戒嚴令人士在半山芭被擊斃。在安邦路及馬六甲街地
區另有四人被警察開槍射擊，警方亦奉令在辛曼卡路見到
青年便開槍。今晨當戒嚴令解除數小時之時，局勢還是緊
張。有一對青年持鐵管，槍矛及其他武器走往雪蘭莪州務
大臣拿督哈侖之私邸時，警察馬上被調來保護。……另
一批武裝人士想進入默迪卡體育場，場內有一千名昨晚房
屋被燒以致無家可歸的難民留宿。手持巴冷刀之青年亦集
結在巴生路九支碑處，在從巴生路至中路路上據悉亦有發
生騷亂。軍隊在秋傑路巴剎開槍，在甘光峇汝附近之北京
路可聞及槍聲。在沙叻秀有兩派人馬發生衝突，增援警察
被派往鎮壓，在新街場路亦發生同樣的衝突，在八打靈再
也十四段巴剎軍隊開槍以阻止暴民發火燒巴剎。……上
午十一時三十五分在甘光班蘭的北干峇汝發現一具男人屍
體，在沙登有三人因擁有數發子彈被捕。今晨在中央醫院
附近關丹路發現一具屍體，在同區有兩人被捕。在聯邦大
道有兩輛汽車被暴民焚毀。（吉隆坡及其周圍局勢仍嚴重
戒嚴令解除期間 續發生暴動事件 喪生者達七十五人・
二百七十七人受傷 三十間房屋被焚毀・各種車子百輛遭
殃，1969）

　　從引文可見，報紙是以「據悉」來敘述各地區的失控實
況，也提及「吉隆坡各地及八打靈再也還是發生一些事件。不
過警方說沒有發生重大事件」。儘管報導也不完全詳盡，但卻
比較全面、猶如直擊報導敘述了吉隆坡各地零星的衝突，緊張
氛圍如四面楚歌躍然紙上，新聞敘述顯然是比較自由的。值得

注意的是，「暴民」一詞幾度出現。

　　5月23日，政府在憲報公佈「1969年必須（報章與其他刊物）條例」。條例規定：當局有權在任何時候規定任何刊物的業主、編輯、印刷人或出版人，或者是任何報章或任何印刷業主或經理，或者是任何要印刷出版物的人士，將要印刷的出版物提呈給當局，以便加以檢查。這項條例在政府憲報中進一步宣佈後，便正式生效（報章檢查條例絕對需要時　始加以實行　內政部常務祕書指出，1969）。然而，內政部長常務祕書錫阿都拉說，報章檢查條例只有在絕對需要時才加以實行。他針對憲報所公佈的這項條例說，公佈這項條例是要使政府在極端緊要的時候，可以採取適當步驟。他說，「雖然條例是存在，但當局盡可能不要加以應用。他說，在目前的局勢內，報章還是有自由。到目前為止，沒有任何報章所刊載的新聞，使當局有需要加以檢查。」「如果編輯繼續約束自己而不刊登任何會影響種族和諧的新聞，那就不必有任何檢查」（報章檢查條例絕對需要時　始加以實行　內政部常務祕書指出，1969）。其實這已說明，當時的言說空間都在官方的掌控之內，報刊都自我審查，不敢逾越城池。[4] 在5月29日，新聞管制中心指出，政府設立新聞管制中心，其責任並非檢查新聞，而是把國家重要的新聞供給大馬的公眾傳播媒介。這一中心是負責發放有關事件的新聞，報章基本也只能以此作為新聞報導。新聞管制中心一發言人說，它的目的是要向公眾傳播媒介提供事實，並確保這些傳播媒介從毫不受到懷疑的來源獲得消息。「由廣播電臺、

4　依據葉觀仕的《馬來西亞華文報業史》（2010），「……在緊急法令下在吉隆坡成立新聞管制中心，各報每天發刊的新聞，例必先行送往新聞處，由政治部與警方及新聞處三方人員先行過目，然後蓋章通過才准刊出，即使剪報也不例外」（頁126）。

電視臺及新聞部高級官員組成的新聞管制中心，是一個緊急的部門，負責發表各政府部門的新聞。它並非是更迭大馬新聞部任務的機構」（新聞管制中心並無檢查新聞 目的是供給重要新聞，1969）。換而言之，自5月18日之後，有關「五一三事件」的主要新聞基本已經是官方所發放。

對於外國刊物，政府也採取嚴厲立場。《時代周刊》由於報導了所謂「敏感內容」，而被禁止進入馬來西亞，直到相關內容被刪除方可上架。據《南洋商報》報導，「本期《時代周刊》現在已在書店中售賣了，不過雜誌中已少了兩頁。缺乏了第廿一及廿二頁的《時代周刊》已被送到各店售賣。根據目錄，缺少了的兩頁，其內容是被歸納在『世界新聞』裡」（同意刪除妨礙和諧報導 時代周刊被允許繼續在大馬售賣 新聞周刊迄今尚無反應，1969）。內政部常務祕書錫阿都拉告訴馬新社說，《時代周刊》的出版人代表昨日向內政部建議，將該周刊中對於馬來西亞種族有害的部份或報導加以除去（同意刪除妨礙和諧報導 時代周刊被允許繼續在大馬售賣 新聞周刊迄今尚無反應，1969）。同時他說：《時代周刊》的代表既然已同意除去具有偏見的那一部份內容，內政部就不再反對該雜誌5月23日在本邦銷售，而《時代周刊》與《新聞周刊》之被禁，不是因為它們是外國出版物，而是因為它們的報導會妨礙本邦的種族和諧。然而，《新聞周刊》的出版人或代表並沒有向內政部提出刪除的建議（同意刪除妨礙和諧報導 時代周刊被允許繼續在大馬售賣 新聞周刊迄今尚無反應，1969）。於此同時，國家行動理事會也下令採取嚴厲行動對付擁有因報導騷亂事件，而遭禁的外國雜誌及報章複印本的人士。新聞管制中心於6月9日發表文告稱，國家行動理事會已關注到許多人士擁有遭禁的雜誌與報章複印本，警方也被訓令加緊調查這類事件。新聞控制

中心說，「由於散播謠言及反國家份子的活動，是阻礙了局勢趨向正常，此已使到以前一些不受影響的地區產生緊張氣氛」（〈擁有外國刊物遭禁文章副本　當局將予嚴懲　局勢雖有改善　謠言造成緊張〉，1969）。

（二）當禍起蕭牆時：華文報「大局著眼」的表述

　　在上述嚴厲與有效的新聞審查背景下，若我們檢視當時的報導，在面對這一空前危機的時刻，作為華人社會喉舌的《南洋商報》在一週之內發了三則相關社論，但只能以一種相當委婉、「大局著眼」的方式來表述華人的情緒。這是在戒嚴時刻一種無奈的言說方式。在事變後的第三天，它呼籲人們要保持冷靜，不要感情用事，「國家有繁榮的經濟，其他的糾紛，就會跟著減少下來，而大局的穩定和安寧，才得到有力的保障」。同時，社論強調民主精神的重要性，即在民主國家裡，自然是允許各種不同的意見有機會發表他們的主張，而持有相反意見者，也同樣有機會發表自身的主張。因此它主張「君子之爭」，就是動口不動手。但又強調，動口也要有涵養，要有分寸，不然可能會引起惡劣的後果。顯然，這就是華人社會所慣用的「大局」修辭，強調「相忍為國」。最後社論呼籲：

　　　　當禍起蕭牆，事變倉卒後，人民應該盡量表現鎮定、控制情感，以鎮定來避免形成事態更惡劣化，同時遵守當局所頒佈的種種緊急措施命令，更要衷誠跟政府合作，以便能夠在最可能的短短時間內，把社會上的安寧秩序迅速恢復。這個不是關於一個人或一種人的事情，而是關於大家全體的幸福！……在這種危急時期，以牙還牙的態度，絕對不是良好的政策，絕對不是解決危機的辦法。唯一能

夠解決危機的辦法，就是要鎮靜應變，以冷靜的頭腦來分析事態，用精誠合作，來執行政府維持治安的命令。只有這樣，當禍起蕭牆，事變倉卒時，才能化險為夷，為大家再度建下幸福康莊的大道。（當事變倉卒，禍起蕭牆時，1969）

事實上，除了呼籲大局著眼、冷靜應變之外，中文媒體可以如何言說呢？

5月19日，另一篇社論則直指「在社會國家的立場來說，任何騷亂事件都是一種病態現象」，並引了古說「豈見覆巢之下，復有完卵」，呼籲人們同舟共濟。它也呼籲尋找事件發生的遠因與治本的方法，就是超越私人或團體利益，並把問題含混地指向「社會上一部份人士看不清事實，或對社會國家利益沒有明確認識的緣故」（一切以社會國家利益為重，1969）。

慘劇發生一週之後，局勢比較明朗之時，《南洋商報》仍維持平和、克制的姿態，但顯然掩飾不了處在即時現場的沉重憂患。社論已預示了難以痊癒的華人精神創傷。這篇題為〈任重道遠的動亂善後工作〉指出：

這次**禍起蕭牆**，事變後，秩序雖可恢復，但大家心裡直接間接，都有深淺不同的傷痕。這種創傷要長久的時間才能痊癒。短時期內，傷痕猶新，腦海中的記憶猶新，要通通把它忘掉，是不會那麼容易的。就因為如此，精神的善後工作，就比物質的善後工作，更重要幾百倍。原因是只有長久的時間，才能把傷療治好，才能把記憶沖淡。（任重道遠的動亂善後工作，1969）

　　這一平和的言說透露出深切的華人傷痛，已預知到悲劇記憶不易處理的問題。值得注意的是，《南洋商報》連續兩篇社論皆以「當禍起蕭牆時」來表述此一族群悲劇。「禍起蕭牆」這個成語實源自《論語・季氏》：「吾恐季孫之憂不在顓臾，而在蕭牆之內也。」當時的季孫氏是魯國最有權勢的貴族，把持國政，專橫一時，想攻佔魯國的一個附屬小國顓臾，以擴大自己的勢力。孔子聽說後，認為季孫之憂不在外部，而在國內。蕭牆之內指的就是魯國國君魯哀公的宮內，後世用禍起蕭牆來比喻禍患起於內部。如《秦併六國平話》卷下：「祖舜宗堯致太平，秦皇何事苦蒼生？不知禍起蕭牆內，虛築防胡萬里城。」社論作者是否有意說明，這一暴動是出於政府內部麼？這我們不得而知。此外，社論也提及，「……至於絕對沒法補救的損失就是那些人命的死亡。我們深信，在這些死亡當中，大部份都是遭殃的池魚，根本與事態本身沒有直接關係。不幸在危險環境之下，無辜喪生。這些人命的損失是無法補救的，也無法補償。我們只能希望，這次人命喪失那麼多，會給大家一種慘痛的教訓，永遠牢記在心頭。會使那些生存而身歷其境的人，更能夠了解精神善後的重要」（任重道遠的動亂善後工作，1969），似乎有意透露了華人死亡人數的巨大與無辜，但華人卻只能把它當做一種教訓，此外無他法。社論深刻指出了「任重道遠的精神善後工作」，但如今再來回望此言，我們不得不叩問究竟五十年以來有何精神善後工作？

（三）建構「三黑份子」：馬共、黑社會與歹徒

　　「五一三」事變後第五日（5月18日），東姑通過電視臺公開指責「五一三事件」的罪魁禍首是三大群體（tiga golongan）——馬共、黑社會與歹徒——他們必須共同為

「五一三」負責。實際上，一開始時，東姑把事件之發生歸咎於共產黨份子，但他自稱，「情報單位報告也認為接受酬勞的歹徒（叛徒）與黑社會」必須負責（Laporan wartawan-wartawan asing-Tengku merasa dukacita, 1969）。他說，他知道酬勞是從哪裡來的，而這些群體對巫統獲得比他們預期更多席位而失望。他們開始時期待馬來票被分裂，因此他們希望藉此弱化馬來人的實力（Tengku: Ada 3 golongan yang mencetuskan kekacauan, 1969）。這可說已定調（keying）了政府的「三黑份子」論述建構。在同一天晚上，東姑也說，對外國媒體報導非常難過，因為他們對這幾天發生的暴動報導不正確。他說，他們沒有辨別忠誠的華人與共產黨恐怖份子、歹徒和私會黨。外國媒體把華人放進一個單一的群體中。東姑強調，政府只對付歹徒。「如果他們（外國記者）想要協助我們，應該報導正確的新聞。或者，他們可以把七百位被逮捕的歹徒帶到澳洲和英國或任何其他他們所報導的地方」（Laporan wartawan-wartawan asing-Tengku merasa dukacita, 1969）。必須指出，這一新聞最難得之處是透露了首當其衝的華人處境，是難得一見的非「空白論述」（下文將敘述）。

這一論述其後獲得副首相進一步的論證：

Kuala Lumpur, Isnin.--pasukan keselamatan malam tadi menangkap sa-kumpulan ramai anasir-anasir Komunis dan anti-Nasional di Kuala Lumpur, Timbalan Tun Razak mengumumkan hari ini...Setakat ini, kerajaan telah menangkap 150 orang Komunis. (Ramai lagi anasir-anasir komunis diberkas. berkurung kendor lagi,1969)

[吉隆坡，週一訊。保安部隊晚間已在吉隆坡逮捕了一眾共產與反國家份子。副首相敦拉薩今天公佈⋯⋯至今為止，政府已經逮捕了150名共產黨人。]

繼東姑的論述，敦拉薩鋪以數據，更進一步強化了此一論述。但值得注意的是，這些報導在《每日新聞》獲得了比較廣泛的報導。據《每日新聞》報導，5月19日再有六百名共產黨歹徒（penjahat komunis）被逮捕（600 lagi penjahat komunis diberkas, 1969）。相對的，《南洋商報》則似較少顯著報導，比如同一日的中文報即沒有提及六百名共產份子被捕之事。5月20日的《南洋商報》新聞則有提及上述150位被捕一事。顯然的，這似乎表明《每日新聞》比較回應與接收官方論述。

可以這麼說，在「五一三」導因的官方論述中，關鍵詞是共產黨份子，另外就是私會黨了。在某個程度上，「五一三」甚至從種族衝突變成一個私會黨事件。私會黨的責任在《五一三悲劇白皮書》發佈之後得到了完整建構。綜觀《五一三悲劇白皮書》，它追溯華人南來之時就帶來了黑社會，而這些黑社會是破壞性的，包括它造成簽署邦咯島條約：

Sudah menjadi kebiasaan bagi kongsi2 gelap ini menguasai setengah2 golongan masyarakat China. Kegiatan2 mereka diperhatikan, makin menjadi-jadi dalam tahun2 kebelangan ini. Dalam masa pilihanraya umum yang lepas, kongsi2 gelap menpengaruhi gerak langkah politik beberapa calon. Di setengah2 kawasan, hampir2 mustahil bagi calon2 hendak berkempen tanpa membayar "wang perlindungan". Paksaan dan ugutan merupakan cara2 yang biasa digunakan bagi mendapatkan sokongan semasa kempen pilihanraya di beberapa kawasan, terutama sekali Kuala Lumpur. Setengah2 ejen kongsi gelap itu, didorong oleh tujuan2 perkauman, memang sengaja hendak menimbulkan suasana tegang antara kaum supaya keadaan negara menjadi lemah. Sudah pun dapat dipastikan bahawa ada pertalian antara gerakan kongsi2 gelap dengan pergaduhan kaum di Kuala Lumpur. Setengah2 samseng kongsi gelap itu diketahui menjadi ahli cawangan2 Parti Buruh Malaya yang dikuasai oleh komunis. Mereka bertindak untuk kepentingan mereka yang tertentu, iaitu supaya keadaan sentiasa tegang dan mereka dapat melakukan pemerasan dengan berleluasa. (*Laporan Tragedi 13 Mei*, 1969: 29-30）

此段馬來文報告指出，黑社會掌控了部份華人，而在全國大選期間黑社會組織甚至影響了候選人的行動，一些地區的候選人若沒有付予保護費，將無法進行選舉運動。一些黑社會代理亦為種族目的所支撐，刻意製造種族之間的矛盾，以使國家弱化。報告書亦指出，已有證據證明此次吉隆坡種族爭執與黑社會組織有關聯，一部份黑社會流氓已知乃馬共控制的勞工黨支部會員。顯然的，在經過這一歷史脈絡化之後，形構出一個包含毛代理者、祕密組織和歹徒的三黑份子論述。這一論述勾劃了私會黨與種族主義及共產黨的關聯。官方的敘述與《每日新聞》之報導，可說強化了私會黨、共產黨的匪類形象。易言之，當局利用了媒體構框（framing）與定調（keying）「五一三」騷亂性質中的共產黨與私會黨因素。

（四）空白處：性別、族群、身份、暴民

如果說，馬共、黑社會與滋事份子（歹徒）是三大黑類，他們共同成為「五一三」事變的導因、罪魁禍首，他們是悲劇中官方論述的彰顯點，但檢視當時的報導，面對這一空前危機的時刻，《南洋商報》或《每日新聞》的敘事有一個明顯的共同點，就是有四大空白處：**沒有性別、族群，也沒有死難者的身份**，更沒有死難者家屬的情緒、悲號與反應，**暴民亦缺席**，只有數目字。舉例而言，至5月19日止，政府宣佈共有一百四十七人喪生，三百二十一人受傷，但沒有死難者的名字與族群身份（大馬局勢全受控制逐漸好轉　政府進行大逮捕　迄昨一四七人喪生‧三百二十一人受傷　南下北上火車恢復載客服務，1969）。在6月28日發生的洗都（Sentul）衝突中，同樣就沒看到任何種族標記、死難者身份。實際上，這一事件是印度人與馬來人之間的衝突，[5]但在媒體報導中，完全空白了。如《南洋商報》依據新聞管制中心的敘事：

（吉隆坡廿九日訊）由於一宗兩人喝酒後所發生的口角事件，使到昨日下午吉隆坡發生多宗意外事件，結果造成五人喪生及一些人士受傷。新聞聯絡中心今日發表說，昨日下午五時五十五分左右，本坡秋傑律有兩名人士因喝酒後發生吵架。這醉後口角事件引起連鎖反應，被以為就會發生連鎖事件，使到這條街道及鄰近街場的商店相繼關門，行人感到徬徨。這項局勢很快地蔓延到本坡其他地區，警方立刻出動新聞部流動廣播車輛，安定民心。新聞

---

5 柯嘉遜的書略有提及（Kua Kia Soong, 2007:70-71）。

聯絡中心指出，散播謠言者及不良份子利用這項局勢，下午六時零七分，蕉賴路有一群青年向川行車輛擲石頭，至下午六時四十分，本坡太子路有一名人士被一群無賴之徒圍攻而受傷，傷者被送往本坡中央醫院救治。隨後，本坡洗都巴剎一間房屋被一名或多名不明身份者放火，此項事件之後局勢惡化，人民亦感到驚慌。……隨後警方接獲一宗火燒事件發生後，被派遣到洗都地區執行治安任務的警方人員，在洗都巴剎發覺有大群人在滋擾，警方向天空開槍驅散之，這些人很快的便離開。在現場，警方發現兩名喪生者及四名受傷者。……同時在洗都巴剎內區，一排住屋被人放火焚燒，消防隊被召前往救火，在火場附近，發現有數名受傷者，這些傷者被送往中央醫院，其中有兩名喪生，其餘的都留在醫院救治。（兩人醉後吵架起連鎖反應 謠言滿天飛到處有人滋事 吉隆坡復發一場騷亂 五人喪生另一些人士受傷 縱火事件多起局勢受控制，1969）

從以上引言即可知，洗都事件的導因是「一群無賴之徒」、「大群人」、謠言者、不良份子，然而這些都是空泛的名詞。此處衝突的主體——印度人與馬來人——種族、種族主義問題消失了，空白處都由謠言與無賴所填補。

政府在較後時，針對洗都衝突進一步說明原因與情況。「敦義斯邁醫生今日向全國人民保證，身為內政部長及國家行動理事會理事，他將使到保安部隊在執行維護法律與秩序時沒有偏袒及歧視態度。」「他指出，上月廿八日本坡洗都發生的新騷亂事件，曾使到六人喪生，十七人受傷，廿四間房屋被焚燒，由於保安部隊採取迅速行動，局勢已受到良好控制，迄今為止，共有四十七名因與上述事件有關的人士被逮捕。敦義斯邁

也說，在騷亂事件中被拘捕，且目前還沒被釋放的滋事歹徒、顛覆份子、私會黨份子及攜帶攻擊性武器者，正受當局調查，一俟調查完畢後，這些製造麻煩者，非公民將被驅逐出境，非土生公民將被褫奪公民權，土生公民將受到適當法律制裁」（馬內政部長保證保安部隊 執行維護法律沒有偏袒態度……，1969）。再一次，此處又回到了三黑份子建構，沒有種族（及種族主義者），暴動中竟然「暴民」缺席，歷史中沒有野獸。

在做出這項廣播時，他難得地發佈了從5月13日到七月初的各項數據。他說：

> 我今晚發表廣播，因為我覺得由於上周末的事件而產生緊張與不安感覺，我有需要向諸位作解釋及保證。……由於這些新的逮捕行動，由五月十三日至昨日上午十時為止，當局總共逮捕了八千一百一十四人，曾經有一些謠言說被保安部隊所逮捕的人士中，只是某一種族人士而已，在這裡，我得很清楚的否認此項說法；自五月十三日與騷亂有關的被捕人士中，包括大馬所有主要種族人士，但基於保安理由，不宜發表拘捕者的種族數目。大部份被拘留的都是觸犯戒嚴令、滋事、散播謠言，私會黨徒及攜帶攻擊性武器者，其中有四千一百九十二人已被提控於法庭，六百七十五人已被具保釋放，一千五百五十二人獲無條件釋放。其他的拘捕者，包括幾乎全部都是歹徒，顛覆份子、私會黨份子及攜帶攻擊性武器者，還遭受拘留，當調查工作完畢後，這些滋事者……」。（馬內政部長保證保安部隊 執行維護法律沒有偏袒態度，1969）

同樣的，這裡也有數目字，但只有歹徒、顛覆份子、私會

黨份子——不論何種語文的報刊，這裡沒有死難者的名字、家屬的哀嚎聲，更沒有情緒的宣泄，這裡值得叩問的是：他們命運如何了？家屬情緒如何宣泄？然而，一切在保安理由下，「自五月十三日于騷亂有關的被捕人士中，包括大馬所有主要種族人士，但基於保安理由，不宜發表拘捕者的種族數目」，死亡在那一霎那間似乎都是沒有特別意義的。實際上，警方被賦權以埋葬騷亂中的死難者，他們悄悄地處理了死難者的後事。這是由敦拉薩作為國家行動理事會主任所簽署的指令，並於憲報中公佈。它也確認不必追查在騷亂中去世者的死因。同時，ASP等級的警官可處理死難者屍體，但是必須確認其身份。警察及軍隊在騷亂中去世者也可由警方埋葬（Polis diberi kuasa tanam mayat korban kekacauan, 1969）。

在這一時刻，我們往往只能從政府回應或辯解外國媒體的指責中，始能看到非空白的種族身份。比如，敦拉薩在宣佈政府即將實施新聞檢查制度時，針對外國通訊社的報導時即指出：「我們沒有將武器供給馬來人或唆使他們去打華人，這種報導是完全沒有根據的」（敦拉薩宣佈各級議會暫停其任務 聯盟將組過渡內閣 馬華議員將受邀入閣 義斯邁醫生重任內長 實施新聞檢查制度，1969）。顯而易見，在戒嚴時刻，對官方而言，報紙的功能之一是在於透過記者（官方提供的訊息）類型化的報導與敘事，將複雜的社會世界賦予結構與秩序，形成集體化的知識符碼，成為世界所以有意義的信念體系（黃順星，2018: 95-96）。通過新聞提供與限制，政府提供了一種類型化的報導與敘事，逐步形成有關「五一三」並非特定族群受害印象，這裡也沒有種族主義者暴民，嘗試以此塑造集體記憶與認識。

三、戒嚴時刻下的民間生活

如上所述，日常生活的實踐知識也會透露不同利益群體之間的張力，顯示了一種無意識的「弱者的實踐藝術」，即一種生活中的反抗態度，甚至它是構成狹義政治革命的重要基礎之一（鄭震，2013: 83）。那麼，在「五一三」戒嚴生活中，一般人們是如何度過呢？華人社會又在日常生活中透露出怎樣的意識？

（一）謠言的興起、官方應對與一種抗議

從報章的敘事中，明顯可見的另一個關鍵詞是──謠言，它可說是「五一三」戒嚴時刻日常生活中的常態。由於戒嚴時期族群之間的緊張關係以及新聞管制，誠如澀谷保所指出，當民眾對新聞的需求大於制度性管道的信息供應時，就會大量繁殖謠言（胡泳，2009: 67-94）。因此，對謠言內涵的演變以及謠言在現實中發生的相關語境進行認真考察和研究，將有助於提示官方文本、主流思維之外的另類謠言觀，解讀特定歷史時空中造謠、傳謠的群體心態和社會氛圍，描繪出更加多維度、多層次的歷史圖像。無論是政府、媒介還是民間機構，無不把謠言作為腐蝕士氣甚至產生破壞的一個潛在源泉，謠言控制的想法也隨之提上日程。但實際上，謠言是社會失序的一個結果，是社會態度和動機的一種投射（胡泳，2009: 69）。從人民角度而言，「為了明智地行動，人們對新聞加以尋求，而謠言基本上就是一種新聞。」[6]澀谷保甚至把謠言與新聞並列，為我們開

---

6 原文見 T. Shibutani, *Improvised News: A Sociological Study of Rumor*, Indianapolis, IN: Bobbs-Merril, 1966, p. 17（轉引自胡泳，2009: 74）。

啟了一扇理解謠言的新視窗（轉引自胡泳，2009: 74）。它顯示了報紙和廣播中的新聞也不一定是客觀的和真實的，而是攜帶很多價值觀主導的意見和假設。

人們一般向政府當局或是媒介籲請真相，把證實的責任交付給它們，但謠言卻打擊這一過程。這就是為何政府當局常會控制或否認謠言，因為他們擔心謠言會引發公眾的動盪、恐慌或是不滿（轉引自胡泳，2009: 73-74），在「五一三」戒嚴時期尤其從政府態度、特別嚴厲的官方行為及法庭案件特別多可見之。如上面已引述，新聞控制中心說，「由於散播謠言及反國家份子的活動，阻礙了局勢趨向正常，此已使到以前一些不受影響的地區產生緊張氣氛」（擁有外國刊物遭禁文章副本當局將予嚴懲 局勢雖有改善謠言造成緊張，1969）。可見「謠言」在官方眼中是暴動的起因之一。在「五一三」戒嚴令下，傳播謠言是一種刑事罪行，根據內部安全法令第廿八條，散播謠言者可被罰款一千元，或坐監一年，或兩者一起執行（敦拉薩呼籲公眾人士不要聽信謠言 雪州警方昨擊破無稽謠言 甲一名老人涉嫌散播謠言被捕，1969）。副內政部長韓沙阿布沙末即警告人民以便警惕破壞份子正在傳播謠言，以達致引起不安的目的。他說，顛覆份子正在趁此惡劣環境採取傳播謠言以恐嚇人民（Hamzah: anasir2 jahat sibar khabar2 angin, 1969）。 司法部長拿督干尼基隆也促請人民勿聽信無根據的謠言，俾使本邦的局勢會好轉（司法部長呼籲人民無信謠言，1969）。依據官方數據，單至5月19日，被捕的人數共有三千零五十二人，其中大多數即包括散播謠言者，以及違反戒嚴令與攜帶傷人武器者（馬國家行動理事會首次會議 商維持治安步驟……，1969）。《南洋商報》報導，即便輕微的、或看起來無關痛癢的謠言傳播者也被控上法庭。一名男性林清保（譯音）由於涉嫌散播謠

言，而被控於地方法庭。控狀指他曾於騷亂期間散播謠言，說
「**車輛不能駛入吉隆坡**」。被告起初否認是項指控，但一聽到庭
主蘇萊曼哈欣要將他扣押一星期，並訂於6月2日審訊時，焦急
地說，「我不要被扣押一星期，我現在認罪了！」庭主說：「這
件案不是很嚴重的。」「站在犯人欄裡頭的被告聽到這句話，又
再次反悔自己認罪的決定；他臉部呈現頹喪的神色，不斷搖頭
說：我現在不認罪，我準備接受審訊。」「結果，庭主蘇萊曼將
此案訂於今年六月二日審訊」（涉嫌縱火散播謠言兩人被控　訂
期審訊，1969）。

　　謠言既是社會現象，也是政治現象。謠言與當局的關係
是：它揭露祕密，提出假設，迫使當局開口說話，同時，又對
當局作為唯一權威性消息來源的地位提出異議。所以，謠言構
成了一種反權力，即對權力的某種制衡。[7]因此不難理解，為何
官方即便如此嚴厲對付謠言，但謠言仍然持續不斷，可見謠言
是一種反抗。在針對洗都衝突中，敦伊斯邁說：

> 　　他感到非常驚奇，因為從一些接獲的報告中，有許多
> 受過教育的人士也對散播謠言負起責任，政府嚴重關注這
> 類活動，他希望這些人士應對自己這種行為而感到無限的
> 羞恥，作為受過教育的人士，不止應該不受謠言所動，是
> 應該教導受較少教育的人士勿聽信謠言。他呼籲所有效忠
> 國家的公民，應迅速寫信到信箱五零零零號，向當局投報
> 任何散播謠言及不良行為事件。（馬內政部長保證保安部
> 隊　執行維護法律沒有偏袒態度，1969）

7　見卡普費雷（Jean-No Kapferer）著，鄭若麟、邊芹譯，《謠言》（*Rumeurs*）（上海：上海人民，
1991），頁14（轉自胡泳，2009: 76）。

　　從報導可見，謠言也成為政府眼中的問題導因，與三大黑份子一起構成了官方的重大導因論述。

　　在謠言傳播的整個過程中，社會各方（主要是指下層民眾、官員、甚至西方人士）的反應速度並不同步，對待謠言的態度和措施也不相同，而這種意見的分歧使得整個社會在謠言面前變得四分五裂，形成不了目標一致的合力，從而導致謠言更加猖獗，社會更加動盪。對於謠言，《南洋商報》特別寫了社論：

　　　　傳播謠言的人，有的根本出於無心。因為人心不安，急於要打聽消息，同時又因為動亂時期，消息特別多，大家又不知何者是真那樣是假。因此有聞必傳，結果就中了人家謠言攻勢的詭計。我們了解了宣傳技術，人民一定就要在心理上有自衛的準備。……心理上的自衛，目的就是要對付搗亂份子的謠言攻勢。當謠言傳來時，聽的人第一步應該用冷靜的頭腦加以分析，謠言是這麼說，但是有沒有可能？那樣可能嗎？那方面的情形是不是這樣？我們這方面是不是這樣？做冷靜的分析後，再拿所傳來的謠言，跟當前你所曉的局勢，來作一個對照比較。謠言經過這一番的分析對照後，就會原形畢露，證明是毫無根據的。……在動盪時期，人民最要緊的是力求鎮定，頭腦一定要冷靜清醒，千萬不要輕信各方的傳聞，不要不假思索，不加分析，不加對照，因信謠言而庸人自擾。何況輕信謠言者也是會傳播謠言的人，而傳播謠言更是可以惹來絕大的災禍的。（人民心理上的自衛與謠言攻勢，1969）

　　商報社論基本呼應了官方立場，呼籲勿輕信謠言，然而

卻也透露了華人社會作為衝擊最大的社群，謠言傳播之嚴重程度。它可謂超越了官方控制謠言所制定的「結構」，謠言依然熱烈，以致商報必須特別發表社論。

（二）日常生活作息與族群關係

「五一三」爆發，政府即發佈了戒嚴令。雪州警方宣佈由5月13日晚上七時半開始，吉隆坡全市戒嚴二十四小時。檳城則是在14日凌晨一時實施全日戒嚴（繼吉隆坡宣佈戒嚴之後 雪靂及檳城 亦實施戒嚴，1969）。直至15日，吉隆坡才部份解除戒嚴二至三小時，以讓人們出來購物。[8]隨後政府逐步放鬆戒嚴時間，至7月份是於上午五時解禁至下午六時。各地實施戒嚴時間也不一致，往往發生案件如縱火等則會重新延長戒嚴令。如吉輦四地即恢復全日戒嚴，因為一人被殺及一屋焚毀（一人被殺一屋焚毀吉輦四地恢復戒嚴 今晨七時至九時暫解除 其他地方戒嚴時間不變，1969）。在戒嚴時期，獲得通行證僅有新聞從業員、親善委員會委員、救傷隊人員、自願服務機構等，醫生除了領有通行證之外，當局尚發出汽車招貼，方便他們的服務，有一些在警察局被困的公眾人士也得到上述通行證，不過他們的通行證內有明指在某一段時間內可以使用而已。但在駐有軍隊的敏感地區則除外。通行證是在5月14日週開始簽發的（自騷亂發生以來 吉隆坡警方發出逾五千張通行證，1969）。然而，一般民眾仍無法適應這一戒嚴，這一點可從違反戒嚴令被控者數目之大得以窺知。據報章的報導，僅三

8《南洋商報》：「星期二晚騷亂達到高潮之吉隆坡中區，甘光峇汝及增光區於今晨七時三十分解除宵禁三小時。在甲洞、雙溪毛糯、梳邦、半山芭及蕉賴區宵禁於上午十時三十分解除，中午十二時三十分再實施。……」（吉隆坡及其周圍區勢仍嚴重 戒嚴令解除期間 續發生暴動事件 喪生者達七十五人‧二百七十七人受傷 三十間房屋被焚毀‧各種車子百輛遭殃，1969）

個地方法庭就收取總共117,000馬幣之罰款，即自5月14日開始，一週之內，怡保區有五百九十二人因違反戒嚴令而罰款。同時，在實兆遠，有三位男士被罰三十元，安順區則有兩位被罰四十元（Mahkamah dapat \$11700 dari wang2 denda berkurung, 1969）。在戒嚴時期，法庭照常開啟，以審訊違反戒嚴令者，罰款從十元到一百元，依據其違反的時間而定（Mahkamah dapat \$11700 dari wang2 denda berkurung, 1969）。人們的生活作息與經濟活動又如何呢？據報導，「……欲出海捕魚的漁民，須與村長或縣長聯絡」（吉隆坡局勢仍緊張 其他地區保持寧靜 戒嚴解除時間並無更改 商店不應提早停止營業，1969）。

　　對於學生上學問題，長時間的戒嚴造成了巨大影響。吉隆坡與八打靈的中學三年級以上的學生，於6月2日才回返校念書。雪蘭莪州教育局因此草擬了一項「特別計劃」，以使州內的學校可彌補由於騷亂所損失的上課時間。雪州教育局長威維干達在6月2日時對馬新社說，我們可能實行週末上課，特別是為要參加考試的班級。他說，當局也可能縮短第二學期的假期。他指出，教育局與教育部的官員都在考慮這些可能的步驟。他說，「當局還未決定戒嚴地區的中學一、二年級以及小學將在何時恢復上課。……此事須視解除解嚴的時間而定，因為我們還要顧及下午班的復課。一俟當局認為學生上課安全時，便會回復上課」（隆及八打靈中三學生今日復課 教育局草擬計劃彌補損失上課時間 小學復課日期尚未決定，1969）。另一方面，校長與職工會領袖都歡迎全國行動理事會的決定，讓中學高年級提前復課。吉隆坡聖約翰校長楊修士說，這將使學生們尤其是要參加考試的學生，可以恢復念書，以準備參加考試。他也歡迎教師為學生開補習班，以便學生補回他們的功課（隆及八打靈中三學生今日復課 教育局草擬計劃彌補損失上課

時間 小學復課日期尚未決定，1969）。全國教師職工會總祕書古魯三美也歡迎中學高班級復課。他說，我們要勸告教師在適當時，為學生開班補習功課，同時調查一些受騷亂影響的學生之需求（隆及八打靈中三學生今日復課 教育局草擬計劃彌補損失上課時間 小學復課日期尚未決定，1969）。

更值得注意的是，商品在鄉村與城市流通也成問題。有一則新聞值得留意，即馬華商聯會會長丹斯里陳東海駁斥華人杯葛馬來人的榴槤之謠言。他對馬新社說，本邦內的所有華人商會已經受到指示，以便與聯邦農業銷售局合作，俾確保水果從鄉村順利流入城市內。他希望局勢不久將恢復到正常，以使華人可以去甘榜買果子。同時，馬來人可以來到市區出售他們的水果。「聯邦農業銷售局已經收到通告，假如他們面對困難，商聯會是準備將貨物運送到中華大會堂，而不是惹蘭麥斯威的批發巴剎。」（丹斯里陳東海談話華人杯葛榴槤，1969）這似乎說明，華人杯葛馬來人的水果，當然也極可能是種族關係緊張，造成華人不敢進入馬來鄉村。實際上，當時吉隆坡華人也曾自發性地不吃馬來人的Satay，聊以抗議，一些華人若光顧會被責備（許德發，2002: 37）。由此可見當時緊繃的種族關係，這也可視為是一種華人社會通過日常生活抗議五一三事件發生。

在此時期，一切娛樂活動也被終止，重災區雪州政府在一個月內其娛樂稅收入損失五十萬元（雪州政府對於娛樂稅收發生騷亂以來 損失五十萬元副州大臣在適耕莊透露，1969）。戒嚴時期，失蹤問題亦是另一個問題。政府在5月23日於聯邦大廈的教育部設立中心，協助尋找自從吉隆坡與八打靈再也第一次實施戒嚴以來，至今尚未歸家的失蹤事件（當局設中心助公眾人士尋找失蹤者，1969）。馬來西亞紅十字會尋人中心也接獲一百三十宗尋人事件，該會的一名發言人透露，該會曾

促使三十五名人士與家人團聚。在多宗失蹤事件報告中，也有失蹤者自動返家而沒有通知該會。除了十一宗尚未被解決外，其他都有了答案。該尋人中心是設立於5月15日，範圍包括新加坡及檳城（馬紅十字會尋人中心盡力協尋十一報失事件，1969）。《南洋商報》記者馮時強亦失蹤兩週，後終尋獲（本報職員 受傷刻留院療治，1969）。據報導，吉隆坡發生騷亂事件中，兩華籍稚齡兄妹誤入巫籍住家，因此福利官希望與其家屬取得聯絡（吉隆坡發生騷亂事件中 兩華籍稚齡兄妹入巫籍住家 福利官盼與其家人聯絡，1969）。

（三）掃蕩私會黨、罪案與私會黨的衝擊

前面已經提過，政府把一切問題歸納為滋事份子（歹徒）、共產黨份子與私會黨徒。故此，私會黨面對前所未有的嚴厲掃蕩行動，受到嚴峻且巨大的衝擊。雪蘭莪警方接獲副首相敦拉薩的指示後，即宣佈正展開積極掃蕩私會黨徒的行動，加緊對付州內的不良份子。州警長阿里菲指出，「警方將採取全面性的行動對付州內的私會黨徒，他籲請公眾人士與警方合作，提供有關私會黨徒的活動」。他說，這種不良份子應該被鏟除，因警方知悉在騷亂事件中，不少私會黨徒曾參與活動。警方在騷亂事件發生後，曾在多處地方突擊搜查，包括新街場路、陳秀蓮路、古路律、秋傑律、冼都與武吉免登律，約有二千四百名涉嫌私會黨徒被帶返警局詰問，其中二百名活躍的私會黨徒被送至檳城一島中勞改，這二百名私會黨徒不少是黨魁（雪警方正展開掃蕩行動 對付私會黨徒 希望公眾合作，1969）。可見「五一三事件」的意外影響是，私會黨幾乎面對滅頂之災。

為了因應此一時局，私會黨也有所變化，他們內部開始

凝聚起來。警方揭露，首都私會黨改變策略，各派放棄地盤觀念，互通聲息，逃避追緝。當時的雪州刑事調查主任高金清助理警察總監披露，大體上私會黨活動已受控制，但吉隆坡各地區的私會黨已揚棄區域的界限限制，加強流動性，以逃避警方耳目（警方揭露首都私會黨改變策略，各派放棄地盤觀念，互動聲息逃避追緝。高金清助理警監昨日談話指出　一般上私會黨活動已受控制，1969）。高氏這項揭露恰與內政部長敦義斯邁醫生於7月7日在一項全國廣播演詞中所揭露的私會黨進行大合併事件相吻合。他說，私會黨組織過去一向的習慣是各搶一方作為地盤，在該地盤內的一切利益均屬該黨所有，而為了避免其他黨派侵入，各私會黨都會嚴守陣地，不准其他黨派越雷池半步。所以，他們的地盤界限極嚴，往往因越界爭地盤而進行格鬥屠殺。然而，依據警方所獲得的情報顯示，各私會黨已摒棄界限觀念准許其他黨派進入自己的地盤，加強流動，以逃避警方逮捕。高氏指出，雖然私會黨徒多方面的匿藏逃遁，但大部份私會黨活躍份子經被扣捕，他們的活動已受到適當控制。《南洋商報》也報導，依據另一方面的消息，目前半山芭及武吉免登、甘榜汶萊數地區的私會黨徒，包括小梅花、十三麼、十八羅漢、紅花等，已非正式地互通聲息，他們此舉是一種臨時措施，因他們大部份的首領已遭逮捕，所以需要暫時聚集一起以加強力量，進行各形式的勒索行為。其他地區的私會黨徒，如市區街場的龍虎黨、二龍虎、陳秀蓮的二和四、老軍，峇都律的三六零、紅花、龍虎堂二十一兄弟，孟沙律的三六零、一零一，十八碑的二和四、三六零及零八，洗都區的一零一及三八、紅花等已失去活動力量，名存實亡（警方揭露首都私會黨改變策略，各派放棄地盤觀念，互動聲息逃避追緝。高金清助理警監昨日談話指出　一般上私會黨活動已受

控制，1969）。實際上，《五一三悲劇白皮書》明確指出，在「五一三」衝突時期，黑社會組織曾在一些地區成為華人地區的保護者、治安者，因此多少獲得該地區華人社會成員的尊重（Laporan Tragedi 13 Mei, 1969: 84）。私會黨徒基本都是華人，戒嚴時刻警方的掃蕩行動表明了官方行為，但也可見戒嚴時刻誘發了私會黨的族群意識，說明了華人社會存在的實體反抗。

弔詭的是，戒嚴時期的罪案卻也因此減少了，這是逮捕私會黨所帶來的額外影響。以霹靂州為例，自政府宣佈緊急狀態後，劫案減少六成，主要乃因夜間實施戒嚴，以及私會黨份子大部份已被警方逮捕。據霹靂州警方高級發言人披露，由本年正月起，每月平均發生之劫案計二十宗，至本年5月，次數目減少35%，至7月減少了60%，即每月只有七宗（緊急狀態宣佈後 霹靂州劫案減六十巴仙 大部份私會黨員遭捕，1969）。

四、結語：媒體構框與記憶定調

綜上所述，儘管在官方新聞管制與訊息統一之下，我們仍然可以看到當時至少存有兩個不同的報章敘述同時在進行著。在相同的新聞管制與言說空間之下，馬來報章與中文報刊敘事似仍展現些許差異。基本上，不管任何語言的報章，他們都吸納了政府所發出的新聞以及新聞背後的立場、取向，在官方一方面有所空白化、一方面刻意定調化下，種族意象被淡化，社會之間的凝聚力似乎得以強化，也或許減少了華人的受害情緒，並可能轉移了某種不滿。馬來報紙之表述與馬來人的歷史記憶開始互動起來，可是以華人社會謠言之盛，似也說明了華人追求更多的真實，未必全然接受中文報章之報導。

在戒嚴時刻，政府通過強硬的外在制度、法規，如前面

提及的新聞、管制、建構三黑份子、敘述去除暴民、控制謠言，以及嚴厲掃蕩私會黨等，將事件匯聚成習而不察的集體認知（從報章可見）──沒有族群歧視，其中更強化了私會黨、共產黨的匪類形象，顯見當局如何利用媒體形構了特定構框或構架，定調了「五一三事件」騷亂性質中的共產黨徒與私會黨因素。實際上，新聞故事（敘事）是以影響公眾領會其內容的某些方式被構架（framed）出來的。所謂「構框」，即是通過選擇某些情節而捨棄其他情節而進行的，還借助於用來表現被選擇供廣泛傳播的故事所使用的技巧，例如將信息融會在敘事格式，或將特定的角度強加予觀眾（戴安娜・克蘭，2012: 15）。如上所述，此處可見，在戒嚴時刻，報紙的功能之一在於透過記者類型化的報導，將複雜的種族暴動、騷亂賦予結構空白化與秩序，形成集體化的知識符碼，成為人民認知事件的基本視野，甚至簡化的真相。由於新聞能夠創造出記憶空間，這可能是後來集體記憶分歧形成的導因之一：不接受而苦悶、壓抑或接受的兩種態度。

簡言之，華人社會應屬於那種「不接受而苦悶、壓抑」的態度持有者。在相當長的一段時間內，中文報紙可說無法承載華人的記憶，因此華人記憶是壓抑的個體記憶，如今它之所以上升為族群記憶，主要應是經由「謠言」（口傳）的擴散與蔓延，形成蕭殺的時代記憶。這種變化不僅意味著個體記憶到社群記憶的擴大，五十年來記憶的不間斷，且也意味著代際之間的記憶傳遞，以及記憶的時間沉積。顯然的，以上分析已說明中文報刊無法面臨政府的敘事挑戰，中文主流媒體可說無法記錄華人的創傷敘事，華人歷史記憶的建構過程、擴散與再生產，恐怕主要在於民間之內的口傳。

第八章

「平等」與「公正」
分歧的華巫族群社會正義觀

一、前言

　　自一九五○年代擬定馬來亞獨立憲制與談判時期開始，出於族群利益分配之博弈，公平、平等這些屬於「社會正義觀念」的詞語也夾雜在族群動員中，充塞於馬來亞各種政治文字與社會話語中。實際上，馬來亞或之後的馬來西亞的最基本問題是種族問題，社會的利益分化和對立往往都被族群化，而階級問題則相對被模糊化，使得族群之分歧造就了對「社會正義觀念」的不同視角及詮釋，進而形構了相異的社會正義觀。所謂的「社會正義」（social justice）概念被用作評價社會制度的一種道德標準，並被視為社會制度的首要價值，它要處理的問題是：怎麼樣的社會合作才是公平的？羅爾斯（John Rawls）更指出，正義的對象是社會的基本結構──即用來分配公民的基本權利和義務、劃分由社會合作產生的利益和負擔的制度，而正義原則提供適當的分配辦法（約翰‧羅爾斯，1988: 1-2）。換言之，社會正義原則欲通過社會制度調節社會的不平等與非正義之事。因此，一個社會內的正義觀念系統只有在被普遍接受下，社會之間不同群體的合作、政治政策實施的正當性，甚至政權的合法性及政治效忠才能有真正的基礎。由此可見「社會正義」之於國家的重要性。

　　顯然，對任何一個現代國家而言，不管對其政治、經濟和社會的體制，如果要穩定和持續發展，都必須表達基本社會正義。儘管此議題及概念如此重要，但有關馬來西亞社會內的正義觀研究似乎闕如。本章嘗試通過獨立以來國內兩大族群，即馬來人（尤以執政巫統為主的主流民族主義者）及華人社會的幾個相關概念如平等、公正及公平論述，探討馬來西亞社會內的正義觀之歷史起源、本質及其演變，並從西方政治哲學的學

理視角對之進行初步評價。實際上誠如前述，由於種族權益嚴重分化，不同的族群自有其不同的理念擁抱，因此在很大的程度上，對之探究也意味著是從另一個面向理解馬來西亞種族問題。

二、政治博弈下的政治正義論述

有關一九五〇年馬來亞獨立運動時期的憲制博弈以及與之相關的權利分配，本書第五章已指出，它是以三大族群作為談判及分配單位。大體而言，族群競逐不外為了政治權力、經濟資源、社會地位、或是分配文化認同。由於獨立憲法決定了各族群在此新興國家未來的地位與前途，因此在這關鍵的立憲過程中，迸發出各種權利危機與價值張力。在各個族群的權利競逐中，除了社會動員、關係操作與實力衝撞外，更少不了各種言論、論述與喊話。換而言之，權利競逐的前提又是建立在各自的訴求與權利爭取的正當性。「正當性」其實涉及到道德層面，因此各大族群不得不提出各自的正義論述，以合理化自身提出的分配原則及方案。

（一）原地主義與不平等的根源

首先，我們不妨直接引述沈慕羽一句仿效孫文的著名說法——「華教尚未平等，同志尚需努力」來說明題旨，它頗能概括馬來西亞華人所追求的社會正義——「平等」。對華人社會而言，它們面對的是一個刻意的、憲法及政策設計上的不平等。從根源上說，從一九二〇年代開始，隨著英殖民政府推行「親馬來人政策」，華人社會即開始感受到不如人的自身地位。作為一個被各方認為乃國家的「客人」，啟始了華人在地的不

平等憂患。[1]然而正如前文提過的，最早感受到不平等意識的乃是海峽華人，如陳禎祿於1932年12月即向英國駐馬來亞的總督遞呈了長篇政治宣言，要求賦予海峽華人政治權利、廣泛參與行政會議與立法議會的權利，及允許華人進入政府文員服務組，即殖民政府行政管理層（Tan Cheng Lock, 1947: 74-88）。這可被視為華人最早爭取「平等待遇」之始。

事情總有另一面，同樣的，馬來人對自身權益的鬥爭大約也始於一九三〇年代，這與華人人口的增加有明顯的關係。與英國殖民地當局實施親馬來人政策差不多同個時期，「土著」概念即已出現，它可說是白人殖民地的產物。本書第一章已提過，這是馬來民族主義者操弄「原地主義」的邏輯，把這個國家本質化為「Tanah Melayu」（馬來人之土），即「馬來人的馬來亞」，並以此合理化、鞏固他們在馬來（西）亞不容挑戰之主體位置。塔尼亞‧李沐蕾（Tania Murray Li）在研究印尼原住民運動時曾指出，運動發起的深層原因是有賴於把「原地哲學」作為權利和認同的基礎。這種哲學尊崇當地人，強調「民族淨化」，認為外來的「他人」不合法，在極端的情況下還會懲罰、排斥他們（塔尼亞‧李沐蕾，2003: 90）。實際上，學者們已指出，一個支配團體要維繫其優勢地位，除了要能控制資源的分配，更重要的是要有能力界定其價值體系及灌輸合理化的不平等意識型態，如此一來，不平等的結構才具有某種「正當性」，而維繫不平等狀態的最大問題在於如何確保劣勢者對不平等的體制仍能保持一定程度的認同，並安於劣勢地位的現實（蘇國賢、喻維欣，2007: 6）。馬來人反覆強調自身「土著／土地之子」地位，並由此得到判斷他人「忠誠度」的道德制

---

1 參見拙作〈大局與獨立：華人社會在獨立運動中的反應〉（2009a: 87-112）。亦見本書第二章。

高點。換言之，「馬來主權」就是馬來西亞非馬來人最大挑戰及不平等的根源，馬來人也藉此維繫其自身在憲法及政策上之特別地位。尤其在一九七〇年代「後五一三時期」嚴厲、激烈的馬來人特權政策，更讓華人切身體會到自身存在的尷尬。實際上，必須指出的是，在「土著／土地之子」論述下，包括印度人移民後裔社群自然也與華人「分享」了相同的「位置」、感受，甚至共有類似的「公正價值」，儘管整體上華人與印度人經濟地位不一。一位錫克籍學者即指出，「Today, a major chunk of the Indian population in Malaysia is poor, while most ethnic Chinese are prosperous. However, at the socio-economic level, both the Indian and Chinese community feel being discriminated and that they are not being accorded equal citizenship rights alongside the Malays，while there is revival of Islam in the country.」(Promod Singh, 2019: 2065-2067)。[2]因此，獨立之於華社的一個最重要特徵就是形成「危機意識」。

延續著英殖民地政府的差異政策以及1948年的馬來亞聯合邦協定（Malaya Federation），1957年獨立憲法制定可說是進一步「再制」（reproduce）了社會當中的不平等狀態，使之以固定的結構持續存在（轉引自蘇國賢、喻維欣，2007: 5）。[3]獨立憲法除了賦予馬來人特別地位，也不完全「承認」其他族群的文化權利，正如前文提及的，詹姆斯・塔利所認為的，我們

---

2 有關印度人最重要的正義訴求莫過於2007年馬來西亞興都權益行動委員會（Hindraf，簡稱「興權會」）之異軍突起，及其發動的街頭運動。可參見本書附錄：〈「興權會」事件、國家不正義與歷史究責〉。

3 原文見Aage Sorensen, "The Basic Concepts of Stratification Research: Class, Status, and Power," in *Social Stratification: Class, Race, Gender in Sociological Perspective*, ed. David B. Grusky, *Boulder, Colorado*: Westview Press (2001: 287-302)。

一般所談的現代憲政主義過度側重普遍性與一致性，無法面對文化歧異性的事實，結果產生種種不公不義的現象。易言之，馬來亞獨立憲法中的馬來人特權條文結構化了不平等的制度存在，深化了不平等的社會結構。[4]巫統一直宣稱，此項馬來特殊地位是由馬來亞華人公會（包括印度國大黨）與巫統所達致的所謂「社會契約」——以公民權交換馬來特別地位——所形成的。這常被作為堵住華人各種追求「平等」的歷史憑藉。大部份華人後來都獲得公民權，但值得注意的是，早期的巫統並不把它等同於「國族地位」（nationality）。當時的首相東姑阿都拉曼直至1966年之前從不承認「國族地位」是公民的基礎，而且一直拒絕談及國家的國族稱謂，是因為擔心這將為馬來人及非馬來人之間的平等鋪路（John Funston, 1980: 137-38）。顯然，巫統在公民權課題上雖做出讓步，但他們絲毫不放棄「馬來國家」的建國理想：只有馬來人才具「國族地位」。如此一來，「國家的公民」與「民族的成員」已經變得不能混為一談，也就是說，對國家的「效忠」以及對民族的「認同」（identity），在概念上有相當的差別。當時巫統對此分得很清楚，毫不含糊，他們「給予」華人的是「公民權」（citizenship），但公民不等同

---

4 如第四章所述，依據獨立憲法一五三條款，最高元首被賦權以維護馬來人、沙巴及砂拉越土著的特殊地位，同時保護其他族群的合法權益。在此條款下，特殊地位的定義在於保障土著在公共服務領域（中央政府）、獎助學金、教育及培訓機構的合理百分比名額（或稱固打），同時保護地位也延伸到任何聯邦法律中所規定的任何須要准證及執照的領域（*Report of the Federation of Malaya Constitutional Commission*, 1957）。從更廣闊的角度來看所謂馬來特別地位，實際上那些標示著馬來人歷史承續與傳統因素，如國語（憲法一五二條款）及回教地位，都是憲制馬來特殊地位之有機組成部份。馬來學者三蘇即認為，馬來主權的憲制地位自1948年得以維護，即因為馬來性（Malayness）的三大支柱，包括語言（馬來語）、宗教（回教）及王室（蘇丹）被列入「馬來亞聯合邦憲法」之時（Shamsul A. B., 1997: 244）。

於國族（national），所以公民之間自是不平等的。[5]顯然，馬來（西）亞的建國是一種民族與國家捆綁一起的模式，而不是公民建國模式。馬來民族國家建構的理想使得馬來（西）亞先天性的沒有建立普遍公民國家的條件，這也成為馬來西亞華人的基本難題。[6]

　　這清楚表明，從根本上而言，這種所謂「社會契約」下的交換置華人於「不平等待遇」，它體現了華人實質上只獲得「**不完整的公民權**」（partial citizenship）。從西方公民概念的演化來看，這其實是一個相當怪異的現象。從十八世紀以降，民族主義的勃興與公民身份的發達，構成了強大的動力，終於為道德／政治平等理念的主導地位，在制度、社會層面取得完整、具體的形貌（錢永祥，2003: 205-206）。民族主義認為民族成員的身份相對於其他身份是優先的，它視所有成員為同樣的個人，民族成員於是取得了某種平等的地位，而且民族主義將整個民族高舉到最高的（主權）地位，不僅突出了民族成員的政治地位，也賦予他們某種平等的政治權利。因此，道德／政治平等的普遍性與優先性，藉著民族主義獲得穩固地位，由「國民」這個概念來加以制度化（錢永祥，2003: 205-206）。顯然的，具體到馬來亞而言，巫統通過民族主義建構了所謂的「馬來人的馬來西亞」概念而獲得主權與特權的賦予，卻又通過「外來族群」（pendatang）概念，讓自身的權利得到進一步的鞏固，同時置同屬「國民」的華印族於不同層次的地位。

　　若說殖民地時代華人面對的是被殖民者與殖民者的關係，

5　獨立之前，甚至還爭論國民身份的稱謂，當時的翁惹法建議馬來亞的國民稱謂為「Melayu」，馬華公會則反對，巫統則保持沉默（Ramlah Adam, 1992）。
6　見拙作，〈「承認」的鬥爭與華人的政治困擾〉（2009b: 234-40）。亦見本書第二章。

它可說是屬於一種階級上的不平等待遇，但獨立之後，這種不平等則轉變為一個「民族平等」的問題。「平等」於是進入馬來西亞華人的視野，**從此在馬來西亞華人的政治思維世界取得了「正當性」**。前文已提到，「爭取民族平等」實際上成為一種全體華人在各層面都可以感同身受的「意見氣候」（climate of opinion），是往後每一個華人成長過程必定感知得及的族群敘述。因此，華人社會長期追求平等、強調公民權利實踐可說（在有意識或無意識中）是在爭取做一個完整的公民。華人大體上在獨立前夕已驀然自覺到他們正在處於一個關鍵性的時刻，他們更知道憲制與自身角色的絕對性意義。當時頗能代表一般華人的全國註冊華團工委會就認為，「如未能在憲法上明文規定華人在本邦之地位，**恐無平等**之可言。如在憲法上未通過之前不爭取，將來悔之已晚」（馬團工委會將呈文聯盟政府提出憲制修正建議　促四大要求在憲法上明文規定　必要時派代表赴英交涉，1957）。這一席極為沉重的談話可說是現代華人社會沿襲半個世紀之「平等敘事」的最初表述，而且也道出了華人危機意識的根本核心源頭，即「平等」仍是未解決的優先問題。

（二）後「五一三」時期馬來議程與分配「公平」

實際上，在華人憂患於「平等問題」時，極為弔詭的是，馬哈迪在「五一三」之後撰寫的《馬來人困境》中也曾為文談「種族平等的意義」（馬哈迪，1981: 61-93）。他在文中大力辯護憲法及法律上偏向馬來人的「不平等」，他認為實施這些法律（包括馬來保留地、獎學金、公務員職位等條款）是為了保護馬來人免於陷入更為不平等的處境，因此是促進「種族平等」的必要措施。文中，馬哈迪雄辯式地引述美國黑人及印第安人的不平等處境，暢談馬來人在經濟、教育、就業中的不平等，

而認為政府的保護及扶持是必要的，以避免種族間不平等造成
「和諧問題」。顯然，對像馬哈迪這樣的馬來人而言，馬來人是
處於**不平等的待遇**，甚至認為憲法上的特殊地位並無助於「馬
來人達致平等地位」。其中他亦提到，儘管華人中也有少數貧
困者需要獎助學金，但由於華人受良好教育者相當多，馬來人
則遠在後頭，因此「假如少數貧窮的非馬來人獲援助去接受高
深教育，那馬來人與非馬來人之間的教育懸殊將會更大」（馬哈
迪，1981: 74）。馬哈迪完全是從種族角度談論貧困與機會，而
且從經濟上、教育上認為馬來人遭遇不平等，他進而要求一種
所謂的經濟上「分配式平等」。

　　然而，到了一九七〇年代之後，「種族平等」在官方或馬
來民族主義者的論述中似乎逐漸讓位於「公平」（kesaksamaan）
及「公正」（keadilan），而且二者交替使用，沒有明顯區別。[7]
經歷了1969年「五一三事件」之後，雷厲風行「新經濟政策」
（Dasar Ekonomi Baru），進一步激化國陣政府的差異政策。新經
濟政策是由敦拉薩所推動，在《第二個馬來西亞五年發展計畫》
中提出：

　　　如果馬來西亞社會及種族集團在參與國家發展和分享
　　現代化與經濟成長的利益方面，沒有更大的**平等與平衡**，
　　國民團結將是不能達致的。如果大部份的人民仍然貧窮，
　　及如果沒有為不斷擴大的勞動力創造足夠的生產性就業

---

7 實際上，這兩個概念有些相近，以至於不少論者在許多場合交替使用，將它們當成同一回事。在
馬來民族主義者的論述脈絡中，似乎也交替使用，沒有嚴格區分。而在馬來文中，kesaksamaan（公
平）與keadilan（公正）詞義也相似。一般上，二者意思差不多，但從學理上而言，二者其實有明
顯差別。簡單來說，前者側重社會的基本價值取向，強調其正當性，而後者則強調衡量標準的同一
個尺度，帶有工具性（呂黼紅，2009: 29）。

機會，國民團結也不能促成。(*The Second Malaysia plan,*
1971-1975, 1971: 3-4)

因此，政府宣稱新經濟政策要達到兩大目標：（一）不分
種族地提高國民收入和增加就業機會，以減少貧窮和最終消除
貧窮。（二）重組馬來西亞社會以糾正不平衡（ketakseimbangan
sosio-ekonomi），進而減少及最終消除在經濟上的種族區分
（Mohamad Zahir Zainudin, Roziah Omar, 2012: 35-36）。誠如眾
知，所謂的「社會重組」不是階級或經濟利益單位之間的社會
階級關係的改變，它強調的是種族之間的資本佔有率，即所謂
的土著與其他族群（特別是華人）之間的「社會經濟公正／平
衡」（keseimbangan / keadilan sosial-ekonomi），其中要求股市
30%比率必須保留予馬來人，以及其他各種種族固打制（Jomo
K. S., 2004: 9）。此中的關鍵字就是「社會公正」及「社會經
濟」。另一個典型的例子是：針對馬來西亞大學排名下降事件
做評論時，當時的副首相慕尤丁就指出，「馬來西亞與其他國
家不同，因為（大學）需要考慮社會公正（social justice）問
題及其他目標……，必須考量社會經濟目標，籍此提供援助，
準備機會與空間，讓非優秀生進入大學……」（《當今大馬》，
2013年9月12日）。實際上，最能說明其正義論述的是國民陣
線（國陣）的標誌——**天秤**——其實就是所謂「公平」的象
徵。國陣也是「後五一三」脈絡下的產物，與「新經濟政策」
擁有相同的歷史脈絡。

從概念上而言，「公正」與「平等」相較而言，前者強調
在一定社會範圍內社會成員通過合理分配後，每個社會成員得
其應得。它強調的不是個人範疇，而是一個關係範疇，是就社
會成員人與人之間關係而言，並注重社會成員之間內部的平衡

性（新經濟政策即強調Keseimbangan）。易言之，它側重社會成員之間的起點、過程和結果的合理性，具有分配的性質，要求人們在必要的條件下，在一定的範圍內進行適度調節，使人們各得其所，和諧相處（呂豔紅，2009: 31）。此外，所謂社會公正，也常與「公平的經濟生活」相聯繫，常常與此相隨的概念是「社會權利」，這可以理解為「機會」，所以馬來人也談「機會平等」（馬哈迪，1981: 86）。對馬來民族主義者而言，就如同奧運會也舉辦殘運會一樣，在不同能力的選手之間不應該處在相同的賽場。所以，他們反對「平等」，認為平等不能確保公平的結果。馬來民族主義學者再納克林（Zainal Kling）就曾認為，績效制不應該跨族群，而是應該在自身種族內進行。[8]對他們而言，這樣才符合「正義」。顯然的，社會公正是涉及國家角色與社會結構，從這裡我們即可理解，對作為掌握大權的巫統或馬來民族主義者而言，他們的思考模式離不開政府的計劃與分配政策，「公正」似乎更適合、也更為「正確」，並成為新經濟政策文宣中的關鍵字。這也可以解釋為何「種族平等」後來較少被馬來民族主義者所應用。[9]

這裡的弔詭之處是，被許多非馬來人認為不平等的新經濟政策，竟在馬來民族主義者巫統眼中被視為是對馬來人平等待遇的追求。「社會公正」確實注重分配，但是新經濟政策卻是從「族群本位」而非「需要」的角度來實行其無差別的平均主義，並堅持最後達到依據族群人口比率拉平差距。新經濟政

---

8 瑪拉工藝大學前副校長依布拉欣（Ibrahim Abu Shah）也要求教育部重組教育體制，廢除教育績效制，為馬來人伸張正義，因為績效製造成華人宰制，獎學金馬來學生一無所得（造成華裔宰制大專與獎學金 馬來學者主張廢教育績效制，2013）。

9 不過，前巫青團長希山慕丁在「敦拉薩的遺產」研討會期間（2007年6月15日）即指出，實施新經濟政策就是為了實踐馬來人的平等待遇。

策以「馬來人優先」，其正當性實來自於民族主義道德，而非「公正」本身。[10]誠如前述，馬來民族主義及巫統所謂的「馬來議程」（Malay Agenda）正以「馬來原地主義」哲學獲得其正當性。「原地哲學」作為其權利與認同的基礎，深深影響了馬來人整個政治鬥爭與生活。在馬來原地哲學之中，它蘊含一種民族的自尊與受害意識的政治語法。這種傷害來自於外來族群，也來自殖民統治的經歷。[11]對曾經被臣服、被壓迫的民族來說，所謂的「馬來議程」不得否認標誌著一個重要的民族自強之來臨。哲學家伯林曾表達了民族主義「首先是受到傷害的社會做出的反應」這一觀點（Isaiah Berlin, 1991；以賽亞‧伯林，2003: 414）。伯林提出「彎枝」（Bent twig）的比喻，暗示一個民族遭到的差辱性征服後，這個被迫「彎曲的枝條」終究要反彈回去，而且會以非理性的反向鞭笞回應曾經遭受的差辱，成為攻擊性的民族主義。他們的價值只在於回應民族利益的召喚——民族至上（national supremacy）——民族擁有不容阻礙的使命。實際上，民族主義原本即宣稱擁有**天然的道德**，因此，馬來特權自然是天經地義之事，「差異待遇」從此得到它的「正當性」，但同時使得此「公平」染上了強烈的種族主義。[12]

---

10 這就是為什麼新經濟政策實際上主要表現為權力壟斷、唯親政策及恩賜關係，導致機會之間的鴻溝，及因權力介入而遭扭曲的不正當競爭謀利。

11 在2006年巫統大會上，時任副首相納吉曾公開喊話，指馬來人自1511至1957年蒙受漫長的四百四十六年殖民壓迫，這個國家必須對他們補償。而且，他認為由於不可能在二、三十年內獲得補償，所以提升馬來人地位的馬來人議程不應有終結的期限（「馬來人議程沒終期」納吉盼馬哈迪阿都拉爭執平息，2006）。

12 另外值得注意的是，有不少學者從回教價值論證所謂平等與公正的議題。這一論述角度異於馬來民族主義者，他們從回教角度認為一切人種、信徒、性別都是平等的，而不注重所謂的「原地哲學」。然而他們同時卻認為，馬來人確實比其他族群落後，因此需要憲法的保護，這並不為過（Nazri Muslim, Nik Yusri Musa dan Ahmad Hidayat Buang, 2011: 1-28）。

三、兩種不同的社會正義觀之較量及其闕失面

綜上所述，馬來西亞社會存在兩種不同族群所追求的「社會正義觀」，兩者都是從各自種族利益角度出發。誠然，它是在獨立前後的族群博弈中延伸而來的。面對華人的平等論述，巫統似乎提出另一種觀點——公平——與之較量。兩者看來都在訴諸「社會正義」，但卻是嚴重矛盾不一的。在政治哲學上，這兩種價值究竟有何差異？兩種價值在馬來西亞的具體情境中是否又有所誤讀與曲解？這都是值得我們加以追問的。

（一）道德平等與分配平等

前面已經提過，我們可以把華人在馬來西亞的基本問題概括為「族群不平等問題」。華人社會的平等要求涵蓋各個方面，包括文化平等、教育平等，經濟上的商業機會平等以及政治上的平等公民身份。然而實際上，平等概念的內部架構相當複雜。平等乃現代社會的主要價值之一，在西方也已取得豐碩的學理成果，但平等卻從來沒有一個準確的含義。一般來說，西方政治哲學家常把民主政體歸結成一條原則：「把所有人都看做是自由和平等的人」（treat all people as free and equal beings）。但就現實而言，平等概念之具體所指可謂言人人殊，比如有基督新教意義上的上帝面前人人平等、現代法治意義上的法律面前人人平等，也有經濟理性意義上的市場面前人人平等，更有自我實現意義上的機會面前人人平等，還有現代公民意義上的權利面前人人平等，有民粹主義意義上的財富與收入面前人人平等。歸納來說，平等（equality）概念可分為三個方面來陳述：一、道德平等；二、分配平等；三、身份平等。[13]

13「身份平等」是指「各類身份政治」要求通過承認差異要求平等，此處不贅（可參見錢永祥，2003: 207）。

從西方政治哲學來看，華人的「平等意識」其實是一種「道德平等」。它強調的是陳述「泛」平等主義，意指政治身份或公民身份的全面機會平等（及其由此而來的各種平等，如經濟機會平等、就讀大學機會平等、獎學金平等等），這對馬來西亞政治現代化自有其重大意義，因為「所有人的平等」乃是近代人的一項基本道德直覺，其否定所帶來的後果很難想像（錢永祥，2003: 209）。從西方政治哲學來說，人類被賦予平等的地位，目的在於保障個人「自行安排生活」這項最高利益，「盡量設法過當事人正確地認為有價值的生活」，即被稱為個人的最高利益所在（錢永祥，2003: 212）。因此所謂「平等待遇」，就是尊重及承認他人利益，即自行選擇其理想的生活方式，及其所受傷害是有意義的。

然而我們仍然可以追問，究竟平等與正義的關係為何？究竟在什麼情況下要求平等，或「相同待遇」？或者哪一方面應該平等，而哪一方面可以有差別對待？顯然，由於華人社會的平等觀是一種外發的，或是一種回應自身族群不平等的反應，故其所強調的「機會平等」實際上忽略了西方平等哲學中所強調的「相同起跑線」。華人缺乏理解平等的概念是需要設限的，華人更沒有強調一套「扶弱」的回應對策。例如，華人在強調經濟機會平等、績效時，意指應向任何人公開所有機會。華人社會說起機會平等，腦海浮現的，往往是競技場上的起跑線，即只要大家站在同一起跑線，競爭就是公平的，因此無論最後跑出來是什麼結果，也是公正的。然而問題是：到底要滿足什麼條件，才能夠站在相同的起跑線？更進一步，當我們用起跑線這一比喻來思考正義問題時，背後有著怎樣的道德想像（周保松，2012）？實際上，平等的主張必然呈現一種二元的結

構：一方面，主張平等，需要肯定所有適用者的道德平等；[14]但另一方面，主張平等還需要根據這種道德層面的狀態，判斷在實際社會生活裡，人應該受到什麼樣的待遇，才算滿足了平等的要求（錢永祥，2003: 197）。也就是說，**所謂「平等」未必就是「公平」，它必須顧慮「低收入者」的競爭能力與需求。**從此可知，馬來西亞華人平等觀似乎只停留在相當樸素、簡單平等的層次，忽略了平等的複雜情境，尤其不關心「收入」不平等問題（但這卻是馬來人所念茲在茲的）。

　　當今資本主義社會貧富差距愈大，許多社會都興起「社會正義」呼聲，華人社會卻似乎很少談及怎樣的「社會分配」才對大家公平。就此問題，甚至牽引出一系列繁雜的問題叢：到底導致大家有不同競爭能力的因素，有哪些是合理的，有哪些是不合理因而需要矯正和補償的？在面對「分配平等」的補償過程中，個人又該負起什麼責任呢？怎樣的分配才合理（周保松，2012）？[15]羅爾斯在《正義論》中曾說：平等應該建立在兩個原則基礎上：一是每個人有權利同享有與他人同樣的自由相一致的、最廣泛的基本自由，二是在社會經濟生活方面應該合理地達到人人受益（約翰・羅爾斯，1988: 56-70；周保松，2012: 34-78）。前者可以說是一種「道德平等」，這正是華人社會的平等觀，後者即是所謂的「分配平等」。面向馬來西亞社會，羅爾斯在其著名的《正義論》中對之的解釋值得我們加以思考，即他認為：一個正義的社會分配，必須適合於「受益最小者／最弱勢的人（the least advantaged）」的最大利益（約

---

14 例如基本的社會平等，即每個人都應該得到尊重，不可因其性別、年齡、學歷、出身、智商、種族或其他個人歸屬因素而遭受歧視。

15 有關平等分配的複雜性，可參見邁克爾・沃爾澤（Micheal Walzer）著、褚松燕譯，《正義諸領域：為多元主義和平等一辯》（*Spheres of Justice: A Defense od Pluralism and Equality*）（2002）。

翰‧羅爾斯，1988: 79）。所謂收益最小者是指那些稟賦能力較差，來自底下階層或貧困家庭，又或由於在生活中運氣較差，從而成為社會中收入最差，或社會階級最低的人（周保松，2012: 37），而非某個種族。這其實再一次說明華人社會的平等意識仍然脫離不了自身的族群利益思考，而忽略了真正意義上的「公正式平等機會」（fair equality of opportunity）。實際上，既然機會平等關乎每個獨立個體是否受到公平對待，那麼我們就不應該將個體視為整體的手段，而是認真對待每個人理應享有的權利和尊嚴（周保松，2012）。華人社會喜歡訴諸聯合國人權宣言，但更多是借人權來維護群體利益。對華人來說，他必須知道：公正和平等有一定的聯繫，真正的平等卻必須以公正為前提；沒有公正，也就沒有真正意義上的平等。平等僅是人類社會正義的追求過程中的一個階段，當「平等」考慮到人類的不同環境時，平等問題才會轉化為公正問題（錢永祥，2003: 220）。

　　平等問題具體化到馬來西亞的特殊情境而言，實際情況也遠要複雜得多。華人社會在提出平等待遇時，除了經濟分配問題（貧困問題：當然包括自身族群內及其他馬來人、印度人、原住民的貧困問題）外，還必須正視馬來人的憂慮──「國家本質」問題。比如，在國家儀式的層面上，是不是可以在某種程度上承認馬來人的主體地位？在訴求平等時，承認這個國家的某種歷史統緒與遺留是不容忽視的基本問題，特別是馬來人所謂的「差別待遇」主要建立於其「原地主義」。[16]前面已提過的塔利就認為，若公民的文化特性得到承認，並被納入憲政協

16　有關此問題的討論，參見拙作〈「承認」的鬥爭與華人的政治困擾〉（2009b: 233-54）。亦見本書第一章。

議中，則依此憲政秩序所建構的現實政治世界便是正義的。反之，若公民的獨特文化遭到排斥，便是不義的。他更認為，社會上各式各樣的文化需要在公共制度、歷史敘事以及符號象徵各個方面都獲得承認，以便培養公民對彼此文化的認識與尊重（詹姆斯・塔利，2005: 4-7, 199）。而且，與一部憲法必須處理的眾多正義議題相比，文化承認方面的正義問題具有一定程度的優先性（詹姆斯・塔利，2005: 6）。故此，華人要求承認他們的政治平等地位以及文化權利，其實並非過激的行動，但究竟在怎樣的限度上接受馬來（西）亞與馬來人之間存在的歷史淵源，則是費思量之事。馬來西亞華人的平等地位問題在很大的程度上，繞不開此一糾葛。

總的來說，前面已經提到，長期以來華人對平等懷有期待和追求，有學者把華人獨立以來的種種抗爭一以貫之地歸納為「平權運動」，不過「運動」了數十年卻沒有相應的思想力度。由於長期忽略理論上的建設及知識結構性的問題，造成華人社會往往論述無力，無法產生支撐其訴求的理論基礎。沒有理論就難以釐清平等的弔詭性，也就未能面面俱到地照顧到其嚴格意義上的正義面，以及馬來西亞複雜的現實需要。華人最典型的平等意識往往僅是「否定自我外來者身份」，以及揭示自身的貢獻為平等的理據。由於缺乏思想力度，就無從找到對應的解決方案，對馬來西亞的華人而言，可以預見的是，未來將依舊難以找到出路。

（二）社會公正及其於馬來議程下的道德困境

馬來民族主義者傾向於直接駁斥平等概念，似乎顯現了平等與公平的二元對立。前柔佛州務大臣莫哈末卡立提到，國陣強調的是根據多元種族的差異，「公平」（kesaksamaan）的對

待各族，而不是「平等」（kesamarataan），否則就會與新加坡的巫裔及印裔一樣。此論說其實不是他的個人之見，其實是許多馬來民族主義者的「共同話語」。[17]他進一步提到，行動黨的「平等概念」將造成落後的群體更落後，因為落後者必須與領先者競逐，而他們將更加落後。他進而認為，平等概念只能應用於人民擁有相同的成就、進步、問題、議題及背景（Konsep kesemarataan DAP akan sebabkan yang tercicir makin ketinggalan, 2013），並直陳「公平」（equity）與「平等」（equality）是不一樣的，並指平等概念只適用於單一種族的國家（《星洲網》，2013年4月21日）。這就是典型的「民族至上」下的「偽公正論述」——平等是在族群內，而非與他族之間。這種差異對待完全從族群角度出發，完全違背了「道德平等」所著重的「不可因其性別、年齡、學歷、出身、智商、種族或其他個人歸屬因素而遭受歧視」原則。從自由主義來看，個人權利才是國家公共權力的起點和歸宿，國家應該保護的是個人的權利，而且不加任何區別，人人平等。實際上，就學理而言，羅爾斯的上述觀點同樣是對馬來議程及其新經濟政策的有力辯駁——所謂的「受益最小者」並非以膚色為基準。因此，新經濟政策的所謂「社會重組」與「種族平衡」無疑違背了「公正」觀。更引人質疑的是，所謂的「分配原則」完全無顧西方政治哲學所特別強調的**「應得」及「責任」，以及個人「選擇」問題**（錢永祥，2003: 214-16）。[18]也就是說，它對其他高收入者的個人努力

---

17 例如，馬來文《前鋒報》一位讀者指出，必須分辨平等（kesamarataan）與「公正」（keadilan / equity）的區別，強調「平等未必帶來公正」（Kesamarataan tidak semestinya membawa keadilan）。他以霹靂州政府撥地給華校為例，問道這對更需要幫助的馬來人「公正」嗎？（*Utusan Melayu*, 10 September 2008）

18 周保松對羅爾斯的「應得」有詳細討論，見氏著《自由人的平等政治》（2012: 50-61）。

以及落後者自身應該負有的責任沒有一套嚴格的認清。

對右翼馬來人而言，在面對後現代情境之下，多元主義與普遍人權及平等觀所造成的衝擊使得他們的「公正」話語顯得更為蒼白無力。前面提到的，納吉曾經說過的「國家的虧欠」說法顯然是把殖民地時期的經歷當成勛章，也嘗試把當時的受害視為道德，以舒緩馬來議程對普世人權的背反。當然，從民主追求的立場來看，被壓迫者絕對有其應有的權利要求平反，要求賠償。在今日步入後殖民時代，人類整個歷史進程中的話語霸權業已結束，這促使許多民族挺身而出，宣稱自己是歷史（或歷史上）的受害者，並申訴自己在充斥壓迫的歐洲殖民統治和資本主義現代化期間蒙受了種種冤屈。因此，把自己定位為歷史受害者，然後要求國家進行賠禮與賠償，這種做法已經司空見慣。這種政治策略的操作，在一定程度上誠然能獲得強烈的回應，尤其是依靠巫統拐杖[19]的既得利益者。

由於馬來民族主義道德使然，因此他們甚至羞於談論個人解放和思想自由，這種話語實際上壓抑了自由與普遍價值在本國的健康生長，並把大多數的馬來知識份子推向了激進民族主義的道德前線。這種民族主義可說具有某種反自由（illiberal）的傾向。正如伯林所認為的，「……假如滿足我所歸屬的有機體的需要變得與實現其他群體的目標不可調和，那麼，我或者我不可分割地屬於其中的社會別無選擇，只能強迫那些群體屈服，必要時就訴諸武力。假如我的群體──讓我們稱它為民族──想自由地實現其真正的本性，就必須清除道路上的障礙。凡是阻礙……我的民族的──最高目標的東西，就不能

19「拐杖」（tongkat）是馬來西亞政治領域常見的詞彙，意指需要政府的扶持對待，不能獨立自主，常被用來形容馬來特權。

允許它具有與這種目標同等的價值」（以賽亞・伯林，2003：409）。泰戈爾甚至認為民族的概念是人類發明的一種最強烈的麻醉劑，「在這種麻醉劑的作用下，整個民族可以實行一整套最惡毒的利己主義計劃，而一點也意識不到他們在道義上的墮落」（泰戈爾，1986：1, 23）。[20]實際上，當今馬來民族主義者可說同樣處於「雪恥」及自強的話語中，但欠缺普遍性的原則依據乃「民族至上」的巫統民族主義所無法迴避的道德困境。

這種道德困境似乎在馬來社會中得到某種程度的反思。2006年，當時的巫青團長希山慕丁在該團常年大會上高舉馬來短劍，並大力疾呼馬來人無須為捍衛其特權的舉動而道歉（希山說：馬來短劍守護全民　巫青今後不再回應舉劍爭議，2007）。這種「無需道歉」的說法其實突顯了某種值得我們玩索的意涵，它實已透露馬來政治社會內部已經對長期置其他族群於不平等待遇（尤其無視其他有「需要」的群體，如原住民、印度園丘工人的處境）出現內省的聲音，享有特權的道德張力狀態已然呈現。以印度人為例，與華巫二族群相比，印度人在經濟領域發展相當滯後。自一九七〇年代新經濟政策實行以來，以族群區分為依據的各種扶持落後群體的計劃很少惠及非馬來人，自然也包括印度人。在幾乎所有馬來西亞政府公佈的數據中，印度人都落後於整個國家的發展步伐。至1991年，約36.2%的印度人居住在偏僻的園丘裡，印度工人階級的經濟邊緣化及其城市化和社會混亂，更導致了嚴重的社會問題，包括暴力傾向（Francis Loh Kok Wah, 2003）。再從各族群的上市公司股份擁有權來看，印度人的劣勢最為明顯。約佔總人口7%的印度人所擁有的股份權卻從未超過總額的2%。印度人持有股

---

20 轉引自陳曉律，〈序〉，收入陳黎陽，《蘇聯解體後的俄羅斯民族主義》（2006：2）。

份的增長速度在三大族群中最為緩慢。印度人在1969年持有的股份為0.9%，直至1990年仍未超過1%，而到了2004年也僅為1.5%（參加M. Elangko A/L Muniandy, 2015: 261-68）。一位馬六甲巫統中央代表哈斯諾在參與辯論時，即警告一些馬來專業人士，不要嘗試高舉普世人權的旗幟，來支持違反馬來人權益的課題。他勸告「他們回頭是岸，成為真正的馬來人（Melayu Tulen），不要成為民族的叛徒！」（若馬來人及回教繼續受挑戰甲巫統準備反挑公民權問題，2006）[21] 但是，人們不免要詰問：難道馬來民族主義與馬來議程本身是超越普世價值嗎？原地哲學具有不證自明的道德性嗎？難道為了追求「公正」，必須要製造新的不平等嗎？誠然，作為政策的執行者、公共權力的應用者，馬來民族主義式的「公正論述」曲解了公共政策原應含有的社會正義本質，它對自由、平等、公正的不顧與棄守所造成的「人道代價」，是使許多馬來西亞人感到沉重與抑悶的理由。

四、結語：被淘空的公共道德資源

以上的討論表明，馬來西亞的兩大族群大體上分享著不同的「正義觀」：馬來人強調「公正」、「公平」，而華人則高唱「平等」。但是說穿了，社會利益分化一直都是以族群單位為主，這是一個極端分化的社會，整體社會欠缺一個全體的、

---

21 《馬來西亞前鋒報》曾刊登敦馬哈迪以〈馬來人羞恥本身是馬來人〉為主題的撰文，則更直接說明馬來人的內省。馬哈迪說，馬來人有自卑心理，甚至認為承認自己是馬來人，會讓他們變成種族主義，即思想狹隘、不自由，不符合時代。他認為，有受教育的馬來人往往自卑和對自己的馬來身份感到尷尬。他表示，自參與努力恢復馬來人的榮譽開始，他毫不猶豫地承認自己是馬來人（見《東方日報》，2013年3月17日）。

有共識的社會正義觀。社會正義論述已經為其族群導向嚴重扭曲，因此馬來西亞國家所面對的問題，恐怕除了是種族主義問題，更是整個社會的公共道德資源已被淘空，公共道德敏感度日益遲鈍的問題，甚至不自覺地視此為不可改變的理所當然之事（周保松，2012）。我們每一個人在過去的日子中，或多或少都不免感受到「公共道德感上的無奈」。事實上，除了社會主義者如社會黨、甚至於社會慈善組織才真正超越種族、提倡社會正義之外，恐怕沒有其他社群能夠真正超越自我地訴諸正義的價值及為其所召喚。

毫無疑問，只要各個族群價值觀都與自身群體利益相聯繫，馬來西亞將繼續停留在狹隘的社會正義觀之下，所謂平等及公平原則反而只凸顯出不同預設之間的衝突與矛盾。「公正」與「平等」都是重要的維度，是一種重要的、甚至首要的價值標準和評價標準。但是，公平與平等必須以超越族群來提倡，才能超脫現有的窠臼。二者作為一種價值標準與社會正義力量，如果一定程度上體現於制度上、政策上、程序上，它對於所涉及的交往各方、博弈各方的利益關係，將能夠比較合理地分配和照顧，也能夠使各自的權利與義務、應得與所得獲得一種較好的統一，那麼它就能化解當下的社會與族群矛盾（馬俊峰、甯全榮，2008: 50）。顯然的，**如果馬來西亞人缺乏公共正義能力，將難以展開公平的社會與族群合作**。尤其馬來西亞華人更是需要一種新的「精神動力」，或一種「強烈的公民意識」，以追求一個以個人權利為中心的公民國家，以及更為關懷弱勢群體，而非處處從族群利益出發。但是，馬來西亞這個多元的國度，**究竟應該以怎樣的「正義觀」——既能顧及歷史、也符合現實——以調節其內在族群間的矛盾**，這其實攸關每一個馬來西亞人，是值得我們每一個公民認真思考的基本問題。

第九章

歷史統緒與平等價值之間
華人的多元文化追求向度

一、前言

　　2008年3月8日的馬來西亞第十二屆全國普選中，向來毫無懸念會囊括三份之二國會席次的國陣遭遇了歷史性的挫敗，這使得馬來西亞社會及其政治陡然出現了新的形勢。國陣（尤其是巫統）之「慘敗」使得過去一直被認為不容置疑、甚至不可碰觸的「馬來主權」議題在選後一度變得熾熱起來，這讓人隱隱然嗅觸到國家正在發生急遽的深層變化。選後不久，從吉蘭丹王儲暨現任蘇丹東姑莫哈末法力斯（Tengku Mohammad Faris Petra）在「馬來人團結大集會」上率先提出，非馬來人不應挑起馬來人權利與特權議題，也不應爭取平等，因為那是1957年獨立前夕的制憲博弈之下，當年二百七十萬名其他族群取得公民權的交換條件（大選顯示馬來民族四分五裂　王儲：非巫裔不應爭取平權，2008）；再到反對黨領袖安華公開宣示以「人民主權」（ketuanan rakyat 或 people supremacy）替代「馬來主權」（推翻「馬來支配權」論述，安華率眾高喊人民作主！，2008），乃至於同年（2008）「土著權威組織」宣佈成立以維護馬來特權，這間中所糾生出來的種種爭執雖有升溫之勢，但若與過去勢必要引發風聲鶴唳的種族緊張境況相比，此中確已發生不可謂不巨大的進展了。

　　實際上，這項論爭雖主要先發自馬來社會內部，但其後也引發其他族群捲入其中，這表明在爭取建構一個開放的、健康的、沒有使人畏懼的公共輿論空間上（這個空間自當包括不禁止人們討論諸如馬來特權、回教地位等所謂敏感的議題），國家似乎已經跨出了一大步，而這正是邁向建立一個平等社會的首要一步。有關馬來主權議題爭論不禁引人深思，即國家究竟應該邁向一個怎樣的境況？正如上文曾提過的那樣，馬來主權

議題可說是馬來西亞邁向平等社會的魔咒，也是華人社會長期追求的平等夙望所不能繞過的一座大山。在很大程度上，馬來人特殊地位論述主要建構於歷史因素之上，在歷史因素與平等價值（華人所追求的普遍價值）之間，我們應當如何兼容以及在兩者之間維持適當的限度？本章嘗試從此議題及爭論切入，並通過華人社會在文化（尤其在教育）上的平等訴求目的和型態，加以概括地檢視馬來西亞華人社會對馬來特權所能接受的限度，以及華人對文化權利所追求的向度。這裡也必須說明，華人社會追求平等的面向極廣，涉及經濟、社會與政治等領域，而箇中所求似有不完全一致之處，唯此處未能詳論。

二、「土著」及其在國家中的位置

　　前文已反覆論述與說明，所謂馬來主權的依據在於馬來人自認乃土地之子或土著，而馬來（西）亞就是他們世代相傳的領土、原地。因此，馬來主權意指作為主人，他們天經地義地擁有國家權力機關的掌控及主導權，並享有有別於移民後裔社群的權利。然而我們審視歷史，有關領土和歸屬權之爭奪原本就是人類最原始的千古難解之題。究竟「土著」（或原住民）定義為何，其實也並非那麼不證自明。著名的馬來評論作者法力斯在其一篇文章中就叩問道：那些住在馬來西亞經已五百年的華人、印度人要如何才能算是土著（Farish Nor, 2008）？實際上，舉例而言，在印尼西加里曼丹省的華人就已被承認具有原住民地位了。

　　一般而言，「土著」或「土人」都是外來者對一個領土的原始居民的稱謂。從國際脈絡而言，國際法上也尚不存在任何可被普遍接受的「土著」定義（金里卡，2005a: 122），因為

到目前為止，專門規定土著問題的國際文件為數甚少，參加國數目還很少（白桂梅，1997: 59）。國際法常漠視原住民族的權利，這是因為國際社會是由「民族國家」所構成，而國際社會所適用的國際法主要是規律國家與國家之間的關係（引自李明峻、許介鱗，2000: 163）。1982年成立的聯合國土著人口工作組為工作之便利給「土著」下了一個相當長的工作定義，其主要內容是：土著社會、土著人和土著民族是指承認他們自己是被征服的領土上原始居民的後裔，他們自己認為他們與主流社會是不同的，他們要根據自己的文化形式、社會機構和法律制度將祖先的領土及族類特性加以維護、發展並世代相傳，他們也要保持祖先的土地、文化、語言等的歷史延續（白桂梅，1997: 59）。參照1987年「國際人道問題委員會」（Independent Commissionon International Humanitarian Issues）的報告，其定義亦類似。該報告指出，被稱為「原住民族」的特定集團有四個要素：一、其祖先在外來入殖者到來以前即居住於該土地者；二、在目前生活的社會中未居於統治地位；三、其文化異於該國居多數地位的其他集團；四、是否屬其成員由該集團自己決定（引自李明峻、許介鱗，2000: 162）。當然，這明顯是針對西方具體情境而言，被賦予「原住民族地位」是因為美國、加拿大或澳洲土著時至今日仍處於被歧視、少數的地位，不能平等地享有所在國家公民應該享有的所有經濟、社會、文化、公民和政治權利。但在馬來西亞，「土著」卻是馬來族群的自我稱謂，當下他們的領土也沒有被征服，甚至在政治、文化上還處於霸權的位置。相對於更落後的、被邊緣化的、人口極少的，在馬來西亞被稱為「原住民」（Orang asli / Aborigine）的尼格利陀族（Negrito）、色諾族（Senoi）和原馬來族（Proto-

Malay），則二者地位可謂懸殊。[1]

　　馬來西亞的「土著」概念最初出現於一九二〇年代，即當華族、印度族大量遷居至馬來亞之時。1927年6月，一位署名拉夫迪（Lufti）的作者在 *Seruan Azhar* 雜誌上發表了一篇題為 "Mereksa Darihal Bumiputera Dengan Bangsa Asing"（介紹有關土著與外來族群）文章中最早使用了「土著」（Bumiputera）此一概念（見Siddique and Leo Suryadinata, 1982）。此後，馬來領袖為了因應大量華、印族的遷入而宣導「原地主義」思想，提倡馬來亞土地決非「無主之地」，而馬來人正是這片國土的主人。[2]追溯起來，此概念在四〇年代馬來人反對英國政府計劃實施擬賦予非馬來人平等公民權的「馬來亞聯盟計劃」時被具體化為「馬來特別地位」，過後更被用作爭取獨立的理念，並且最終寫入獨立憲法中。[3]這段歷史進程其實正是巫統所促動和參與的，因此這套論述與巫統息息收關，並成為該黨章程和政治鬥爭目標。如前文所說的，巫統一直宣稱這些條款是由所謂代表巫、華、印三大族群的巫統、馬華公會和印度人國大黨在獨立前所達致之協議，即華人及印度人「肯認」馬來人具有特殊地位，以換取非馬來人——所謂的非土著兼移民社群成為馬來（西）亞公民的條件。這個協議後來被巫統稱為是三大族群間的「社會契約」，因此經常被作為堵住各種追求「平等」的歷史憑

---

1 他們約五千年前即開始居住於馬來半島，雖可分為三個主要群體，但實際是由十九個不同的群體所構成，2010年人口卻只有十六萬九百九十三人（Tarmiji Masron, Fujimaki Masami, Norhasimah Ismail, 2013: 75-115）。

2 詳見本書第一章。

3 英國政府不得不取消「馬來亞聯盟」構想，並於1948年改以「馬來亞聯合邦協定」替代之，並加入與馬來特別地位相關的條款。1957年獨立建國時所頒佈的「馬來亞聯邦」（Federation of Malaya）憲法所規定的馬來特殊地位即奠立於此。蘇丹權力、馬來人特別地位、伊斯蘭的國教地位等，遂成為馬來西亞憲政的基本原則。可參見本書第四章有關憲制擬定過程的討論。

藉。前首相敦馬哈迪就表示，如果其他國陣成員黨質疑「社會契約」，那麼馬來人也應該勇敢提出要求，以收回當年獨立時國父暨巫統主席東姑阿都拉曼給予部份非馬來人的公民權（《星洲日報》，2008年10月2日）。

在有關「馬來特權」爭議中，一項焦點是：究竟馬來主權和憲法中馬來特別地位是否乃同一回事。一些論者認為，憲法上的馬來特殊地位與馬來主權是兩回事，因此廢除馬來主權充其量只是放棄一個政治名詞，根本不會否定憲法中馬來人在語言、宗教和土地方面的特殊地位。這種看法認為馬來主權是巫統延伸憲法中馬來人特殊地位所產生的政治鬥爭名詞，在憲法中並不存在（《聯合早報》，2008年5月2日）。這確實有其依據，然而我們若回到歷史語境來看，兩者雖不盡相同，卻有緊密的內在聯繫。事實上，是巫統通過制定憲法中的馬來特殊地位條款來實現其馬來主權的追求與立場，[4] 當時的華人也是如此認知的。易言之，「馬來主權」就是「馬來原地主義」的體現。猶如前文所述，當時的華人社團就激烈反對一些相關條款，認為這將置華人等非馬來人於二等公民的地位。他們要求「公民享有同等的權利與義務」，或退而求其次，願意以十五年的時間為限接受「特殊地位」條款，甚至還被當時英國政府所成立的「李特憲制委員會」所接納（Federation of Malaya, 1957: 73；崔貴強，1999）。從實際的層面來看，憲法也如實確保了馬來語、回教及馬來君主的本質化地位，並完全地肯認了馬來人與國土的本質性關聯。也許我們可以這樣分疏兩者之間的不

4　巫統前部長拿督沙禮爾（Sharir Samad）曾指出：「馬來主權在憲法上是實在的東西，並不是巫統執意要高喊馬來主權；而是在捍衛憲法153條文上所闡明的馬來主權概念」（《星洲日報》，2008年4月29日）。

同之處，即馬來主權是巫統民族主義實際政治操作中的意圖，它進一步使巫統在政治上得到霸權或完全主導的地位，而這包括獨立後體現在國會選區不公平的劃分、新經濟政策等政治性謀略上（參見Freedman, 2001: 411-40）。換句話說，它是衍生自「特殊條款」的執行方式和政策，顯得比條款本身更具霸權性與壓迫性。

三、馬來人╱歷史統緒與華人╱普遍價值之間的限度

從有關的論爭當中，儘管種種跡象表明馬來人內部已經發生變化，而且似乎駸駸然出現了諸如學者法力斯（Dr. Farish Nor）、阿茲利・拉曼（Dr. Azly Rahman）、評論人哈密迪（Wan Hamidi Hamid）、前法律部長再益（Zaid Ibrahim）等自由派（liberal），[5] 還有以階級為綱的各種其他意見源流，如希桑姆丁（Hishammudin Rais）、社會主義黨等（亦參見Shanon Shah, 2008），但值得我們叩問的是：主流馬來人一般比較開明的意見所能接受的限度和底線為何？直至2018年大選以前一直扮演激進馬來人利益群體的喉舌《馬來西亞前鋒報》刊登一位讀者投函，很令人索味，他說隨著人民思維的改變，「馬來主權」一詞已不再適用於當下的政治環境。這位名叫朱基菲里沙烈的讀者進一步說，這種口號不但使馬來人無法獲得全球他族的支

5　實際上，一些馬來右派份子也把這些支持平等原則的馬來人稱為不懂歷史的「自由派馬來人」（Melayu Liberal），而且充滿貶義地指責這些人的思想形成自以華人為基礎的政黨如馬華公會及民主行動黨的衝擊，同時也受美國影響（見Nik Nazmi Nik Ahmad, 2008）。然而，實際上，他們的思想還複雜些，他們一些是使用新馬克思理論為其論述資源，如在美國大學執教的阿茲利（Dr. Azly Rahman），其見解可見A Malay View of "Ketuanan Melayu", http://azlyrahman-illuminations.blogspot.com/2008/02/155-malay-view-of-ketuanan-melayu.html, 04-02-2008。

持，也會被視為不肯努力、把別人當成奴隸及剝奪他人權利之傲慢和貪婪的種族。他問到，馬來人也不是不可以接受外來移民，但為何要讓這個字眼破壞馬來人的真正形象？因此，他建議尋找一個更好的字眼來取代「馬來主權」，比如「馬來人權利」（Hak Melayu）即已足（引自《聯合早報網》，2008年5月1日）。見微知著，從這些比較具批判性的論析中，顯然可見這些人儘管可接受廢除屬於巫統「馬來主權」論，但大致上仍然認同馬來特殊地位的條款或馬來人權利，甚至即便連反對黨安華在申張其「人民主權」概念之際，也一樣沒有否定憲法中「馬來特殊地位」，以及馬來文與回教地位的權利。換言之，他們只是質疑上述巫統論述、屬於政策面、謀略面的「馬來主權」，並無意圖動搖屬於憲法層面上的「馬來特殊權利」部份。在很大程度上，這甚至可以解釋為他們仍然認同馬來人與土地的特別關係。然而，在針對文化語言及社會政策上，他們會傾向秉持相較開明、容忍的態勢，這可由反對黨陣線執政的州屬對獨立中學的資助（贈送地皮，以地養校）、華文小學的制度性撥款、頒發永久地契予華人新村居民等政策窺見。[6]無論如何，他們的具體政策與進一步主張仍待觀察。

　　儘管馬來西亞社會的多元化是一個客觀現實，但對許多馬來人而言，馬來特殊地位卻是源自歷史統緒。他們自認在其他族群到來之前已經在此定居，並建構了自身的統治制度。因此，馬來（西）亞的歷史絕不是一片空白，打從馬六甲王朝時代始，他們就建立了以馬來統治者為主體的馬來主權國家之延綿系統，而這個歷史事實必需持續下去。對右翼份子而言，他們也認為，其他族群的湧入是殖民地統治的結果，這也扭

---

6 此處的反對黨執政的州屬是指2008年由民聯執政的檳城、霹靂與吉蘭丹州。

曲了歷史的自然發展。因此，既然馬來社會建制、傳統是固有的，那麼外來者更需要「調適」自己於固有的馬來歷史境況中，多於要他們放棄某些特徵與要求（詳見Ratnam, 1965: 30；許德發，2007）。因此，建立一個以馬來人為主體的國家是馬來民族主義者的理想，語言、文化單元化都是此一民族國家構建政策中的一部份。馬來民族主義其中一項概念，就是馬來人的困境在於「在自家中被奪取」（dirampas segalanya di rumah sendiri），故必須從奪取者英殖民和移民者手中「奪回」（merampas kembali）其失去的政治、經濟及文化等主導權（Shamsul, 1997: 245）。不難理解，他們甚至認為現有華文、淡米爾小學等其他源流學校之存在已是一種「妥協」，故而有以消滅之為其「最後目標」者。他們希望最終可以建立一個以馬來文為媒介語的統一教育系統。在文化上，他們也嘗試推介所謂的「國家文化」政策，強調馬來文化與回教文明是作為國家文化的基本核心。（詳見陳祖排，1987）

　　持平地說，我們不能完全否定或無視歷史事實或「歷史主權」。當然，這種「原地主義」觀念與「歷史主權」即使有其理據，也絕不能合理化過去苛刻的單元化及歧視政策。許多華人就駁斥道，馬來人也多從印度尼西亞群島過來，前民政黨婦女組主席陳蓮花在駁斥巫統黨員的「華人寄居論」時就認為三大族群都非原住民（藉原住民土著論反擊「寄居論」陳蓮花痛批友黨選後羞辱民政，2008；*Utusan Melayu*, 13 Oct. 2008），實際上，在當時（殖民地之前）馬來人的觀念中，印尼和馬來半島都是馬來世界（Nusantara Melayu）的一部份（*Utusan Melayu*,

15 Oct. 2008）。[7]他們自古以來即隨意往返,而馬來西亞和印尼當今的國界是後來殖民者強加所造就的,未必是馬來人自然的觀念。誠然,即便今日許多達雅人(Dayak)也仍然日常地跨越砂拉越與加里曼丹邊界兩地之間,因為他們仍舊缺乏現代國家觀念。以聯合國於2007年通過的《土著人民權利宣言》而言,它呼籲保障土著人民保持和加強祖先的土地、文化、語言等的歷史延續,以及按照自身需要和願望選擇發展道路的各項權利,這雖是針對歐美國家現象而言,但在某種程度上似乎也指明原住民族維護自身歷史延續是被視為符合人權宣言的(《新華社》,2007年9月14日)。在關於原住民的討論中,常見的看法亦認為原住民擁有領土上的「歷史主權」,因此有自決權恢復他們固有的主權(金里卡,2005a: 126)。儘管也有學者不認同,如S. 詹姆斯・安納亞(James Anaya)在其著作*Indigenous People in International Law*認為,這一「歷史主權」「忽視了這一事實:在人類的實際經驗中,社區、權威和相互依存關係有著許多相互重疊的領域」。同時,「在與外界接觸前的原住居民社會是否具有(或想具有)西方國家極力宣稱擁有的那種『主權』,還是有疑問的。」但是,他認為應該給予原住居民自治的補償性,因為他們自決的實體權利受到更系統的侵犯(引自金里卡,2005a: 126-27),這顯然是從西方原住民角度立論。無論如何,我們必須承認,歷史及其延續性必須得到某種程度的

---

7 馬來社會對此一質疑的典型反應可以馬哈迪的話來說明。敦馬哈迪曾在其博客上駁斥了馬來人與華人和印度人同樣是移民的說法,他認為阿拉伯人、印度人和印尼人已通過同化成為憲法上的馬來人。他以自身印度後裔身份指出,「我不會說我是印度裔的馬來人或馬來西亞人。我的母語和家鄉語言是馬來語,我的文化和傳統是馬來語,我是穆斯林。憲法將馬來人定義為習慣說馬來語、實踐馬來習俗和傳統並且是穆斯林的人」(Malays are not immigrants, says Dr. M., 4 March 2011)。馬哈迪的「同化論」其實說明另一個問題,即要獲得平等必須接受同化,印證了民族主義者所認為的,平等的前提是不接受差異。

尊重。

然而事情的另一面是，在面對歷史統緒所造就的「馬來主權」論述下，馬來西亞華人社會長期進行著抗爭。依照備受華人社會尊崇、有馬來西亞華人族魂之譽的林連玉的說法，華人的抗爭可一言以蔽之為追求「民族平等、語言平等」（何啟良，2001）。如上文已提及的，從歷史視角窺視，在1957年獨立前夕，當各方在為獨立制憲角力時，極具代表性的千餘個華人社團代表即揭竿而起，與馬華公會針鋒相對地在吉隆坡舉行了「全馬華人註冊社團爭取公民權大會」，揭開了華人至今未止的平等追求序幕。[8]大體看來，華人社會對憲制的要求開宗明義地定位在「平等」的話語上，並訴諸於普遍人權的支撐點。從獨立建國至今五十年來，「平等」已形成為華人社會、政治運動的主軸與動力，並儼然出現一種「平等敘述」。事實上，任何人都不能否認價值或正義偶有其歧義性。華人社會追求的普遍公民權可說是不容置疑的正義，但與此同時，誠如前述，土著的主權訴求也建基於一種難以輕易否定的歷史因素之上，因此問題在於應該如何擺置兩者之間的限度或均衡點。平等權利概念是普遍價值，但我們又要如何兼顧特殊的歷史事實、承續性和遺留呢？華人可接受的限度或均衡點究竟如何？

華人社會對此可說呈現二大分流。其一是馬華公會，它與巫統合作談判，並接受所謂的「社會契約」或既成事實，立場自屬保守但也具體。概括言之，馬華公會以外的第二種立場是一股體制外的反對力量，而且似乎更獲得普通華人的支持。

8　華團代表大會代表著華人民間力量，其出現標誌著華人社會對獨立制憲立場的二元分歧。它與另一體制力量的馬華公會之糾葛，可見崔貴強（1989）；Khor Teik Huat (2007: 85-128)。亦見本書第二章。

從獨立前劉伯群、林連玉時代的公民平權運動、華教運動，到民主行動黨的「馬來西亞人的馬來西亞」概念為止（參見謝詩堅，1984；祝家華，1994），他們顯然追求相對多元的立場，但也沒有進一步具體探討歷史統緒的限度問題。記得一九九〇年代初大選中華人選票大量投向反對黨後，時為巫統青年團長的納吉即曾詰問道：究竟華人要什麼？納吉的問題雖然說明了巫統的權力傲慢，但也透露出馬來人自認他們作為主權擁有者，已經對華人做出了讓步。馬哈迪不就一直言道，馬來西亞是唯一允許國民保持種族特徵，不像其他發達的西方國家的人民使用同樣的國語、同樣源流的學校和採納當地人的文化。在馬來領袖之中，這種話語俯拾皆是，它儘管值得訾議，但我們若進一步詢問華人最終要什麼，似乎很多華人都未必能具體答得上來。

對華人社會而言，他們實際面對的困擾大體可以歷史統緒與平等價值之張力來理解。「歷史統緒」因素確實是華人社會所必須要直面的、甚至肯認的客觀事實。[9]所謂「平等價值」，則是華人社會本能性地對政策壓迫的反抗之價值追求。在很大程度上，**華人社會的現實困境可說就是困夾於歷史統緒與平等價值政治之中，如何在此張力中求得合乎現實和正義原則的均衡點，是一大艱難的過程。**

四、文化多元主義政策與華人的文化追求

接下來，本文將嘗試基於一些華人社會過去的社會運動、

---

9 「歷史」也可指向華人與自身中國歷史傳統的糾結。在本土化與固有文化傳承之間，華人社會無疑也產生了理智和情感上的矛盾，這是華人的另一困擾，然此處不贅。

追求及行為，來界定與分析華人社會的具體文化目的，與其對馬來人所要求的歷史延續性之可接受限度。研究西方少數族群和移民利益的自由主義學者威爾・金里卡的研究成果儘管不完全適用，但卻極有啟示意義。金里卡指出，今日大多數國家都是文化多樣性的國家。根據最近的估計，世界上有一百九十多個主權國家，有六百多個語言群體和五千多個族群（ethnic groups）。公民講同一語言，或屬於同一「族類民族群體」（ethno national group）的國家，實際上寥寥無幾（金里卡，2009: 1）。歷史上的移民和少數民族雖都遭遇到相同的「民族國家建構」政策的壓力，政府用很多方式積極鼓勵並強迫移民融入以國語作為共同的教育、經濟和政治體制，但是他們的反應或訴求方式卻是不一樣的（金里卡，2005: 162）。金里卡根據西方社會的情境提出少數族群及移民社會的兩種總體要求，即少數群體傾向於奮力保持或建立他們的社會性文化，他認為這是建構一種「民族國家」，旨在傳播共同的民族認同、民族文化和民族語言的政策。而在移民社會方面，則只要求「多元文化主義政策」。易言之，他們接受固有國家主流文化型態，也願意融入國家主流，而只是希望國家能夠同時承認他們的貢獻、使用自身語言和文化權利（金里卡，2005: 160-86）。但無論如何，儘管這兩個群體在自身的權利追求上各有不同，卻有兩個共性：其一，要求公民個人所擁有的一系列共同的公民權利和政治權利，而這些權利在所有的自由民主國家中都是受到保護的；其二，這些要求指向同一個目標，即要使種族文化群體的獨特身份和需要得到承認與包容。

　　華人社會的總體要求是屬於哪一種型態呢？要解答此一問題，我們有必要對華人移民史稍做回溯。從一開始，華人移民社會所面對的挑戰就是：要麼融入主流社會，要麼就是重

新構築自身的社會文化體系，而最終是為了保留華人的身份
認同。[10]在早期英國政府的放任政策之下，從十九世紀中葉開
始，隨著早期華人人口的穩定增長，華人社會即大量設立自己
的學校、報館和各種團體組織，如會館、廟宇等（詳見顏清
湟，1991），也因此形塑了一個華社內在基本自足的體系，使
其歷史、文化記憶在這土地上得以維繫和傳承。換句話說，主
要由上述華社三大支柱支持了各種集體歷史、文化記憶的管道
與載體，比如教育、文學、民俗等等，使華人記憶得以傳承與
維持。其中創立學校與報館正是社會性文化再生產中的關鍵
一步，因為這才保證語言及與之相關聯的傳統和習俗傳給下一
代。這三大支柱相互連接，形成了在政治、社會、文化各領域
上護衛、代表華人的機制。然而必須說明的是，此種「基本自
足」的體系仍舊存在著先天結構上的缺陷。此結構性問題其來
有自，即先天的移民性，注定馬來西亞華人社會與文化發展是
由歷史的跳躍和社會結構的不完整上開拓而來的（見許德發，
2006）。[11]因此，社會相對完整化與文化重建，就是華人社會孜
孜以求的「最終目標」（許德發，2006）。不難理解，華人社會
存有一種「華文大學情結」，這也就是為何我們常在馬來西亞
華社聽聞類似「建立從華文小學到大學之完整教育體系」的說
法了。[12]

　　但是，從移民到公民的社會結構形成必須經過一段漫長時
間的建構過程。實際上，在現代國家或社會中維持一個獨立的
社會性文化是一項雄心大志的、艱苦的事業，也是一個太龐大

10　這也就是為何馬來西亞華人社會常有一種「自以為是」的說法，那就是「馬來西亞華人是海外
華人中最像華人的華人」。

11　可參見本書第十章代結論。

12　有關華文教育發展，可參見 Tan Liok Ee (1997)；柯嘉遜（1991）。

而可望不可即的事業。一個族群自身社會文化的發展，需要龐大而完整的公共機構和政治權力來支撐，若不然，則必定要付出何等的艱辛努力，這其實已預示馬來西亞華人歷史記憶與文化傳承及文化再生產上的艱難與重重問題。所謂的華社「第二稅」，乃至於社會運動領導者公民權之被褫奪與入獄等等，都是這個重建文化體系工程中不可謂不大的慘痛代價。金里卡根據魁北克的歷史經歷指出，只有當一個族群在語言、教育、政府就業和移民方面擁有實實在在的龐大而完整的公共機構和政治權力的時候，它才能保持和再生產其社會性文化（金里卡，2005: 162-66, 180）。進一步的說，除非語言在包括政治、經濟等領域，如法院、立法機構、福利機構、衛生機構等等政府機構內獲得具「公共語言」的實質性權利，有關語言才能生機勃勃（金里卡，2005: 163）。然而，華人社會卻從未要求具備如此廣泛的語言和文化權利，現實上亦不可能。[13]

　　華人社會在文化教育上求之於官方或國家的，其實就是要求公平的國家資助以及運用自由，並不是否定馬來文作為國語與官方語言的地位。具體而言，在獨立時期或一九六〇年代，華人社團或華校教師總會曾極力要求華語、華文與淡米爾文同列為官方語文之一（非「國語」），其目的其實更是為了保障華文學校不被剷除，[14]而不是為了建立國中之國，當然更不是如金里卡所言的「少數族群的民族建國」目的。林連玉在1985年提到為何爭取華文為官方語文時明確指出：

---

13 可詳下一章。

14 在獨立前夕，主要由教總向聯盟爭取，及在憲制談判期間由全馬註冊華團通過「四大原則」爭取。一九六〇年代，則是由教總主席沈慕羽（也是馬華公會青年團副團長）發動「馬來西亞華人註冊社團」，要求政府列華文為官方語文運動，結果以失敗告終，沈氏也被馬華開除黨籍（教總33年編輯室編，1987）。

　　那是 1952 年 11 月 8 日，我和周曼沙、沙淵如代表華
校教總到二王樓去謁見副欽差大臣麥基裡萊先生，從他那
裡知道政府要消滅華校所持的理由是華文非馬來亞的官方
語文。……既然當局以官方語文為武器要來消滅我們，我
們要避免被消滅必須擁有同樣的武器才可抵抗。因此教總
就於 1953 年 4 月全國華校董教代表第二屆大會時提出爭取
華文列為本邦官方語文之一。從此可知華校教總爭取華文
列為本邦官方語文之一純是自衛的、求生存的（林連玉，
1985）。

　　林連玉在 1955 年著名的「馬六甲會談」時，也跟巫統主席
東姑如此說：

　　英文是外國語文，不配作為馬來亞的共通語文。要作
為馬來亞的共通語文，必須是馬來亞的民族語文：第一是
巫文，第二是華文（林連玉，1985）。

　　由此可見，華教人士是肯認了馬來文在即將獨立的新興國
家中的首要地位。再舉例而言，1983 年為回應「國家文化」政
策之威脅而發表的〈華團文化備忘錄〉中，華人社會難得一見
地略有觸及所謂的「歷史問題」。該歷史性文獻指出，「我們不
否定馬六甲王朝的存在以及蘇丹政體的延續性，不過誰也不可
以否定其他民族的合法存在以及參與建國的事實」（姚新光，
2001: 18）。顯然的，他們只要求承認馬來西亞當下的多元事
實，而不是否定其歷史事實。因此，以上述金里卡的術語和兩
大分類類型來說，華人社會既是移民，也是相對少數群體，其
總體要求似介乎二者之間，惟較傾向於移民社會型態的「多元

文化主義」。一方面如西方少數族群，欲建立**某種程度的完整語文及社會文化體系**（金里卡所提及的魁北克省法語人民欲建立其領地的主流語言，但華人顯然不是），但又有西方所謂的移民社會型態，**即「願意融入國家主流，而只是希望國家能夠同時承認他們的貢獻、使用自身語言、文化權利」的「多元文化主義」，而非激進的、威脅馬來文化作為主流的追求**。實際上，這兩者的追求在自由主義者看來，都是合法的。

石元康認為，一個民族的自決權基礎來自於人對於自己的文化的認同權。所謂文化權指的是每一個人或每一個民族有權利擁有一個公共領域，這個公共領域是他們文化的一個載體，而屬於該文化中的人，可以在這個公共領域中實現及完成自己的價值、理想及人生計劃等。之所以如此是因為，生活在自己的文化中是一個人實現及完成他的認同極為重要甚至不可或缺的一部份。易言之，一個被移植到不是自己文化中去生活的人，在許多方面無法充份表現自己，這使得他的行動、表達都受到限制，而這正是許多移民社群的痛苦經驗（1993，25-26）。詹姆斯・塔利則指出，主流文化的發展地位若已得到穩固保護，其他文化的權利不應被壓制（詹姆斯・塔利，2005:178）。金里卡的答案則是：把少數族群權利提升到公民的層次，認為貫徹少數族群權利有助於國家式民族國家建構的合法性，而同化、排斥少數族群，或者剝奪他們的權利來達致民族國家建構是不合法的。他認為，民族國家建構應與少數族群權利相結合，而少數族群有機會把自己獨特的文化保存下去，那麼這種訴求與分配就是合法與正義的（金里卡，2005: 2-3）。而由於移民與少數群體訴求的多樣性，國家的安排與回應可包括諸如採取多元文化政策、民族自治以及使用自己語言的權利形式等等（金里卡，2005: 2）。然而，我們若從西方（尤其是加

拿大）逐漸興起的「文化公民權」論述及實踐來看，公民權的
體制化不再只是對於文化多元主義的承認，也包括了使用多重
的結構性多元主義，使得少數族群可以更進一步地去掌控自己
的機制，讓國家整體包容性可以更進一步（詳見王琍容，2006:
140）。

　　顯而易見，自獨立之後的五十年以來，馬來西亞華人不管
在文化上、生活上更加本土化，同時或許由於形勢亦比人強，
對於追求自身利益更顯示了某種程度的「保守化」，比如對於
華文作為官方語言的訴求，已跡近明日黃花，無人再提，而對
於馬來文作為國家語言亦認同有加，無人質疑。另一個顯例
是，馬來西亞在2018年5月經歷了政權轉換的歷史巨變之後，
參與希盟新政府的民主行動黨、公正黨顯然亦未準備動搖馬來
至上的國家根基，只是要求更公平的政策，如官方資助與更加
承認華校與文化之地位（如撥款華校、承認統考等）。[15] 毋庸置
疑，幾乎所有的少數族裔文化群體都希望融入主流社會，華人
社會也如此。華人社會追求自身的認同與文化建構並非完全抗
拒融合，而是追求一種兩全其美的多元文化方式，讓國家的整
體包容性和整合可以更進一步。實際上，華人的文化建構是在
面對馬來文化霸權之下進行的，「馬華社會」之所以不是「華
馬社會」很大程度上必須歸因於此。從1948年的聯合邦協議與
1957年獨立憲法上為「馬來人」立下定義開始，其實已經明確
表明族群界限的不可逾越，因為華人要與馬來人一樣獲得特權
（平等），就必須同時奉行馬來風俗、說馬來話，而且必須是回

---

15 以提倡建立「馬來西亞人的馬來西亞」目標為政綱的民主行動黨也從不至於質疑憲法中保障馬
來人特別地位的153條款，只是要求所謂馬來特別地位僅限於此條款下所列明的「土著在公共服
務領域（中央政府）、獎助學金、教育及培訓機構的合理百分比名額（或稱固打）」等等。

教徒。這完全是一個僵硬的同化模式，已經關起了進一步相互融化的可能性。獨立建國前夕，華人社會一些領袖曾罕見的提出一個較具理想性的遠景，當時華團赴英倫代表之一的陳期岳旅歐歸來後即指出，應當「效法瑞士的四大官方語言政策，但人民以國家為效忠物件（著者按：對象）」（馬華請願團代表陳期岳，返甲在機場發表談話，1957）。

　　儘管華人的立場極為複雜、含混，難以一言以蔽之，但歸納起來，我們大體仍然可以這麼說，當今華人社會至少在已明言的層次上，還可以接受有關馬來人地位的憲法條款（即使憲法不平等是不合乎正義精神的），但反對推衍過當的「馬來主權」論述與政策。[16] 這似乎與前面提到的馬來社會較開明的自由派源流之底線有接近之勢。對許多華人而言，如果說馬來主權所指涉的是馬來君主、[17] 馬來語作為國語（但不否定其他語言的權利）等等這些元素，尤其是馬來文化作為一種官方儀式和象徵，那麼我們從華、印族群晚近二十年來的言行而言，尤其是對新一代華人來說，這些似乎都已不是、也不成問題了。[18]甚至經濟上的扶弱政策，華團早在一九五〇年代即已提出。因此，儘管不容易言說，但華人社會應該嘗試讓馬來社會了解他們對本土歷史傳統承續上的具體態度。華人要求承認他們的

16　實際上，即便華人社團在獨立前夕的立憲運動時期也贊成經濟扶弱政策，也認為可以接受如馬來保留地之類的馬來特別地位。當然，如果從社會正義角度上來說，一個民族或原住民是否應該基於他們與土地的淵源而享有特別地位，尤其他們又處於多數民族地位，這是可爭議的。

17　前引拿督沙禮爾認為：「這取決於人們如何詮釋。我認為，馬來主權所談的東西關係到蘇丹制的存亡。要廢除馬來主權，就等於是要修憲，廢除蘇丹制，以推行總統制」（見《星洲日報》，2008年4月29日）。

18　以作者的觀察，若基於歷史淵源，馬來文化作為一種形式、國家象徵或儀式而被國家／官方化，這是華人社會比較輕易可接受的，也是華人社會所肯認的。但若涉及某種特殊權利、利益的層面，則較具爭論與複雜。

平等地位大體是較溫和的、並未有過激行動，因為他們在對待馬來西亞與馬來人之間存在的特殊歷史淵源上，呈現一種逐漸（完全）承認與接受的總體趨勢，而只是認為歷史淵源不該造成歧視。華人社會所要求的是其文化權利得以落實，以保有更為完整的公民權。

　　如果要具體形構華人所追求的國家建構型態，或許類似於塔米爾（Tamir）理念型的「自由主義的民族主義」可概括形容之。在「自由主義的民族主義」國家內，國家把對相互競爭的優良生活觀的評價視為公民社會中的個人事務，讓他們自行選擇。國家的任務僅是試圖發展和維繫公民們在一個倫理共同體中的共同歸屬感，由此人民就更可能履行對於自己同胞公民的義務，使少數群體的權利得到滿足，而「自由主義的民族主義」在此過程中取得的成功，成為通向社會團結的、獨特的自由主義方法（塔米爾，2005；Tamir, 1993）。誠如前述，華人社會並未要求完整、全面的文化和語言權利，因此並沒有挑戰馬來文／馬來文化作為國家的象徵與型態。尤有進者，華人社會也一直積極支持建立「馬來西亞民族」目標，不管華文小學或華文獨立中學課程都以培養國家意識為其教育宗旨。實際上，多元文化政策要求看似為了滿足少數群體的利益、幫助他們自我發展，但實質目的乃是促進民族國家內部的整合。金里卡正是以多元文化主義的公民權（Multicultural citizenship）概念，為解決少數群體權利需求問題提供了思路，從而最終實現民族國家建構的目的（金里卡，2005；朱聯璧，2008: 15）。

五、結語：設身處地的雙向理解與同情

　　總的來說，若我們承認馬來人作為土著族群的歷史事實，

相對於北美、澳洲的情況，我們可以說馬來人有其幸與不幸之處。就其幸而言，馬來人身為所謂的「土地之子」顯然沒有像美、加的印地安人、澳洲的毛利人那樣，被其殖民者及後裔所超越及主宰；但就馬來人的立場而言，其不幸則在於，雖然有人口上的優勢，但它卻無法模仿一般的民族國家那樣，完全宰制少數族群，實施單元化的國家文化，而是必須確認國家的多元事實，並與他們分享某種政治權力，及在宗教和文化上容忍其他少數族群的自主性。我們從比較的角度來看，也以一種設身處地的方式來思考，雖然作為移民社群的華、印度族有其悲劇，他們為自身積極爭取政治與文化權利值得同情，同時符合當今多元化的潮流和正義原則，但馬來人一直強調其擁有的特殊（土著）地位、與其他族群有別，亦有其言之成理之處，我們不能一概加以否定（參見蔡源林，2004: 18）。

　　然而，以當今的政治現實而言，馬來主權消解與否，及在馬來西亞歷史延續限度上該如何劃線，這在很大程度上還得胥視馬來人自身的動向。此次的論爭大體就是由馬來人所引發的。因此，對於馬來西亞的不平等政治，華人公民社會除了批判、爭取承認之外，還需要有一點等待內在演變的耐心。畢竟對許多馬來人而言，從歷史到多元現實之間，可能還需要一段轉折和陣痛的歷程，而這個過程看來還有待更長的時間來完成。顯然，如何在歷史統緒和普遍平等價值之間尋得一個平衡的、合乎情理的基準，仍然考驗著全體馬來西亞人的智慧與耐力。

第十章

代結論
國家權力邊緣下的馬華文化記憶
傳承與文化再生產問題

一、前言

　　有關文化傳承的問題一直備受馬來西亞華人社會所關注，它可說是一個困擾幾代華人的舊問題。實際上，一個移民社會從原鄉遷徙至海外尋找新天地，若他要保留其文化特徵與認同，必然需要經歷一個文化重建的過程。上一章已討論了華人的文化追求向度及其現實限制，本章將著眼於華人社會如何在現實限制中傳承其文化。所謂文化傳承，其實在很大程度上就是一種集體記憶（collective memory）建構過程。所謂「記憶」自然是指向過去，是一種歷史，但本文所取乃一種比較廣義的定義，不僅指涉書寫上的歷史，更涵蓋更大層面的一般集體文化意識與社會記憶。「集體記憶」最早是由法國社會學家霍布瓦克（Halbwachs, 1992）所提出，意指個人的記憶被定位於所屬社會對記憶的集體架構（collective framework of memory）中，而這種記憶架構往往受到社會主導思想所影響，但更重要的是，它揭示了集體記憶是文化認同形構的基礎。誠如保羅・康納頓（Connerton, 2000: 2）在論析社會對過去的記憶時所指出的，「我們對現在的體驗在很大程度上取決於我們有關過去的知識。我們在一個與過去的事情和事件有因果聯繫的脈絡中體驗現在的世界，從而，當我們體驗現在的時候，會參照我們未曾體驗的事件和事物。」顯然，基於記憶的延續，人們才得以承認自身和所處的文化傳統有一種因果聯繫，並在自己的生活、實踐中保持對記憶所蘊含的某些文化認同，一個族群集體認同的文化紐帶於焉形成。相反的，如果華人社會失落其固有的集體記憶，那就意味著此社會經已發生全盤的「結構性健忘」

（structural amnesia），[1]華社的文化意識與認同將完全由另一種型態取而代之，就好像許多印尼華人被同化一樣。易言之，一個族群的文化認同雖往往取決於自身對當下的理解和怎樣設想自己的未來，但是「當下」和「未來」的界定卻不得不胥視其「歷史」的敘述。

　　因此，本章將嘗試探討華人社會的歷史記憶傳承過程，以探視華人文化意識傳承所呈現的曲折演變。然而，一個族群的記憶形塑和文化認同明顯受到族群間權力關係和國家權力自身性質的影響，在馬來西亞尤其如此（林開忠，1999；Tan, 2000）。作為探討此題旨的途徑，本章將把華人歷史文化記憶的傳承過程置放於其與「國家」（state）關係中，看兩者之間的互動與糾葛，以及由此而來的種種文化歸趨與現象。值得本文追問的是：作為一個移民及其後代所衍生的社會，其移民性如何主宰它的集體記憶與文化取向？相對於馬來社會與官方領域的高度重疊，華人社會可說是隸屬民間，在缺乏憲賦文化權力之下，也等於失卻有效的官方機制支撐與傳承管道，它長期以來究竟是如何以其民間機制維繫及傳送其集體記憶，並呈現怎樣的性質與傾向？它又如何與官方記憶相抗衡？作為總結，本文最後亦將論析華人社會在既有體制與文化權利底下，其所傳承之文化再生產所呈現的問題與當代困境。

二、可望不可即的事業：先天的社會文化結構闕失

　　為了解答上述問題，首先我們必須就華人社會在文化傳

1　歷史記憶建構是在「有所記得」，也「有所忘記」中完成，這涉及一個選擇的過程。有關「結構性健忘」，詳見Gulliver, P. H. (1995)。在本土研究中，以此「結構性健忘」為主題的研究可見Janet Carsten在探討浮羅交怡馬來人的論文（1995: 317-35）。

承上所處的內外困境與其所依靠的社會機制稍做回顧。誠如上述，馬來西亞華人社會是由移民社群所組成的，而這種移民性事實上在很大程度上，已先天性地注定了華人在這個1957年才獲得獨立的新興國家中處於不平等地位。在歷史上、也在現實上，馬來人被認為對馬來（西）亞擁有主權，而此主導地位在獨立後逐漸獲得堅實鞏固。換句話說，馬來西亞的多元族群、多元文化、多元語言雖是社會事實，卻不是政治事實（何啟良，1999a: 36）。獨立之後的國家憲法賦予馬來人特別地位，馬來「社會」可說在很大程度上差不多相等於「國家」，國家必須反映馬來人特徵，馬來人也是國家的主人。華人社會相對而言，則是處於「民間」，其文化社會與經濟領域都得自力更生，自求多福。儘管從1957年獨立以後至1969年這段期間，華人社會的政治反對力量曾動員結集，進行長達十二年不間斷的鬥爭，企圖通過選舉和街頭運動與馬來政黨爭奪國家機關（詳見祝家華，1994），但結構性的各種先天缺失使得它們難以成功。1969年的「五一三」一役更使得華人社會進一步陷入政治困境，從此對權利的鬥爭態勢也逐漸趨於守勢和保守化。

　　然而，華人社會失去國家機關的掌控以及權力的邊緣化，則意味著必須逐漸面對迎面而來的殘酷結果——馬來民族國家意識型態制度化的壓力。誠如安德森（Benedict Anderson, 1983；安德森，1999: 125）所言，國族建構是近代的產物，也是二戰以來許多第三世界前殖民地獨立建國後的共趨。因此獨立以後，尤其是1969年爆發的種族衝突為年輕一代的馬來民族主義者借助政府的干預，推進馬來人在各個領域的主導地位提供了契機（Tan, 2000）。政府採取建立一個全面的以馬來民族為主導的國家為其建國目標，不止企圖鞏固其已大權在握的政治勢力，也計劃在文化上、語言上、經濟上實行民族化，各種

單元化政策雷厲風行，馬來西亞華人遭遇了全面的、不間斷的壓力。更值得注意的是：與此同時，作為實踐這個民族化目標的工具，馬來西亞國家機關也與時俱進、逐漸強化，華人自然處於更難以招架的困境中。猶如何啟良所指出的，「毫無疑問地，大馬國家機關的能力是強大的，而且集中在首相部裡，在政治、經濟和文化各領域都是如此。說的更嚴重一點，大馬甚至有『泛國家』（pan-state）的傾向」（何啟良，1997: 6）。

職是之故，官方的、以馬來人為主導的國族理念得到強而有力的國家機制，諸如教育制度、文化政策、官方媒體等管道的支撐，並從上而下貫徹到底、不分種族的實施於任何國民之上。然而，處在「民間」的華人社會並沒有遺忘它淵源有自的中國／華人性及移民記憶，這使得其集體記憶與馬來人所主導的官方記憶出現極大的張力。但正如前述，由於華人社會政治權力邊緣化的結果，失去國家充份的支持，也連帶失卻各項族群記憶傳送的管道，如高層次文化構築所依賴的學術機制、高等教育，以及作為一般文化載體的文化工業、官方媒體等等。在這種官方強、民間弱的情境下，華人社會又是如何維繫其歷史記憶以傳承及再生產其社會文化呢？

余英時曾指出，相對於中國文化大革命破壞中國本土民間社會，海外華人之民間社會尚存，因此保存了不少傳統價值（劉夢溪，1996: 364）。以此來審視馬來西亞華人社會，也頗能道中一些實質。海外華人這種相對的保守性主要正是建立在其民間社會還存在某種程度的自治性。歷史地看，在英國統治時期，由於殖民地政府當局大體上對華人社會持著一種「讓它自生自滅」的態度，形成華社半自主性的社會空間，使得華人社會得以建構自身的社會機制。何啟良曾分析道，「殖民時期的華人祕密會社的囂張是無政府的極端，而早期的血緣性和地

緣性會館和鄉團組織負擔起華人福利的責任，甚至馬華公會的發起也是基於這一原始動力」（何啟良，1997: 9）。換而言之，英政府不願意負起對華人的各種社會福利與需求，不過只要華人不威脅殖民地當局的政治秩序與經濟利益，他們仍具有某種程度的自由空間，以發展自己的文化、社會與教育領域。這種歷史情境與因素使得華人社會的民間參與一開始就顯得相當活躍，因此出現許多民間領袖與頗具魄力的慈善家。如上一章所述，十九世紀中葉以後，隨著早期華人人口的穩定增長，華人社會大量設立自己的學校、報館和各種團體組織（會館、廟宇）變成自然之事（詳見顏清湟，1991），也因此形塑了一個華社內在基本自足的體系，使其歷史、文化記憶在這土地是得以維繫和傳承。同時，親屬關係、宗教和政治組織、社會制度都是構建集體記憶過程的一部份。換句話說，主要由上述華社三大支柱支持了各種集體歷史、文化記憶的渠道與載體，比如教育、文學、民俗等等。其中尤其學校與報館之創立正是社會性文化再生產中的關鍵一步，因為這才得以保證語言及與之相關聯的傳統和習俗傳給下一代。

大體上，英國殖民地時代比獨立後的政府更寬容對待創立華校、報刊與團體組織。這三大結構基本扮演了華社「安內攘外」的角色，以致被冠稱為「華僑三寶」或上述的「華社三大支柱」。這三大支柱相互連接地形成了在政治、社會、文化各領域上護衛、代表華人的機制。但是必須說明的是，華社僅是保持「基本自足」的體系，它仍舊存在著先天結構上的缺陷。此結構性問題其來有自，誠如前面所說的，這可說是移民社群必然要面對的。第一是它是一個從屬社群，未能在這片土地上當家做主，自然也沒有國家所擁有的各種機關。第二是因為海外華人移民社會的構成是來自於眾多個人的遷徙，而不是

整個中國社會板塊式的移植。這先天性注定它的社會結構是斷裂的、與中國本土不同，也不成熟、不完整。比如它沒有健全的士階層、從上而下的領導層、大學或研究機制以及文學生產生態等等。許多有關社會記憶論著都指出，選擇集體記憶非取決於個人的意志，而更像是經由社群中長者或菁英份子所做的選擇，因為他們被認為是最有能力詮釋當前及未來群體利益的人。顯然，移民性注定馬來西亞華人社會與文化發展是由歷史的跳躍和社會結構不完整上開拓而來的（許德發，2001b），它缺乏菁英階層等文化生產力量，故而社會相對完整化與文化建制化就是華人社會孜孜以求的「最終目標」。

　　但是，從移民社會到完整的公民社會結構必須經過一段漫長時間的建構過程。正如上一章所論及的，在論證自由主義與文化多元主義的關係時，金里卡嘗試指出，在現代國家或社會中維持一個獨立的社會性文化是一項需要有雄心大志的、艱苦的事業，也是一個太龐大而可望不可即的事業。這裡要藉此說明的是，只有當一個族群在語言、教育、政府就業和移民方面擁有實實在在的權力時，它才能保持和再生產其社會性文化（金里卡，2005: 156-58, 180）。反觀華社的現實情況，除了華文學校的體系，華人社會僅僅在一些路牌、招牌、填寫銀行支票等等細微的局部上要求中文（及華人文化）可以在公共領域被允許使用，與金里卡所列出的必要領域之廣泛簡直不可同日而語。實際上，在政府決定公立學校的語言時，它是在提供社會性文化所需要的或許是最重要的支持形式，因為可以保證這種語言和與其他相關的傳統習俗是否能夠傳遞給下一代。相反，拒絕提供以某種少數民族語言進行的公共教育，幾乎不可避免地決定了該種語言會日益邊緣化（金里卡，2005: 142-43）。金里卡進而提到，少數群體必須創造它自己的高等教育系統——

不僅要在小學及中學層次上，還要在大學及專業學校的層次上
（金里卡，2005: 164），因為**在現代世界中，保持一個社會性文
化不是每年舉辦民族節日或給孩子用母語開課的問題，而是創
建和保持一套使少數群體通過使用自己的語言而加入現代世界
的公共體制的問題**（金里卡，2005: 166）。以金里卡上述文化
建構所具備的條件來審視馬華社會文化發展，其實它已經深刻
替我們指出馬華文化疲弱與貧乏的問題根源，亦已預示了馬來
西亞華人文化記憶傳承上的艱難，更指出社會文化再生產的重
重問題。

三、文化資源分配正義與社會文化再生產之困局

正如上文所論，馬來西亞華人文化事業從未具備龐大而完
整的公共機構和政治權力之支撐。華人社會有限度的文化多元
主張與追求，在馬來民族主義堅持的「完整」、「淨化」概念
下，仍然沒有得到充份肯認，而馬來西亞的憲制及其衍生而來
的文化政策究竟賦予華人社會怎樣的文化權利？如上所述，馬
來西亞憲法承認了馬來主權作為國家的本質，[2]而華文非國家
語言，只「允許華人自由行使其語文權利」，官方亦沒有實質
義務資助其發展。實際上，林連玉與沈慕羽爭取華文為官方語
文地位之失敗，已預示了華文發展的困頓。金里卡甚至認為，
政府決定哪些語文為官方語文，實際上就決定哪些語文繼續存
在，哪些即將死亡（金里卡，2005: 75）。也就是說，**馬來西亞
的憲法雖有部份承認現實的多元語言／文化，即讓其他民族自**

---

2 一些學者認為，馬來西亞建國憲法承諾建構一個多元文化社會，但卻因政治事實牽引出單元主義
及馬來回教化的趨勢（見Azmi Sharom, 2009）。

由奉行其語言文化權利，但並非「積極承認文化多元」。馬來西亞華人僅有消極的文化權利（相對於積極文化權，政府則會大力支持及肯認其地位），而且此一消極文化權利在實際的政治運作中還得遭遇政府的壓制對待，這是因為馬來語文已為憲制所本質化。更大的問題是，官方以憲法之馬來文中心位置，嘗試在具體政策上追求一致性、同質化不同的國民。[3]質言之，它鼓勵、甚至強迫生活在國家領土上的公民融入到使用一種共同語言的公共體制中（金里卡，2005: 1）。泰勒即曾指出，「假如現代社會有一『官方』語言，按這一術語的完整意思，就是國家贊助、灌輸和定義，所有經濟職能和國家職能都通過這一語言和文化起作用」（引自金里卡，2005: 15）。因此，在實際的文化與教育政策層面上，從一九六〇年代開始，政府就通過「1960年拉曼達立報告書」（*Rahman Talib Report*）及《1961年教育法令》致力把獨立之前即已存在的各種語文源流的學校統一為政府學校，從此政府只津貼國民學校（National School）和國民型學校（National Type School），僅允許在小學階段以母語教學。同時，所有母語教學的小學都改制為全津或半津國民型小學，而很多以母語教學的中學也紛紛改制成為「國民型學校」。尤有進者，儘管華文小學已於1957年成為馬來西亞國家教育體制的一環，但是由於馬來亞政府各項政策和行政偏差，長期以來，華文小學面對增建上的重重困難，例如撥款、師資、設備等等重大難題，政府始終沒有放棄建立以馬來語為主要教學媒介語和單元化的未來國家教育制度目標。

　　在憲法賦權下，一九六〇年代政府實施了「國語政策」，

3　在現實的層面上，由於英文的強勢以及中文的經濟效能，都使得此一同質化過程面對挑戰，當然這是另一個問題了。

強調獨尊馬來文及國語作為國家共同語言的重要性，也進一步確立以馬來語取代英語為國家公共領域的語言，尤其在立法及司法領域上（Ainon Mohd., 2002: 443-53）。除此之外，自1974年之後，還有三十五項法律條款限制著私人界對非馬來文的運用，如1976年地方法令、廣告法令、新聞部的1981年廣告指南（Advertising code 1981）、1965年公司法、商業註冊法等等（Ainon Mohd., 2002: 447）。在學術上，本地國立大學基本也只允許馬來文及英文為碩博論文語文，這窒息了中文作為學術語言發展。在文化政策上，最決定性的事件當然是國家文化大會議決三項「國家文化概念」。這三個概念是：（一）馬來西亞的國家文化必須以本地區原住民的文化為核心；（二）其他適合及恰當的文化原素可被接受為國家文化的原素，但是必須符合第一及第三項的概念才會被考慮；（三）回教為塑造國家文化的重要因素（陳祖排編，1987）。這些政策實際上貫徹了一種同質化的語文政策，自然沒有承認華人的文化權。對「國家文化政策」的延伸與貫徹，還包括國家文學、國家電影政策，它獨尊馬來文及其文化。國家文學定義了只用馬來文書寫才是「國家文學」，國家電影發展機構的法規（Finas act 1981）則規定，一部電影必須要有70%以上的馬來語對白，才被承認為「馬來西亞電影」，並享有扣稅優惠（關志華，2015: 180）。[4] 顯然的，從這幾項政策可發現，語文幾乎成為文化的代名詞，馬

---

4 2011年之後，國家電影機構調整其條例，不管電影媒介語是否為馬來語，只要配上馬來字幕、同時電影50%以上是馬來西亞取景，及超過51%的電影版權屬於馬來西亞人，便可被承認為馬來西亞國家電影（關志華，2015: 190）。但實際上，還有許多限制，比如馬來西亞國家電影發展機構為鼓勵更多敘述國族歷史文化及激發國民愛國情操的電影製作，所設立的「愛國及文化電影基金」（Dana Penerbitan Filem Kenegaraan dan Warisan），主要申請條件便是電影媒介語必須是100%馬來語（關志華，2015: 194）。

來文的文學、電影才是馬來西亞的國家文學與電影。

實際上，學校教育是文化再生產過程中社會再生產的一種體現，因為它涉及語言之習得，尤其語言又是文化與思維之載體，對塑造人的主體性及日常實踐影響重大。我們甚至可以說，怎樣的語文高度決定了怎樣的文化高度。泰勒在社群文化的諸多面向中亦特別提出「語言」這個面向。在他著名的「文化自主權」五段論證中認為，對現代人而言，認同的一個重要層面是他們的語言文化，也就是說他們的語言社群（linguistic community）。語言社群作為認同的關鍵層面是否確保，對於我們能否成為完整的人類主體至關緊要。因此，我們有權利要求他人尊重我們語言社群存續的條件（江宜樺，1997: 96）。我們可從華校語言教育切入觀察此一文化再生產的問題。作為文化再生產過程中的一種特殊場域，馬來西亞華文教育的客觀情境是：在多語的華麗表象背後，馬華社會飽受繁重的語文學習困擾（王國璋，2015: 178）。在現有文化權利下，馬來西亞一般華人的中文程度只有小學程度（在2011年，高達96%華裔學童入讀華小），而其中大多數華人到了政府國民及國民型中學時只修一科中文（在2010年，分別七成及兩成進入國民與國民型中學，另一成就讀獨中）（王國璋，2015: 182），而且大都非正課、每週僅有三節的「母語班」語文訓練，在中學階段又大部份全面以馬來文作為媒介語，同時又要接受英文必修的壓力，實際上華裔子弟從小學到成年，都必須承受多語言的困擾。如果我們以語言學家所說的，只有少數約略一成五的學子可以精通雙語（何況三語？王國璋即言，獨中所強調的三語並重不免近於天方夜譚）（王國璋，2015: 192）來審視馬來西亞華人的語言狀態，我們恐怕發現大部份華人子弟在多語／三語的困擾下，出現了嚴重的「雙半語」（semilinguals）或三半語的現象。

這意即華裔子弟對每一種語言的掌握只有表面上的流暢，但卻沒有一種語言能力足以從事深度抽象認知及細緻書寫的工作。教育學者陳耀泉即曾指出，尤其在當今政府強力推行「強化國文政策」下，極力要在華小推行國民學校程度之馬來文，更是擠壓了華裔子弟的語文平衡（Tan Yao Sua, 2015: 43-45），否定了華人文化的深刻發展。華人社會必須思考在現有的三語狀態中如何取捨，如何培植各種雙語人才，不要再毫無常識地追求「三語並重」之天方夜譚。寧可中文為主、馬來文為次，或者馬來文為主、中文為次，或者就是英文為主中文為次。沒有多少民族社會可以經得起三語精通的壓力，也沒有一個族群社會應該永遠承受「雙半語」狀況下的文化低沉與焦慮。而且致命的是，政府中文教科書內容已經完全由官方制定，因此裡頭自然必須依照以馬來人為主導的國族歷史意識設計，也不會以華人文化傳承角度做任何考量。一些研究業已表明，教育部對華校課程安排上強調的是語文（中文）的工具性，而非其文化意義，華文小學課程及教育中也存在著國民意識與文化認同之間的張力問題（Ingrid Glad, 1998）。

以文化中最精緻的學術及文學發展為例，其深化正需要「抽象」與「細膩」的語言，而這兩種語言正由於華人的語言及文化體制之現實作用下，變成一種奢侈的要求。正如黃錦樹著名的論斷那樣，馬華社會基本的文化水準，通常就反映在語言中，尤其是文學語言——文學語言一般被視為一個社會或民族最純粹、精練、豐富的語言（黃錦樹，1998a: 45）。然而，馬華文學「直接面對的問題，則是文學語言技術的貧乏——文學寫作畢竟是高度專門化的技藝，書寫者必須面對既有的書寫遺產，作品是否有力量其實有賴於書寫者掌握的文化資本」（黃錦樹，2015: 109）。另一方面，有如前述，國家文化政策對中文

或馬來西亞華人文化缺乏充份的承認，而被貶為族裔文學，即使巨匠存在，也不可能得到國家機器或制度的發現（黃錦樹，2015: 114）。這種「小文學」的境況是，猶如許多第三世界作家們那樣，只能向資源中心——經常是殖民母國的首都，現代大都會，或至少是國家的都城，或鄰近的都會——行旅，留學、移民或流亡。拉丁美洲作家的歐洲之旅，構成了文學爆炸的知識條件，而馬華作家何嘗不如此——留學臺灣孕育了李永平、張貴興兩位重要小說家（黃錦樹，2015: 115）。

　　至於馬來西亞中文學界，它至今仍是一個高度不成熟的小群體，學術資源貧乏，學術人員品質多有不足，已是公認的事實，我們亦可姑且稱之為「小學術」（許德發，2015: 140-43）。作為高層次文化再生產機制的學術領域，國家層面的學術資源也幾乎全由他族所壟斷，華人社會自身也未能在民間進一步完整的發展學術，華社研究中心、新紀元學院等的狀況就是一大顯例。因此，我們看到整個社會的發展與華人問題的發生遠遠超過學術界的理解能力，我們無法以自己的理論框架與學術語言去了解社會發生了什麼事。文化深化也步履維艱，誠如歷史記憶學者所言，歷史敘述或學術研究是民族想像或記憶建構的必要且重要途徑。因此在很大程度上，華人社會必須依靠民間各種非正式形式進行文化傳承的管道，包括霍布瓦克所認為的維繫記憶的方式以及前面所提到的，諸如民間報刊、家庭、作為象徵的民俗、傳統節日活動（Maurice Halbwachs, 1992），留學中港臺及個人的自覺努力等等，而沒有強有力的官方體制及正規的、完整的學術、教育體系支持。很大程度上，用黃錦樹的話說，這是依靠「讓文字缺席」（黃錦樹，1998b: 115）的活動以支撐的。華人歷史記憶正因此缺乏基礎性的蘊藏，自然顯得淺薄，文化深度呈現結構性困境。顯然的，馬來西亞的中

文文學與學術都注定淪落為一種「小文學」、「小學術」的境況。這與上述馬來西亞華人對於重建自身文化、追求創建及建構都是極大的悖反。華人內在一直具有一股追求完整體制的動力，在文學上即體現在追求自己的文學經典（如黃錦樹早年的經典缺席論），而這也就必然導向追求自身的大作家，甚至追求建構自己的文學語言；[5] 在學術上，則體現於追求自己的中文學術，並期待出現大學者、大師，然而這些期待最後都必須回到建構大學層次的學術中文、研究機構、自己的文物館、文學建制等。但猶如前述，文化重建或創建，其實背後涉及的是完整的語言訓練，而這些正是馬來西亞華文體系所嚴重缺乏的，這又必須回到國家層面的「承認」與建制化。一切問題的核心在於語文如何進入公共體制。一些自由主義者在回應多元文化社會時認為，公民所屬的文化能具備發展生存的活力是個人自由能在公私兩領域中運作的主要社會條件。此一論點的根據在於，一個有發展活力的文化乃是個人自由與自主的一項必要條件，同時在一定程度上，也是個人自由與自主活動不可或缺的構成脈絡。既然一個人所言所為的價值都多少表現出其文化認同的特性，那麼，唯有在所有成員己身所出的不同文化都得到他人，包括文化本身的成員以及與這些文化毫無關係的成員之承認與肯定，在這樣的社會中，才能找到個人自尊的存在條件（詹姆斯・塔利，2005: 198-99）。顯然，語文與文化必須依附於國家機制與公共領域始能活出，更是個人活出自己的必要前提。

---

5 著名作家李永平曾在講座中說，他後悔沒有將「南洋華語」提升為「文學語言」，而在年輕時期聽信師長的意見去建構純粹的中文。他甚至認為，若他建構了南洋華文的文學語言，他今天的地位會更加崇高。於2016年11月27日馬大中文系臺灣文化光點活動，文字記錄可見〈我的故鄉，我如何講述〉（2017: 22）。

四、乏力的抗衡：華社三大支柱的傳統傳遞功能

以上已敘述了社會文化結構闕失以及華人文化權利限制所造成的困局，接下來我們可以進一步追問，華人社會憑藉既有的、有限的民間機制可以如何抗衡官方機制？它又在傳承文化上陷入怎樣的具體格局？從英殖民時代迄至獨立至今，華人的政治從屬地位沒有發生根本的變化，華人社會在維繫與輸送歷史記憶上儘管存有各種致命的局限，但在面對強有力的官方意識型態機器的馬來化壓力下，華人社會萌現了巨大的危機意識和悲情，並思抗衡。自殖民地時代延續而至的所謂華社三支柱仍舊一以貫之地延續其傳統功能，甚至逐漸發展成一套抗衡國家機器、屬於華社民間的「類國家意識型態機器」（黃錦樹，1997: 62），比如董教總就被稱為是華社的「民間教育部」。這其實也是華社追求自我結構完整化的必然發展。然而，這個「類國家機器」儘管涵蓋了數量龐大的華團、華校以及華文報章，其滲透於華社之面向也非常廣闊，網絡巨大，但畢竟仍存在著各種歷史局限和現實困境。最為明顯的是除了受制於政府的各種壓制，其陳舊的自身管理與觀念、不間斷的內耗，無法更好地發揮其實際功效，因此當然無法代替或抵銷國家機器的作用。

實際上，以族群意識為基礎的政治分化以及政府政策的種族化都影響了華人的文化認同觀念。原本指向單元化目標的各種政策最終反而導向相反方向，正如菲利曼（Amy L. Freedman）所認為的，政府的政策與機制諸如教育政策、政黨、選舉制度與憲制等方面都使得華人社會難以涵化於馬來文化中（Freedman, 2001: 441-40）。很顯然，華人的認同問題如不與這些政治範疇相聯繫是不可能得到理解的。誠如柏林在論述

民族主義時所使用的「彎枝」（Bent twig）隱喻一樣，當一個民族遭到羞辱性的壓迫時，這個被迫彎曲的枝條終究要反彈回去（Berlin, 1991）。許多人類學者業已指出，一個群體只有被逼到自身文化邊界時，才會「發現」本身的文化，並對此一文化重加評估（王明珂，1997: 72）。因此很值得叩問的是，以華人的文化邏輯與局限的輸送記憶機制，它如何做「反應」？如何傳輸？沈松僑在研究晚清中國知識份子的黃帝神話建構時認為，中國知識份子在西方文化衝擊下，體現了兩方面的反思：自我稱謂的探討以及著手建構中國的過去（沈松僑，1997）。馬來西亞華人也呈現在自我稱謂上，如疑惑於身份上到底是馬來西亞華人，抑或馬來西亞人。一九九〇年代時，亦曾爭論是否應改稱「華裔馬來西亞人」（Chinese Malaysian）。[6]

　　與此同時，華社同樣顯現建構自我文化與歷史的意圖，發生這種現象當然有其緣由。在實際層面上，中共於1949年上臺之後，也阻斷了華人回歸之路，而更為重要的是，馬來亞面對馬來亞共產黨的威脅，政府亦與中國斷絕邦交。中國文化與馬來亞華人的實際接觸，包括留學路因此幾乎完全隔絕。另一方面，1957年的獨立事實上反而加重了華社的困擾。政治上的獨立也就意味著華人已經不能再像殖民地時代無需思索身份認同問題，獨立意味著它必須效忠這新興的國度。由於政治上的敏感性，即為了避免引起政府對華人效忠的猜疑，引發了華人的過度反應，即對中國文化認同患得患失，這多少影響了一部份華人對文化傳統的態度。然而，在現實上的隔絕以及華人面對馬來國族意識型態威脅下的反彈（文化衛護）因素之相互作用下，竟激起華人一方面竭力完整化自身的傳承體制（如興建獨

---

6 有關此方面的討論可參見何啟良（1999b: 117-28）。

立大學，但以失敗告終），以及召喚日常生活中的各種文化符號，但同時由於官方壓制以及前面提到的華人社會內部文化實力單薄和貧乏的民間體制資源，因此出現了文化邏輯上的必然發展——所謂的文化表演性顯現（何啟良，1999a）。這一方面我們可以華團為了回應「五一三」之後政府提出的「國家文化」政策而舉辦的文化節作為具體例子。

何啟良對此曾評道：

> 講得嚴重一點，當前馬華文化的發展基本上已到了一個轉折點。我們發覺，文化活動的重點是「文化表演」；文化節項目如舞獅、風箏展、大旗鼓隊、二十四節令鼓以及展銷會如手工藝、茶藝、花燈等等，皆是以「表演」、「展示」為主的。頻頻的「文化表演」逐漸地變成一種「表演文化」了。（何啟良，1999a: 31）

華人文化節作為一種反彈的動作，裡頭的文化表演也充滿古典性質，遂遠離華社真實的生活方式。林開忠曾指馬華文化有「被客體化」的傾向，是極為中肯的評語（林開忠，1999:130）。傳統節日作為一種輸送與傳播記憶的主要方式之一，因此華人過節過年的氣氛也極為濃重。比如幾年前（2000年前後）在華人新年期間就曾發生了燃放孔明燈的熱潮，以致干擾飛機飛行而被禁。這種新年燃放孔明燈之玩意在其他華人社會是絕無僅有的。這似乎是海外華人遠離母體文化後失去一種自然存在的文化氛圍及土壤後的一種文化召喚，這在在說明了移民性的文化邏輯以及拮据的文化動力，也似乎印證了共同記憶需要靠操演中傳遞和保持的傳統論點（保羅‧康納頓，2000:「導論」4）。

　　在展示一種回歸中國文化舉動的同時，華社也呈現了建構屬於自身的本土歷史。它以雙重路數切入，即「傳統的發明」以及「記憶拯救」同時行進（蕭阿勤，1997；陳美萍，2002）。以前者而言，林開忠在這方面已有詳盡的敘述（1999：118-58），這裡不必贅述。唯可以再稍添一例的是有關華人文化起源的「發明」，即有人把與鄭和下南洋有關的三寶山喻為馬來西亞華人的「聖山」，因為「華人文化及一切由此開始」（《南洋商報》，1993年10月2日）。然而事實上，三寶山與當今華人文化脈絡沒有太大的直接關聯。這顯然說明華人在面對馬來意識型態壓力下，嘗試尋找自己的本土象徵，以及「發明」自身的民族縹緲的寓言。在當代馬華文學中，英國曼徹斯特大學學者沈安德（James St. Andre）甚至認為，馬華作家似乎存有一種類似殖民者的幻想：希望看到其他文化不存在於殖民地上，來說明正是他們「文明化」了荒蠻的殖民地（2006：33-55）。這當然言過其實，但馬華文學作品確實呈現諸多華人文化記憶，尤其是有關華人在馬來西亞貢獻的歷史記憶，而這些記憶往往建立於馬來西亞在華人南來之前為沒有發展與文化之地的基礎上。

　　在「記憶拯救」方面，一個顯著的個案是發生於一九八○年代有關爭奪首都吉隆坡開闢的貢獻。事實上，從英國時代開始，一般歷史記載皆承認華人甲必丹葉亞來是吉隆坡開闢者。然而，吉隆坡歷史學會卻突然宣稱開闢者另有其人，甚至小學考試問題答案也以此作為根據。這其實與馬來亞政府獨立後重新定位許多歷史人物一樣，乃一種國家去殖民化歷史建構過程的一部份（如在英國殖民地時代被列為反叛者的馬來抗英份子

都陸續被「平反」，獲「追封」為國家鬥士），[7]目的是為了爭奪本土歷史貢獻，以進一步合法化馬來人主導地位。華人社會為之反彈，華人社團為此也相應地搞了許多有關葉亞來貢獻與歷史座談，並激發一股「拯救」葉亞來歷史的研究風氣。[8]此後華人社會亦出現數量可觀的有關華人人物與地方研究，這可被視為此相同脈絡下的產物，亦是華社對國家歷史的一種反表述。基本上，吉隆坡開埠者之爭隱藏著馬來人主導的官方與華人民間歷史記憶之間的反差與分化。從此論爭中，可發現當官方歷史與華人民間記憶有很大的衝突時，民間會有批評與補充，政府的壓迫愈大，民間非官方歷史的「生命力」愈強。

　　歷史與權力的糾葛莫過於此。顯然的，這不是單純的史實之爭，而是與現實政治利益息息相關的爭論。其實這就是傅柯（Michel Foucault）所提出的知識與權力之爭，誰是「開闢者」也成了一種象徵符號──象徵哪一族群的貢獻──這完全符合布爾迪厄所謂的「象徵資本」爭奪的提法（1997: 196），可說是華人深恐自身歷史流失或貢獻不被重視下的一種「拯救」行動。許多華人史書寫就是在這種背後動機及動力下出現的，比如方修的馬華文學史書寫、馬來西亞華人史編撰都是如此（陳美萍，2002）。說穿了，華人的這一切因應深切說明華人極力抗衡馬來單元化政策。也因此，華人學術研究之問題意識呈現當下化的發展，講究的是一種致用的精神，而不是學問本身。

7　一個鮮明例子是，英國殖民地政府駐霹靂州參政司畢治（James W. W. Birch）被馬來人馬哈拉惹里拉（Maharajalela）刺死，後其子Sir Ernest Woodford Birch亦為霹靂州參政司，英殖民地政府為紀念後者而把吉隆坡一道重要公路命名為畢治路（Birch Road）。但獨立之後，政府則把該道路改稱為馬哈拉惹里拉路（Jalan Maharajalela）。這一路名轉換極為反諷，顯見歷史價值判斷的巨大差距。

8　葉亞來的故事與歷史意義本身即充滿歧義性，因此歷來一直被不斷闡釋，不同的時代自有不同的意義。詳見柯雪潤（Sharon A. Carstens, 1992: 241-56）。

　　華人致力承續華人性及自身的歷史，所以在馬來西亞華人社會裡會時而聽到所謂「馬來西亞華人比其他海外移居地的華人最像華人」的說法。這透露了華人認同上的焦慮，以及上面所說的被逼到民族邊界後的反應。在當今中國，此現象是絕對不會出現的，因為理所當然的──都在中國了，當然是中國（華）人──豈有不像中國人的焦慮。孔子所謂「禮失求諸野」的說法，也因此常可在海外華人社會中得到某些印證。

五、開放與外在干擾：馬華文化在跨國文化場域

　　當時序進入一九九〇年代以後，馬來西亞政府提倡「2020宏願」，為了達到先進國目標，在族群政治限制上稍微放鬆，一時之間，華人文化活動驟然蓬勃，華社也為此振奮。與此同時，中國的進一步改革開放，馬中建交、解除旅遊中國探親禁令，與中港臺的文化交流也有顯著增加，不論是學術交流、書籍流通等等活動都顯現活躍的景觀，甚至有人稱此為「文化熱」。實際上，上述變化也伴隨著全球化的背景置換，多元化與跨國交流已是不可避免的大勢所趨。這對一直處在相對封閉系統中求存發展的馬來西亞華人文化是一個契機，它可說已經「干擾」了華社記憶傳承和馬華文化的自然演化。不過問題是，固有的民間華社機制與文化型態是否能夠把握契機，並能支撐和因應此契機所帶來的可能轉化與挑戰。

　　實際上，政府長期的壓抑政策使得中文學術與思想得不到良好延續與發展，在某種程度上造成「哲學的空白」。[9]這也就

---

9 這裡轉用余英時的說法。在論述中國一九八〇年代的「文化熱」時，余英時認為，當時中國發生正統的意識型態─馬克思主義─的思想信仰危機，因此出現所謂的「哲學的空白」（余英時，1995）。

是說，過去華人社會的文化生活是在嚴重缺乏「上層建築」作為其基礎和指引的，這不能說不是一項危機。因此當文化政策鬆動下，許多有關中國學術活動首先突然活絡起來，許多學術研討會都相續舉辦，中國、臺灣、美國學者陸續受邀到來，這也就不令人驚奇了。但是，這是一九九〇年代之前所無法想像的，有人喻此為「學術大拜拜」，顯見其熱鬧有餘的一面，不過大體上它對華社的學術建構還是起了一些積極的意義。與此同時，「哲學的空白」之後也產生「順手亂抓」的亂象，許多所謂的研究會如「孫子兵法研究會」、「三國演義學會」、「易經學會」、「紅學會」等憑空出現（許德發，1998: 42）。之所以說它「順手亂抓」是因為其活動之非學術性質，反而造成許多文化誤讀的現象。無論如何，這些文化景觀說明華人社會有中國文化復歸之勢，華人傳送中國文化記憶似乎寬鬆得多了。華人的文化與歷史記憶壓抑有了某種程度之解弛，但文化如何深化與建制化仍舊是一項難解的問題。問題的另一面是，華人社會過去強烈的文化悲情與憂患意識亦隨之逐漸淡去，這為華人文化發展增添了幾許不確定性。

美國學者柯雪潤（2005; 2003: 321-44）在研究跨國媒體與馬來西亞華人社會的關係時注意到，對來自中國大陸、臺灣等地區，尤其是香港的跨國媒體消費、旅遊機會以及與中國大陸文化資源接觸之增長，作為更大社會、經濟與政治話語的一部份，這已衝擊了馬來西亞華人文化，並改變了其性質，也影響了華人的社會認同。她認為，隨著「大中華」經濟和政治崛起，以及成長中的城市中產階級對文化認同的渴望，已導致華人社會間更為確定地促進自己的文化，以作為馬來西亞社會一個不可分割的組成部份。確實，馬來西亞華人社會之大眾文化長期深受港臺影響，尤其是香港影視通過一九八〇年代的錄影

帶風潮至九〇年代政府的有限度開放天空——衛星電視——觀眾得以全方位收看香港電視,使得香港影視長驅直入家家戶戶。但在另一方面,政府又長期不准成立本地華語電視臺,華人因此沒有條件發展自身的視覺文化工業。直至九〇年代,政府才允許一些國營電視臺中文時段由一些私營公司提供本地攝製的電視劇。然而,由於面對強勢的香港電視浪潮的衝擊,觀眾口味以及要求其實已經為香港製作所蘊含的標準內化了,微弱的本地資本和製作處於難以自立的位置,其拍攝手法、劇情幾乎完全「香港化」。[10] 這幾乎無助於文化工業留住本土記憶的作用。換句話說,外國文化工業壓迫了國內文化工業之發展,而且也放逐了文化工業可具有的本土精神內涵。

不管喜歡與否,一九九〇年代大眾媒體發展是一種世界性的現象,馬來西亞自然也不由自主地捲入這個大眾媒體鋪天蓋地的網絡之中。大眾媒體在歷史記憶上的作用巨大,晚近許多研究表明,大眾傳播媒體早已成為形塑人們歷史意識極有力的制度化媒介,電影似乎可使過去再生,比博物館、展覽、紀念儀式等更生動地將過去再現出來(蕭阿勤,1997: 254)。然而引人遐思的是,為什麼馬華社會多年來不見自身本土意義的懷舊熱?其實大家都不可避免私領域的懷舊,每個人可能都在陡然間生發自己的童年往事。然而由於華社欠缺自己的文化工業,集體的本土懷舊想像似乎未被營造出來,比如為何華社沒有對過去一些值得留住的記憶發生懷念(林連玉懷舊?)。反之,外來文化工業產品之長驅直入,竟然使到華人社會也出現

---

10 一些馬來評論界與報章就曾經多次問道,馬來西亞或華社是不是「小香港」或香港的邊陲。另外,臺灣著名的馬來西亞籍導演蔡明亮指出,「新馬地區還有一個問題,他們受到好萊塢和港劇的影響,你看新加坡電視台或是馬來西亞電視台,很少看到創作,手法、內容都是抄,表演方法全是香港電視劇那一套」(林建國,2002)。

某種外國懷舊，令人頗有空間錯置之感。香港懷舊或文化意象在馬來西亞華社的耳熟能詳，即是一例。然而比較讓華人稍可放鬆的是，馬來大眾文化工業儘管得到官方資助，但也與其他第三世界一樣，面對西方文化工業無所不摧之打壓以及自身技術之滯後，因此未能形成一種有效的歷史意識工具。

　　另一方面，落筆至此我們也得詢問：香港大眾文化的影響是呈現哪種型態？基本上，香港流行文化也同樣衝擊其他華人社會，這表面上也使得華語社會似乎有了共時化的傾向。但與此同時，也有評論者認為，香港大眾文化的儕俗性也促使馬華文化受其波及，它所「生產」的偶像「緋聞」甚至填補了華人社會（每個社會）所需要的偷窺心理（劉敬文，1994；2001: 6-9）。年輕一輩的腦海裡幾乎很難有沉重的歷史意識危機感，可能進一步散失本土化或移民經驗的有限積累。事實上，一些研究也揭示了一個弔詭的現象，即大眾傳播媒體自身的商業化傾向，將活生生的經驗和具體的事件簡化成浪漫的、可依序述說的故事時，已鼓勵遺忘。在當今所謂後現代的時代，電視與電影的視覺刺激強力塑造人們的意識，人類的記憶能力似乎變成多餘了（蕭阿勤，1997: 256）。

　　當然，我們在分析影視文化工業的影響時，也應避免犯上「媒體中心論」。事實上，當人們接觸媒體時，他們必然也以自己的習慣、觀念或角度去理解，因此媒體與文化的關係是「諸種中介化活動的交互作用」（interplay of mediation）（陶東風，2002: 9）。這也就是說，儘管現代媒體在文化再現中有支配性的作用，但我們不能否定其他的文化經驗，如與家人、朋友的言談以及日常生活經驗。借用斯圖亞特霍爾（Stuart Hall）的術語，電視等媒介的作用是「管理」我們的生活經驗，但我們也可以反過來說，我們的生活經驗同樣在「管理」媒介所攜帶的

訊息（陶東風，2002: 9）。因此，馬華社會的問題可能在於本身文化積累不夠深厚，因此易於受到外在的影響。追根究柢，問題顯然還是在於華人社會固有的文化斷層及經驗傳承問題。外在強勢的大眾文化浪潮只是加重了問題，並引向另一個僞俗化、文化商業化、消費化問題。大眾文化甚至導致現代讀者對文學著作閱讀興趣和能力衰退，年輕一代寧願看電影、電視，而不選擇閱讀原著（周憲，2000: 128）。這使得原本「硬書」出版市場既小而窄的華社更難發展其學術及文學機制。當然，這是一個全球化的現象，已非華社可單獨解決了。但其他已經發展自身大眾文化工業國者至少尚能把其文化刻畫於大眾文化工業產品上，馬華社會卻沒有這樣的本錢，問題就顯得複雜多了。

六、結語：後現代格局與舊問題

總的來說，移民社會的客觀限制以及華人的不完整文化權利，共同造成華人文化深耕的困境與限制。故此，馬來西亞華人文化的發展前景還胥視在何種程度上華文可以重返公共領域，即文化權利可提升到哪一個程度。此外，自獨立以來，馬華社會一直面對尋找本土主體性的問題，這是由於來自國家與現實壓力迫使華人必須尋找認同方向，一方面它堅持保持其華人性、移民性，而另一方面則又必須基於現實需要，尋找本土化坐標。然而，所謂限度問題——要放棄多少華人性和融入多少本土性——卻成了華人社會焦慮的來源，使其文化記憶與建設方向不明確。這些舊問題在步入今日「後現代狀態」（借用

李歐塔語〔Jean-François Lyotard〕[11]）之後，問題更為複雜多變。馬來西亞在一九九〇年代經濟起飛至今，加以全球化的跨國文化、科學技術衝擊，後現代主義文化邏輯亦已明顯呈現出來。猶如學者們所指出的，在哲學上，後設話語失效和中心性、同一性的消失；在美學上，則是傳統美學趣味和深度的消失，走上沒有深度、沒有歷史感的平面；在文藝上則表現為精神維度的消逝，本能成為一切（王岳川，1992: 20）。這些其實都成為華人社會生活的一部份。後現代的多面性如至少其全球化現象所帶來的全球大中華共同意識可能會加重了華社原本固有的中國意識，但它的本土化面向則又可能激發華社尋找更多的本土性。這有意無意之間加劇了華人文化認同的張力與混亂。

　　然而，我們可以肯斷的是，當今華社不可能處在「兩極」之中，即完全的本土化或完全的華人性追逐。如何恰如其份地貫穿融會「移民／華人記憶」與「本土記憶」可能才是當前的一大問題，但解決此問題卻無疑需要自身文化實力作為墊底。時間已經向我們證明，單靠華人社會自身難以健全化與完整化的社會機制來操作文化建設，已經猶如「海市蜃樓」。如果華人社會不欲仍舊在文化深度上徘徊，那麼華社應當善用跨國時代所帶來的各種多元化契機，認真思考怎樣通過其他管道輸送其歷史與文化資源問題，以彌補自身社會與官方體制在這方面的闕失。尤有進者，在後現代所攜帶而至的大眾文化、工業化問題、城市化問題、人間虛無感、追求消散與零碎化的各種衝擊下，華人社會在舊問題未解，新問題即至之際如何自處，其實已經成為華人社會最大的世紀挑戰。然而，面對中國崛起、

11　即所謂的「The Postmodern Condition」。見李歐塔（Jean-François Lyotard）著，車槿山譯，《後現代狀態：關於知識的報告》（La condition postmoderne rapport sur le savoir）（台北：五南，2019）。

全球化時代的來臨，卻又使部份華人感到樂觀不已。狄更斯所謂的「這是一個最好的時代，也是最壞的時代；這是一個最樂觀的時代，也是最悲觀的時代」頗是華社現況的寫照。

實際上，時至今日，華人社會的文化與思想問題仍然沒有太明顯的轉變。有關新一代華人青年的思想代際狀況至今仍未有比較實證的研究，但我們可從幾個面向略做觀察。首先，自一九九〇年代以後，國家開放創辦私立大專，這舒緩了國立大學固打制對華人的衝擊，華裔弟子接受高等教育的機會增多了，然而值得注意的是，這些私立大學卻多是以商業方式經營，甚至是上市公司所掌控，造成這些主要是華裔的大學生在缺乏學術氛圍、人文薰陶的大學校園中完成大學訓練，極大可能造成華裔生的價值、人格訓練是偏頗的。實際上，當教育這個領域完全由商品邏輯來主導的時候，教育的本義就會變質（許德發筆訪、周保松筆談，2015: 38-39）。其次，若從社會關懷而言，隨著九〇年代以後國家開放、全球化以及思想氣候變化，各種議題紛至沓來，國內青年亦為之所動，比較關心更邊緣的弱勢群體，如女性、LGBT、憂鬱症、廢死等等。易言之，華裔青年所關懷的議題似乎已超越了上一代比較單純的華人問題取向。其三，2019年香港發生的反修例風波、臺灣總統選舉與2020年的冠病疫情和中美貿易戰，華裔青年反中情緒熱烈，可是同時也有另一對立面的所謂「中華膠」之出現，兩派激烈爭論，這裡又說明了大中華意識在中國崛起後的影響，但是必須指明的是，反「中」在馬來西亞的語境中其實並非反「中華文化」，而是反中共。以上初步觀察或可說明，馬華新一代基本呈現頗為複雜的演變，思想深度基本停滯不前，儘管關懷層面似乎有所開闊。表面而言，對華人文化關懷似乎不及上一代那樣集中、執著，然而在馬來西亞種族主義未解決的情境

下，基於一種反彈心態，華人社會對於維護自身文化也不可能消退，這可從希盟上臺時華人對希盟的改革與糾正不平等的極高要求可見之。簡言之，面對這個時代，馬來西亞華人何去何從？它如何傳承移民記憶、其與國家關係的拉扯、如何提升文化再生產能力等，皆頗費思量。

評論

一、公共事務的核心：政治理性的重建與復歸

　　2008年3月8日的大選結果為國人帶來了絕大的震動，同時也給我們帶來了很多啟示。國民陣線在毫無敗象懸念下遭遇了空前挫折，馬來西亞數十年來一黨霸權的窒悶似隨之消散不少，選後社會整體氣氛也跟著起了不小的變化。當大選成績陸續宣佈後的凌晨時分，國內並沒有發生過去人們所擔憂、國陣所不斷宣傳的「反對黨勝選，五一三種族騷動事件就會重演」戲碼，一九八〇年代在沙巴出現的奪權行動也沒有發生。一方面，反對黨呼籲支持者保持冷靜，不要有慶祝遊行，同時另一方面，首相阿都拉在凌晨的記者會上則以「輸了就輸了」的平和態度接受大選結果。儘管此間發生了霹靂和雪蘭莪兩州州務大臣玩失蹤的戲劇，但只拉長了戲劇性張力，整體而言，國陣與人們還是在比較理性的情況下接受了民主裁決，這提供了反對黨平和接管權力的通道，於是立即出現了皆大歡喜的局面。這其實已經表明馬來西亞已經發生了一種深層的變化，而簡單的說，這種變化其實就是一個「政治除魅」的過程。

國陣慘敗開展政治除魅的過程

　　以韋伯的話來說，「除魅」就是一種理性化的展示與顯現。選後數州政權和平轉移，就是展示一種政治理性化，這在

1969年或甚至在選前，仍是大家所難以想像的。我們接著也看到，這個「解魅」立即發生在國陣內部成員黨之間，即隨著巫統的巨大威權之墜落，某種自主的理性力量被釋放而出。因此，我們開始看到一種前所未有，卻非常重要的新現象：玻璃市與登嘉樓二州違背了巫統中央欽點首長人選的指令，跟看馬華公會、民政及國大黨也相繼興起批判國陣政策的聲音。

實際上，在巫統獨大及所謂馬來主權的不容挑戰下，過去除了許多所謂種族敏感課題不可觸及外，原本正常的政治議題諸如反貪、透明化、宗教事務、司法公正等都成為馬華公會、民政黨或國大黨的禁忌。我們應該還記得，數年前內閣十位非回教徒成員曾聯合呈交一份有關宗教備忘錄予首相，最後被認為「無禮」而被迫收回。然而選後翻轉，馬華公會與民政黨或國大黨已經急不及待的展開了一系列接續不斷的攻錯行動，開始批評國陣、或肯定反對黨陣線的一些措施了。民政黨主席許子根在選後不久，就率先宣佈該黨將回歸創黨價值，此後連串的針對各項議題發表文告與意見，包括司法改革、發展政策等等，這與他過去對巫統唯唯諾諾完全不同，讓人乍然以為他是反對黨領袖。同樣的，國大黨的三美維魯也一改選前作風，要求政府釋放五位印權會被扣人士，甚至恫言若政府不協助印度人，他將轉而求助於國外。令人玩味的是，一向強調低調協商作風的馬華公會總會長黃家定也公開說，「協商」令人印象不佳，以後將公開表達意見，馬華公會也駁斥吉蘭丹王儲及巫統的馬來主權論，並聲言反對落實單一族群及宗教的政策，因為這種做法已剝奪其他民族的權益。無可否認，在選前出現這些言詞幾乎是難以想像的。

在巫統方面，儘管其內部暗流洶湧，它的多家黨報嘗試通過馬來種族性議題凝聚馬來人支持，但無疑的，阿都拉確實

已經正在開啟各項成果未明的改革措施，巫青團也不得不為其過去罔顧各方意見、三番四次舉劍的行為公開道歉。顯然的，人們在選舉中展示的集體力量已經迫使國陣多少正視自己的錯誤。在反對黨方面，我們所看到的則是，安華在公正黨獲勝之後，以更具信心的姿態進一步大膽挑戰固有根深柢固的思維，提出過去讓人不敢想像的「人民主權」概念，以推翻「馬來主權」論述。這透露了反對黨與政府在若干政策、主張上，提前顯示了頗為良性的競爭態勢。還有，民間的華總選前支持國陣，選後也要訪見安華，而被視為親反對黨的非政府組織也不再像過去那樣，僅僅把監督力與批判點放在國陣政府。這一切現象都在說明，我們正在走出政治一刀切的政黨政治及其呆板的二分法，國陣、反對黨陣營儘管還正兩相謾罵，但兩者之間的走向卻在某種程度上有接近之勢——從治理上而言，兩者都具有執政黨的實質位置，都需要被監督，而在理念上來說，國陣在各種議題上也被迫為反對黨所牽制而從行。

誠然，當原本開放的言論領域被劃分為禁區，政府的威權及諸多禁制羈礙了人民，最後也大大局限了自己的作為，內部缺乏反省的力量。國陣敗選後，這些符咒，尤其是長期套在民政黨、馬華公會及國大黨等頭上的魔咒一一剝落。現在他們也許發見，過去多年不可踏入的禁區，而只能低身下氣協商的議題並非不可碰觸，比如馬來主權就是一例。對馬華公會等對巫統逆來順受的國陣小黨是如此，對民眾而言，更看到一個封鎖許久的魔咒彈指之間即被解除，人們呼吸到沒有極端粉塵的自由空氣，許多人都應該感到心胸開闊不少。

作為主流的民主價值與公共理性回歸

追根究柢，這場除魅的源頭，是來自於馬來西亞公民在

大選中的集體意志展現。因此可以這麼說，這是選民所推動的「理性運動」，是他們大力毀壞過去依靠「馬來主權」為論述的「一黨獨大」霸權的結果。巫統的碎裂及其權力、論述魔咒脫落之後，接下來自然就是整個社會向理性的歸復，包括依屬於國陣內部的份子也敢於發言，這是一種屬於回歸公共理性。我們可以這樣概括理解「公共理性」的含義，即它是討論公共事務或公共參與的核心價值。沒有理性，就沒有正常的交流與糾錯。也就是說，政黨或組織應是作為一個「理性存在者」發表意見，而超越其特殊職業、階層，尤其是黨性利益的局限。他們所採取的方式是努力訴諸一些公認的前提，以屬於國家層次的問題為關懷核心，並運用可以理解和討論的推理說話。從民主政治或政黨競爭的角度看，政策能夠回到理性辯論，政治能夠回歸良性競爭，這都是讓人們期待已久的發展。

其實，所謂的現代民主制度是以政黨政治為基礎，而政黨政治則是一種利益政治。利益政治總會把社會劃分為不同的各種利益集團，而過去很多時候馬來西亞都是以種族或族群來代表不同的利益分野。然而按照羅爾斯的看法，一個依據正義原則的民主憲政制度，需要的是全體公民的公共理性。換句話說，在成熟的公民文化下，選民們所遵從的不僅是政黨的原則與理性，所選擇的也不僅是最好的自我利益的政黨代表，而且需要遵從和捍衛以憲法為核心的正義原則。在黨派利益之上還有一個更高的共同體公共利益，這就是所謂的公共理性——全民最大的公約數。一個成熟的公民文化會把共同體的公共利益看得很重，如果某個黨派損害了公共利益，就會被選民所拋棄，而本屆大選正是體現了此一公共理性的原則。簡言之，公共理性不是某個社會群體的單向理性，也不是某個政黨的理性，而是社會群體關注政治共同體的公共利益、公共價值、公

共精神的理性，同時也要有接受不同意見或「理性分歧」的寬
容與氣度。

　　實際上，我們從歷史角度來看，在獨立初期，馬來亞至
少在族群利益上還是具有某種寬容度，即使那時種族關係也充
滿爆炸性。東姑在獨立憲制談判時期，在面對馬來人不滿將放
寬公民權條件給非馬來人的巨大壓力時，曾這樣對馬來人說：
「對非馬來人苛刻，他們會接受嗎？全世界會接受嗎？」這句話
說明，在那個動盪的年代，儘管不如人意，但馬來領袖還是顧
慮到世界的眼光，也比較人道。簡而言之，誠如很多學者所指
出的，1969年以後，馬來西亞大體才走向一個種族威權體制，
但顯然的，經過此屆大選後，非政府組織及反對黨主導的非種
族路線，即族群寬容、人權、廉政、治安、民主化等議題已經
成為一項主流論述，成為國內各族群所能接受的公共理性之所
在，這已經迫使國陣一些成員黨轉換思路，選後敢於質疑巫統
權威與原有政策、論述，這在前面已經提到。更明顯的是，它
迫使首相阿都拉把過去四年只放在口上的司法及廉政改革提到
議程上，儘管其著力多深仍待觀察。甚至於從來沒有予人絲毫
民主形象、過去鮮談民主人權的黃家定近日也在記者會上宣
示，馬華公會還是以華人為基礎的政黨，但未來將以「全民共
治，各族分享」為核心進行政黨轉型，並以全民角度出發，強
調民主、民權、民生、民願。當然，馬華公會未來如何轉型尚
言之過早，但這也不禁使人頗生「覺昨日之非」的感歎。

　　從這些變化來看，我們也許可以做一個謹慎而稍微樂觀的
結論：馬來西亞公民正在形成作為個體的公民理性，他們已經
正在為凝聚超越情緒性的純族群關懷、及超越黨性認同的理性
的主流價值論述和共識做好了準備。一個以超族群性動員為基
礎的公民社會、政黨型態也正在形成，但更為重要的是，這種

型態發展正是馬來西亞當下情境變化中的反應，使其具有長期存在的能力和不斷生長的潛力。當然，馬來西亞是否可以更深層的普遍化與建制化上述的公共理性，一切還取決於幾項值得後續觀察的變數之相互作用、消長，即一、首相阿都拉究竟有多少改革決心，並能平撫黨內相對保守的挑戰。國陣其他成員黨又是否具有改革深度，並能迫使巫統進一步接近公共理性價值。二、回教黨是否能進一步「解去回教國化」，這是維持強大且實質具有民主改革共識的反對黨陣線，以與國陣競爭的最大變數。回教黨雖然也信念公平與廉政價值，但畢竟都從回教角度立論。這雖與行動黨、公正黨的世俗角度有共同之處，但也掩蓋不了它們之間具有難以疏解的內在張力。三、一般上，在一個民主國家，不管怎樣的情況下，都存在中間選民，而部份這類選民往往具有不可信、易變、非理性、不關注時事的特徵，而且往往其選票所佔比率頗高。他們在來屆大選如何投票，也具決定性作用。

在健全的兩黨政治國家、在公共理性已普遍形成及建制化的國家，兩大政治陣營之路線往往也將趨同接近（如美國的民主共和及英國的工黨保守黨），而未來觀察馬來西亞政治是否邁向良好景觀，亦可以此作為觀察坐標。對未來，我們姑且拭目以待吧！（原載《視角》第15期〔2008年4月15日〕）

二、魔咒解除之後：華社已至「思考沒有馬華公會時代」的臨界點

獨立五十週年（2007）慶典才過去，歷史竟然發生令人始料不及的巨大轉折。從1969年始，馬來西亞歷屆大選一直給人「鐵板一塊」的印象，因為沒有人會以為國陣將遭遇重挫。睽違

將近四十年之後，反對黨終於又迎來勝利的歡呼。如果說，近四十年前反對黨大勝迎來的是種族暴動、成立國陣以及進一步坐大巫統，那麼本次大選則帶來相反的結局，國陣不僅重演不了它上屆的光榮戰史，其整體板塊更鬆動至基本退守南馬，開啟了巫統霸權逐步解體的契機。對許多厭倦巫統霸權者而言，國陣和巫統之慘敗簡直就如同寓言故事中的魔咒霍然揭開一樣，使人振奮卻又茫然不已。

崩解中的馬華公會「以華制華」論述及其「在朝代表」模式

正如許多論者所指出的，巫統政治霸權是建立於「各族代表」模式之上，並以「馬來主權」論述為其核心，而馬華公會（或印度人國大黨）則是此種族霸權結構中的組成部份，以「華人在朝代表」為其政治路線及其正當性論述。即使在1969年前被廣泛認為最具前途的多元種族政黨——民政黨——在加入此模式及結構的運作後，亦被擠壓成華基政黨／華人代表。從1949年在各地華團紛紛議決支持下成立為代表華人的組織，到1955年三大族群組成聯盟以爭取獨立開始，馬華公會就以此論述確實地得到一部份華人的認同，當1969年陳修信決定帶領馬華公會不參與內閣時，即引來各華團領袖的大力勸留。即使國陣取聯盟而代之後，權力一面倒往巫統傾斜，但仍不改馬華公會此論述對一些人的影響力，甚至不少具有理想與視野的人士也繼續選擇加入國陣。但是必須指出的是，這並不意味著這些人士滿意於此既有現況（status quo），他們更大程度上是基於相信國陣「不倒」的迷思，所以進入體制內爭取各自族群利益或糾正偏差。長期以來，支撐馬華公會及一部份華人政治立場的就是這個「正當性」論述，也由於此，演變至今，馬華公會

已深深結合進巫統的霸權結構中，它們之間是一種共生關係，難以辨析。

在馬華公會此論述中，最常見的一種論調是：自一九八〇年代開始出現的「以華制華」說詞。它大概出自魯迅1933年的《偽自由書》，其實乃沿襲近代中國思想家魏源在面對三千年未有變局下提出的「師夷以制夷」的另類變論。它原指外國人利用華人克制華人，如今在馬來西亞竟然成為華人內部的互斥。而其讓人熟悉的論據是，華人一旦投選行動黨則將導致馬華公會在朝實力被削弱，而馬華公會也因此在為華社爭取權益時相對失色。在選前，馬華公會中委黃木良等人特地召開記者會舉例指出，在1986年和1990年大選中，由於行動黨分別贏得二十四席和二十席而超越馬華公會的十七席和十八席，導致華人在朝力量減弱，無法為華社爭取更多權益。「反觀1995年、1999年和2004年大選，馬華各贏得三十一席、二十八席和三十一席；而行動黨僅得九、十席和十二席時，馬華公會為華社爭取權益時，表現出色。」

與此同時，在馬華公會此論述下，也一直強調「內部爭取」的有效性及其艱難，以尋求華人的「理解」。尤其自黃家定上臺之後，他更屢次在演講中「語似誠懇而尋求諒解」地提到，「自己做事的方式不能高調，因為在國陣內部爭取是如何如何的艱辛」，彷彿是「一把辛酸淚」。筆者個人就曾在一場學術研討會上，親耳聽聞他的「肺腑之言」。然而，也許這樣的感性說辭會使一些人感到同情，但更多的可能卻是感到憤怒，人們不禁要問：難道我們就要長期如此下去？我們不該尋找更好的方式嗎？顯然的，如此「低聲下氣」，卻又沒有收到實際效果的路線只能使人更質疑。黃家定的幕僚究竟是如何提供其策略的，委實使人不無納悶。

　　多年以來，馬華公會都訴諸其「在朝代表」論述，尤其在本屆大選反風大吹之下，更被「無所不用其極」地誇大，乃至於形成一種恐嚇的地步。國陣選前不斷通過鋪天蓋地的媒體極盡宣傳「在朝代表」、「需要各族代表」的重要性，甚至阿都拉選前最後一夜還破天荒上電視加以強調。然而，其效果顯然適得其反。選後這些宣傳語已經變成：「各族代表制時代是否即將告終」？

　　我們可以這麼說，國陣及馬華公會的戰敗實已超越選戰技術層次等問題，恐怕只有一個結構性因素可以解釋——民眾要懲罰國陣與馬華公會之失政，尤其不再接受巫統霸權及其下的各族代表論述。經此一役，國陣不倒的神話已面臨崩解，這勢必解開人們懼怕尋求改變的心理，而其「各族代表制」論述更是面臨空前的頓挫。更極具諷刺的是，馬華公會大敗的幾個州屬，諸如霹靂州、雪蘭莪州及檳州行政議會的華裔代表不減反增，這更是對馬華公會所謂的代表制論述的一次巨大反諷。馬華公會元老曾永森選後也不得不說，政治大海嘯所帶來的新格局反而可為馬華公會日後爭取華人出任第二副首相職的新契機。

　　儘管我們不能說種族政治已經完全失靈，但在客觀效果上，確實顯現了種族政治的敗象，尤其第一次出現在投票上發生各反對力量相互交集的現象，而各反對黨大體又都秉承非種族路線，因此更能祛除國陣的種族動員方式。有意思的是，隨著反對黨在幾個州的勝出，使它成為準執政黨，所謂「在朝代表」的「在朝」也已經變成模糊不清，馬華公會再也不能以「在朝」獨據和自居，其「在朝代表」論述更顯失據無力。從更為廣闊的角度來說，此次反對黨勝出也使他們可以從過去的反對政治變成政策政治，即從選票上（與國陣）的競爭變成能力、政策、制度的競爭，而不是種族的競爭，這才是最正面的

民主深化與鞏固的發展勢頭。

共識的政治及讓巫統直面全體社會

實際上，許多論者已經指出，就馬來西亞的具體情況來說，馬來西亞的民主發展之所以延宕多礙，主要在於中間攔著一個「種族因素」。許多民主理論家指出，民主制最理想的實踐土壤是一個同構型社會，或諸如美國這樣一個具有共識型（以自由、民主為其共有價值）的社會。彌爾（John Stuart Mill）就曾指出，「在一個有不同民族組成的國家中，自由體制幾乎是不可能實現的。在相互之間沒有了解的人們之中，尤其是如果他們使用不同的語言來讀與寫的話，那麼，對於代議制政府的運轉十分必要的統一的公眾輿論是無法存在的。」顯然地，由於過去馬來西亞的輿論深受種族、語言割據與分化，很多議題都染上「種族」因素或被「種族化」，以致許多全民議題很難在這個多元社會中得到共識。不幸的，我們欠缺的正是一種不以族群為劃分的「共識政治」。

當然，這裡所謂共識政治不是指涉英國政治學者所指陳的「政黨政策上的趨同」，而是單從字義論之，即指出不同背景人們的輿論、認知與追求有「趨同現象」。事實上，唯有此種趨同，國家才能免陷於兩極化及撕裂性的對立抗衡的政治生態。比如過去馬來西亞即使已經存在著一般認為可促成民主化的「中產階級」，但這個階級也因為「種族」而分化，很多問題還是得從種族角度出發。在巫統的馬來主權論述下，種族利益超越了階級、民主利益，許多馬來人認為「主權」重於「民主」，因此即便國陣政府統治下出現許多違反民主價值事件，仍然不影響馬來人的支持及其執政權。但本屆大選出現的另一新現象是，各反對黨在安華的從中協調，加之以反對黨、NGO

過去長期超種族、跨語言的不懈宣傳下，許多國家議題（如貪汙、朋黨、通膨、不透明、司法危機、治安等）已經可以得到各族群輿論的跨族認知和認同。換句話說，各族至少在議題關懷上已有「趨同現象」，才造成一個共同的投票取向，導致國陣族群論述的崩解。

可以這麼說，本屆大選的上述共識政治現象已把馬華公會及其在朝代表逼到死角，馬華公會當務之急是應思如何轉型問題。近年來，個人在研究有關獨立前憲制談判與華人社會時，常有一些感觸和問題，即：如果沒有創建馬華公會或馬華公會退出國陣，華人社會歷史會呈現何種面貌？歷史沒有「如果」，這當然僅是一種個人的懸思，但至少我們可以肯定的是：五十年來馬華公會所代表的協商和族群代表路線至少已被證明對華社而言是不斷退守的，因此應該到了尋找新思路的時候了。而從當屆大選的形勢看來，隨著馬華公會的「在朝代表」論述崩解後，其實整體華人社會已經到了一個臨界點上：即可以考慮沒有馬華公會的時代，也必須為此做準備了。也許還有一些人會繼續持守馬華公會論述，而疑慮將出現「華人在野，巫統在朝」的現象。但是，我們姑且退一步說，即使來屆大選出現巫統東山再起而馬華大敗的格局，這其實仍然不是一個「太壞」的局面：我們不妨就讓巫統勝者全取，讓它直接面對整體社會／華社吧！實際上，勢到如今，以馬來西亞多元化現實以及馬來人內部變化而言，不管任何政黨已經不至於敢大膽實行比目前更為嚴厲的單元化及歧視政策，除非該政黨瘋狂了，而願意自絕於全球化的世界。當巫統直面華社，當它需要華人選票時，就讓它直接訴諸於華社，學習如何面對華社，而非像過去通過馬華公會那樣分而治之。這才是真正的「全民政治」！

　　對於馬來西亞這個多元族群國家來說，族群性不適於充當國家建構認同的紐帶。顯然地，現代政黨的出路或許在於「以價值為導向」，即追求諸如公正、環保、多元主義或共和主義等各種基本價值和議題政治。這也正是多元社會樹立其國家認同紐帶之所在。民政黨慘敗後已經開始說要重新回到其已告別近四十年的基本價值，它自有其歷史基因作為基礎，然而當前馬華公會已被國陣框架牢牢捆綁住，利益輸送關係根深柢固，加以其政黨意識型態僅僅屬於一種保守的、類似早期幫派的意識牢結，而嚴重欠奉現代民主政治意識，其領袖們「搶當官，當了官就官腔官樣」的官僚習性更是深厚，這似乎注定它之難以自拔與改革。這可從其整個領導層在選後不思改革窺之，他們連當年陳修信敢言退出內閣的膽量也沒有。若然如是，則此黨可能將淪為小黨，恐無再起之日。當然，情況也不允許我們過於樂觀，1969年馬華公會同樣遭遇慘敗，更退出內閣，但其族群代表模式後來又因成立國陣而獲得延續。我們仍然必須提防「族群代表」論述敗部復活，及種族政治模式再次復辟。無論如何，種族與霸權政治魔咒是否已經真正揭除，來屆大選就可見真章了！（原載《視角》第14期〔2008年3月15日〕）

三、陳禎祿評價與馬華公會的歷史應用

　　有道是「盛世修史」，馬來西亞華人社會自然沒有身處盛世的機運，但去年杪（2007）的馬華政圈卻似乎史風極熾。馬華公會首次把每年的12月13日訂為「敦陳禎祿紀念日」，並在剛過去的這一天大動作地到陳禎祿墓地公祭。據該黨總會長黃家定指出，他們也準備舉辦一系列向陳禎祿致敬的活動，並通過黨校發揚陳禎祿精神。與此同時，親馬華公會的張曉卿旗下

的數家華文報也積極配合，刊載了系列歷史論述，大力宣傳陳禎祿的貢獻，整個華社儼然處在「陳禎祿熱」之中。

政治資本與歷史敘述

作為馬華公會的創會總會長，陳禎祿之事功雖非馬華公會所能獨佔，但無疑是馬華公會樹立其歷史敘述的重要資源。實際上，被譽為「歷來最了解華社的馬華總會長」黃家定從其黨內先賢祠中抬出陳禎祿，並把歷史敘述與政治資本掛鉤，委實不可謂不比其前任者高明。然而，黃家定注重歷史的現實功用絕非今日始，幾年前他在干預學人著述自由的「《馬來西亞華人史新編》事件」中所扮演的角色，已讓知識界初見其端。對華社民間稍微了解的人都會知道，過去馬華公會在其五十年的歷史中，在一般華人心目中的大部份印象可說是極為負面的，尤其是在獨大事件以降。一般而言，在歷任馬華總會長之中，唯獨陳禎祿爭議性最少，甚至主要由於通過林連玉的個人好感與評語，華教人士也對陳禎祿語多稱許。

從此次馬華公會對陳禎祿的歷史敘述中可見，它嘗試透過陳禎祿對於建立華人在馬來西亞憲法地位上的作用，豎立馬華公會的歷史合理性及其豐功偉績。就如黃家定所言：「在國家獨立階段，敦陳禎祿領導下的馬華，在做出多番積極的爭取後，更成功讓我們大部份的華裔先輩在國家獨立建國時代取得公民權，進而在這裡開枝散葉，確立了我們的後裔世世代代，今天在這個祖國的合法公民地位，進而享有憲法所賦予的各項公民權益。」顯然地，陳禎祿的作用已經被拉高至決定全體華人命運的制高點上。在祭詞中，有這樣的說法：「您種樹成林，蔭庇人間。今日，馬來西亞華人已成為全世界的華人中較幸福的一群，過著安祥的生活。」這段話除了延續馬華公會過

去一貫的所謂「馬來西亞華人乃海外華人中待遇最好」之陳腔濫調外，值得格外注意的是，在這樣的論述下，陳禎祿之功都歸馬華，華社的今天也必須功歸馬華。

誠然，陳禎祿的一生有許多值得我們尊敬之處，然而若從歷史的角度來看，有關陳禎祿的功過其實仍未得到全面與深入的縷析，尤其是在他領導馬華與巫統的憲制談判時期。在人類歷史上，有許多「關鍵時刻」，其巨大的輻射力量，對後人產生決定性影響。而此獨立前的憲制談判可說正是一個「關鍵時刻」，今天華人的地位很大程度上即繫於此。因此，所謂的陳禎祿與馬華公會「確立了我們的後裔世世代代，今天在這個祖國的合法公民地位，進而享有憲法所賦予的各項公民權益」之說法是否成立，必須從此處說起。但至今為止，有關會議談判的利益交換細節與檔案資料，仍未公開，我們委實難以深入理解馬華在這關鍵的談判角力賽中是否還可以爭取得更多，或它已經放棄了很多。這場有關華人前途的談判可說是黑箱作業，其中之來龍與去脈、馬華公會的立場堅定與否都不是我們所可知悉的。然而，我們若以當時華社的氛圍而言，華人普遍上對憲制結果無不懷著不滿的情緒，甚至醞釀另立山頭，即成立華人總公會。當時的《南洋商報》社論就不無無奈地指出，「就我們對憲法運用的了解，我們對如今這部憲法的明文，只好以『成事不說』的態度，暫且不做任何的評議」（〈我們對憲制白皮書的觀感〉，原載《南洋商報》社論，1957年7月4日）。

歷史評價不可忽略時人感受

我們以當時基本代表華人主流意見的全國注冊華團大會及工委會為準，即可知馬華公會所爭取的利益與華人社會期待的落差。當時華人社團提出四大要求，陳禎祿卻於1957年4月7

日的馬華中委會發表關於李特憲制委員會時表示,「馬華只負責本身之議決,對於其他華人團體之意見不負責任。」這一席話當時引起了華社極大的憤慨,注冊華團領袖群起指責馬華公會只顧本身利益,因此全馬二百餘萬華人利益惟有由注冊華團代表大會負起維護。在一次會議中,主席劉伯群即說:「全馬華人已面臨了最後關頭,如不及時爭取,恐已無機會了」,並進而言道:「經過冗長時間之討論,乃認為目前本邦華人已面臨了生死關頭,非從速派出代表團赴英向英廷力爭平等待遇不可。為了我們下一代,為了我們的子子孫孫,非力爭不可」(《南洋商報》,1957年4月15日)。顯然,由於馬華的「不負責任」立場,逼出了華團代表團最終赴英請願事件。當時劉伯群說:「我們過去非常尊重馬華公會,希望它能為全馬華人做事。現在馬華公會勝利了,卻說是一個政黨,只講政黨的話,不講華人的話。」甚至於後來極為推崇陳禎祿的林連玉也指出:「如果不做馬來亞頭等公民,亦絕不做二等公民」,「……爭取全馬華人之利益,已落在我們身上」。會議並一致鄭重聲明:「馬華公會僅為普通華人政黨之一,絕不能代表全馬華人之公意。」

　　由此可見,在決定華人在馬來亞命運的憲制事件上,華人並不滿意。對時人而言,他們覺得陳禎祿與馬華公會原本可以做得更多。即使時至今日,馬來西亞華人對憲法的基本架構,仍舊懷抱憤恨。顯然地,只要有關談判過程的紀錄未見公開,任何人都不能遽下斷定究竟馬華公會是否已經盡了它的歷史職責,還是力爭不力。實際上,當時馬華公會在與巫統為雙方族群權益做角力時,並非毫無支撐點可言。一部由英國人賦權擬定的「李特憲制報告書」就比後來的正式憲法強得多,但馬華公會竟然守不住這個可資著力點的有利支點。

　　從歷史角度來說，過去各時代都有它特定的善惡標準，以及身處其時的特有感受。當時代氛圍隨著事過境遷而消散時，人們就不再掌握當時人對事件的真實感受。在陳禎祿與華人憲制權益事件上，我們這一代人的感受不會比他們來得真確。歷史評價一方面要求距離感，另一方面要求在重返歷史現場之基礎上，了解以前的人是怎樣感受的，而切忌以今天時代的標準或局面去斷定或控訴過去。現代人必須警惕，不可輕忽上一代人的切身感受與問題意識，更應盡可能在他們所處在的氛圍下思考問題。如果說，在當時的客觀情勢下，馬華可以做得更好，但卻沒有恰如其分地站穩立場，歷史豈可給它一個過高的評價？如果說陳禎祿及馬華公會已經盡了其本份，僅是形勢比人強，這是否意味著那一代人的要求太過份？顯然地，那一段歷史極為複雜，仍有待勾勒與估定，這裡只能做一個簡單的論析。而馬華公會現在的歷史敘述僅是一種「政治正確」的歷史判斷，不值得中立的媒體加以渲染，徒然造成歷史的含混與政治濫用。易言之，如果歷史缺乏分析，將易於成為一種隨時可以被利用的社會政治的潛在資本。（原載《視角》第2期〔2007年1月15日〕）

四、「興權會」事件、國家不正義與歷史究責

　　最近使國人詫異的政治發展，莫過於標榜為印度裔請命的馬來西亞興都權益行動委員會（Hindraf，簡稱「興權會」）之異軍突起。他們號召印度裔在11月25日走上街頭，竟引發態勢莫之能御的萬人響應，實在出人意表。顯然地，這透露了國內印度人正處於一種不知出路在哪的躁動狀態中。群眾之中一部份人高舉寫著「我們的權益去了哪裡」的布條，宣洩不滿，另也

有一些人則手持印度聖雄甘地的肖像，象徵和平集會的願望，並靜坐不動地任由警方不斷地掃噴摻了化學物的水炮，這似乎是印度人在此地顯現另一種特有的非暴力不合作傳統。

激發正義與政治問題反思

「興權會」權利訴求大集會之後，事件並未就此平息，接著引爆了國際遊說、逮捕行動等政治風暴，看來其領導人已動真格，準備面對一切可能的官方強勢迫害，並準備打一場不僅時間上長久的陣戰，意義上亦深遠的社會鬥爭運動。這不禁使人想起當年華團大選訴求工委會之不可比擬。在「興權會」的訴求上，他們試圖向英國最高專員署提呈請願書，以要求英女皇御准委任女皇律師，免費為其一百五十年前受英殖民地政府剝削的印裔先輩申冤，向英政府索取四兆美元的賠償。這一方面是把問題國際化，間接卻又有力地嘲諷巫統政府，另一方面其對英政府的控狀與索求看似「荒謬」，但如果從後殖民時代的脈絡來看，「興權會」其實激起了值得我們反思的、在馬來西亞卻一直欠奉與被忽略的有關正義和政治問題。

實際上，自自由主義大家約翰・羅爾斯（John Rawls）發表《正義論》以及隨後幾十年，在國際上興起了思索至今仍方興未艾的有關正義與政治問題。自一九九〇年代以來，糾正歷史性國家非正義行為成為不可迴避的議題之一，尤其是許多前殖民者或獨裁統治國家都必須正視自身或前政府的歷史責任，而道歉越來越成為不少國家和政府爭取與前受害者社會和解的方式。不少國際領袖都曾代表他們的國家道歉，如1995年7月希拉克為法國人在德國佔領法國期間迫害猶太人致歉，前英國首相布萊爾就於1997年5月為英國政府對馬鈴薯饑荒餓死無數愛爾蘭人表示歉意，以及最近的加拿大政府對早期華工被課

收人頭稅而向華人道歉。在澳大利亞，是否應當為殖民地時代「遭盜竊的一代」土著民道歉，更是公眾討論的焦點，甚至成為最近大選的議題之一。這些道歉與究責都涉及了國家在歷史中的非正義行為，巴坎（E. Barkan）稱之為「國家之罪」。在這些對國家歷史非正義的反思和道歉中，巴坎看到了一種新的「國際道德」和「新全球化」趨向。加害者對受害者所做的正式道歉成為一種對未來具有道德意義和社會和解作用的政治承諾，而展望未來正是以不忘過去，反思過去和正式糾正過去的錯誤為前提的。但在馬來西亞，為歷史尋找正義、補償卻是少見的。

去年副首相納吉在巫統大會上公開提出「國家補償」論，但這絕然是一種荒腔走板的歷史究責之舉。納吉聲稱，馬來人自1511至1957年蒙受漫長的四百四十六年殖民壓迫，所以這個國家必須對他們進行補償，因此馬來特權是天經地義之事。然而，這卻是一個「錯置目標」的歷史正義聲討，至少值得我們叩問的是：說國家必須彌補馬來人四百多年來所受到的殖民剝削，而要國家無止境的補償，然而這與國內其他納稅公民如華人、印度人何關？這樣的論調僅能說明國家在政治價值上之極度混亂與扭曲。

兩種「正義」間的直接衝撞

擺在我們面前的是：印度人不被國家力量所保障，以及它毋庸置疑的貧困事實。當面對「興權會」的平等訴求時，巫統領導人竟公然「視而不見」，甚至否認印度人自國家獨立以來即被邊緣化的事實，並動輒要拿他族之血來弄濕巴冷刀與馬來短劍。出任馬來人經濟組織聯盟（GABEM）主席的阿都拉欣，在出席該組織於馬六甲國際貿易中心舉行的推展儀式上，恫言

首相阿都拉背後的三百四十萬名巫統領袖和黨員將做其後盾，而「馬來人不曾走在街頭進行集會，因此不要逼馬來人，如果發生此事，我們將拿出巴冷刀，捍衛國家主權！」阿都拉欣強調，如果馬來人受到挑戰，他們將毫不猶豫地做出意想不到的事。這種說辭並非個人之見，更為荒謬的是，這竟在巫統黨員及其大會中極為受落。報導指出，當這名巫統領袖在臺上提及有關課題時，引起臺下近萬名出席者熱烈的掌聲回報。

顯然地，這又說明了民族主義自有一種「道德」蘊涵，巫統民族主義正是將此「正義」抽象地與之聯繫起來，而其所建構起來的虛妄正義致使他們可以如此赤裸裸地無視於印度人的悲慘命運，並贏得部份馬來人的強烈共鳴。巫統民族主義者僅把目光放在馬來人議程，卻視而不見在通往這道路上所發生的諸多罪惡。在長期馬來主權論述下，他們自認比其他族群特殊，所以才會出現類似「拿著巴冷刀上街」這類荒謬不堪之語詞，而且竟然有如站在道德制高點般的獲得萬人鼓掌示意。因此，「興權會」大集會之後不僅僅暴露了種族之間的緊張，其實也更反映了「正義」問題上的各種立場的緊張狀態。易言之，這可說是「興權會」所訴諸的非本質性的「歷史正義」與巫統的本質性「民族主義道德」之間的直接對壘。

之所以說巫統所揭櫫的是一種本質性的民族主義道德論述，因為其觀點與政策乃一種經由「原地主義」的本質論所體現運作的歧視性、種族性觀點。對巫統乃至於馬來人而言，他們的論述合理性在於此地不是「無主之地」，而是屬於馬來原地／領地。這雖非毫無歷史依據可言，然而如果國家被過於族群化（ethnicized），其他所謂外來族群即使認命，但又如何體現國家正義與長處久安？實際上，這個國家的政治圈也好講「正義」，從獨立以來「平等」一詞就已進入各界的詞庫中，但

所謂「平等」卻主要針對族群間而言，而不是全民之間。巫統就是以此族群為單位的平等訴求來煽動民族主義情緒，並支撐其政權。從族群正義的觀點看，民族國家的原則與民族主義的信條都是威脅一國境內非主要族群的噩夢，它們完全違反族群正義的要求。以族群為救濟的單位，自然擠壓另一族群為低下階級，印度人就是一例。

這一年來，從納吉的「國家補償論」到「興權會」所揭示的「歷史不正義」訴求似乎表明國家已進入一個後殖民時代，然而我們遠離後殖民時代所追逐的、嚴格意義上的「歷史正義」反思與意涵尚遠矣。猶如前述，納吉的「國家補償論」直是一種虛妄的政治言語，但「興權會」訴求卻不能不說具有相當程度的現實意涵，他們以自身族群的悲慘命運對歷史與現實政治做出了真實的呼籲。在其等訴求中，他們指責英殖民政府把印度裔先輩誘騙至馬來亞，而在即臨撤退時並未通過李特憲制委員會（Reid Commission）對他們進行保護。很顯然的，這種包含著道德維度的訴求與爭議，產生了歷史責任與正義問題。殖民地政府的歷史責任自然是不言而喻的，但天文數字的補償要求則被一般人認為是極其荒謬的，與其說它是一種要求英政府經濟補償的訴求，不如說它是針對巫統政府過去五十年來的執政不公的嘲弄，而要求「政策糾正」。但更為重要的是，這種往事追溯其實正為全社會釋放記憶，表面上是指責英政府在憲制上的不妥當之處，實則暴露了憲法本身制定程序的非正義。實際上，這喚起國人重新理解這段歷史事實。

小結：期待一種意識的轉變

歷史的弔詭之處在於歷史的循環。五十年前，即在1957年

獨立前夕的憲制博弈中，華人社團曾派出三人代表團飛往英倫謁見英殖民部大臣，商談有關本國華人憲制權益問題。原本華團代表計劃聯合亦不滿憲法規定，並同樣恫言親赴英倫上訴的淡米爾人公會組織一同攜手同往，唯該公會後來因經費問題而未能成行。淡米爾人公會在更早之前，亦曾遞呈一萬言備忘錄予聯盟主席東姑，警告勿更改李特憲制報告書，不然將向英國殖民部大臣及英女王上訴。它也指出，「淡米爾人不喜歡馬來人具日本人態度，即表現膚色優越感，自稱為本邦主人，並反對回教為國教。」換句話說，歷史悲劇似乎在重演，五十年之後的「興權會」看來也已經為其貧困的先輩「還願」，履行了他們未能遠赴英倫的未竟之業。但半個世紀後一切事過境遷，殖民地主也已遠去，當年尚且無功，遑論今日。

　　然而，印度人的悲慘命運是一個任人都不能視而不見的事實，它顯然起於不公平的國家經濟發展計劃、歧視性政策等的影響，這使得「興權會」訴求更能凸顯馬來西亞在巫統執政下的正義問題。從巫統及官方的反應來看，我們離開「族群正義」之路太遙遠了。在巫統及其話語的霸權網絡下，「興權會」的前路看來也履步維艱，但既然其訴求與鬥爭之「正義」合理性遠遠超乎巫統馬來議程的正當性，經此一役的激進衝撞之後，巫統與國內少數族群的宰制與壓迫關係將更完全突顯殆盡。若「興權會」事件可以引發更多馬來人正視自己所謂的馬來主權話語所客觀造成的文化、經濟及政治暴力，從而產生一種重要的文化與意識轉變——即談論馬來特權不再被視為一項敏感議題——這就不啻為一項極為了不得的成就了。（《視角》第12期〔2007年12月〕）

悵望家國

內人惠思說此跋題太過「一九八○、九○年代」了，我無
法否認，畢竟每一個人身上都難免烙印著時代印記。我很多朋
友也許不知道，我自小就對馬來西亞華人有一種悲切的關懷，
很早就感受到整個時代氣氛，故自認在政治上過早地經歷社會
化，甚至小學時代就全身充滿民族使命感，年少時還想過要從
政，心中時常有一股無以名狀的激烈壯懷。說起來，或許是我
的潮人家庭淵源使得我很早就接觸當時的政治與時代氛圍。小
時候家裡店前置放了一張靠著帳房牆壁的半圓桌、桌上永遠放
著一副茶具與《南洋商報》。我後來才知道那就是潮州人的功
夫茶習俗，而店前客人常來坐，家裡長輩隨時都備著茶，就這
樣常聽著客人與我的諸伯父激昂的談論政治，至今我仍記得談
資中有馬華公會李三春與曾永森之間的黨爭、慕沙與拉沙里之
爭，還有華人諸多事件等等。在「華小高職事件」之際，有一
次在另一個場合中聽到大人的聊天，伯父甚至批評董教總的罷
課之舉不足以道，他認為應該發動全國總罷業，激烈程度至今
思之仍覺撼動。這些都對我產生耳濡目染的影響，我想這就是
所謂從「家」到「國」了吧？到了中六、大學之後，那個屬於
馬華社會一代人的火紅八○年代又與中國八○、九○年代之交
的文化熱與令人激昂的學運，還有「走向未來叢書」、人文精
神爭論、《河殤》等交疊著，這又都給了我思想沾溉，給了我

無限的生命關懷意蘊。

　　其實，此書大體上有一部份就是為那個年代的華人寫的——他們雖悲切卻一直尋路，一直刻苦的走過來。於我而言，先父與先母的一生即體現了那一代人的某種共同價值。父親六歲時偕同祖母及兄妹五人南來，與先到的祖父與兄長相聚。少年時因一場病，而被迫離開檳城鍾靈中學，從此也中斷了他可能隨從其二兄於一九五〇年代初北返深造之路途。自我懂事開始，父親似乎就有一種壓抑著的不耐，也許跟他的此一經歷有關。但他始終喜歡閱讀，甚至喜歡追看武俠小說，到了晚年，每遇到生詞僻字，仍在翻查他那陳舊的《王雲五四角號碼詞典》。在政治上，他是一位典型的傳統華人，有很深沉的中國情懷，對馬華社會的困境與同代人那樣，懷有激憤之情。我小時候就喜歡追問他有關馬華政治與中國歷史，他常為我那天真的提問而有些許不耐，但確是我的政治與歷史的啟蒙老師。人到中年，縱有壯志，其實已經知道自己在事業上可走到那一個地步了，也不得不承認自己已沒辦法讓他老人家有多大的榮耀，但我今天選擇學術為志業，得以始終保有不小的社會情懷，我都得感謝我的父親。父親對我這個讀文科、無法給他經濟回饋的長子從來不曾介意，我甚至可以感受到他對我不斷升學讀書有一種期待與榮耀。至於我早逝的母親，她更讓我深切體會到那一代人可為家人而刻苦及不求回報。那一代華人其實並不富裕，但他們彷彿是在實踐胡適所說的「苦撐待變」，不管是在家境上，還是社會、政治上。那是我們這一代不可忘卻的價值，我也分享了他們的部份憂患與價值——因此謹將此書獻給他們。說起來，此書應該更早出版的，但基於工作忙碌一直拖延至今。如今我父親已大去三年了，父親雖沒說，但我知道他對我的期許，古人有「三年無改於父之道」之說，此時

出書，我想也不失為另一種不改其道的體現吧？

　　此書的出版必須感謝的人太多了，我一直相信「諸緣和合」的道理。首先必須感謝嘉謙對此書出版的支持與各方面之建議、金倫的用心編輯、兩位匿名審查與編委會的修訂意見，還有耀宗對此書英文名的建議、我的學生煒聰、美姍、志勇、家昇、康文與女兒頤蘅等人的校閱。與此同時，我也得感激我敬重的兩位長者張景雲與錢永祥的序言，他們多年來在價值上、學問上對我啟發良多。他們的序言為我補充了拙作無法處理的背景，即2018年馬來西亞的政治變局與政治哲學理論，使拙作多了一些具體面向。另外，我得以在大學畢業後一直沒脫離讀書的生活，並開始從事馬來西亞華人研究，必須感謝當時容許我廁身華社研究中心的中心諸人，包括陳亞才兄、游若金博士與陳忠登教授，這一恩惠我一直深念不忘。最後必須感謝我的家人，尤其是惠思時常給予的相互激勵，讓學術之路走得不那麼孤單。過去工作一直太忙，然而這幾年一直深受生命變化的觸動，更加意識到人生命途之多舛，迫使自己不得不思考生命質量問題，這讓自己深切打定主意，必須卸下很多承擔以多做自己的事。此書之出版應該是一個個人研究或人生階段的完成，之後必須有另一個階段的開展了。

　　　　　　　　初稿於2021年11月、定稿於2022年6月
　　　　　　　　　　於八打靈哥打白沙羅無名湖

參考文獻

中文書目

Mohamed Salleh Lamry。2007。《馬來西亞：馬來左翼運動史》。謝麗玲譯。八打靈再也：策略資訊研究中心。

五一三事件口述歷史小組。2020。《在傷口上的重生：五一三事件個人口述敘事》。八打靈再也：文運企業。

文平強。2004。〈馬來西亞華人人口比率下降：事實與對策〉。*The Chinese Population in Malaysia: Trend and Issues*。Voon Phin Keong (ed.)。Kuala Lumpur: Centre for Malaysia Chinese Studies。頁59-78。

王岳川。1992。《後現代主義文化研究》。北京：北京大學出版社。

王明珂。1994。〈過去、集體記憶與族群認同：臺灣的族群經驗〉。《認同與國家：近代中西歷史的比較》。中央研究院近代史研究所編。臺北：中央研究院。頁249-74。

王明珂。1997。《華夏邊緣：歷史記憶與族群認同》。臺北：允晨文化。

布利特，理查德（Bulliet, Richard W）等。2001。《二十世紀史》（*The Columbia History of the 20th Century*）。陳祖洲等譯。南京：江蘇人民。

布爾迪厄。1997。《文化資本與社會煉金術：布爾迪厄訪談錄》。包亞明譯。上海：人民。

民主行動黨。1982。〈民主行動黨1966-82年的史論〉。《民主行動黨十五週年紀念特輯》。八打靈再也：民主行動黨。

全馬華人注冊社團代表大會（PMFCA）。1956年。《全馬華人注冊社團代表大會致李特憲制委員會備忘錄》。

全國行動理事會。1969。《全國行動理事會報告書：五一三悲劇》。吉隆坡：馬來西亞政府。

安德森，本尼迪特（Benedict Anderson）。2012（1998）。《比較的幽靈：民族主義、東南亞與世界》（*The Spectre of Comparisons*）。甘會斌譯。南京：譯林。

安德森，班納迪克（Benedict Anderson）。1999。《想像的共同體：民族主義的起源與散布》（*Imagined Communities: Reflections on the Origin and Spread of Nationalism*）。吳叡人譯。臺北：時報文化。

米什拉，維賈伊（Mishra, Vijay）、鮑伯，霍奇（Hodge, Bob）。1999。〈什麼是後（一）殖民主義〉（What is post (1) colonialism?）。蕭莎譯。陳永國校。《後殖民主義文化理論》。羅鋼、劉象愚主編。北京：中國社會科學。頁370-89。

伯林，以賽亞（Berlin, Isaiah）。2003。〈民族主義：往昔的被忽視與今日的威力〉。《反潮流：觀念史論文集》（Against the Current: Essays in the History of Ideas）。馮克利譯。南京：譯林。頁397-423。

何啟良。1995a。〈面向歷史的省思：記法國革命、五四運動和五一三悲劇週年〉。《面向權威》。吉隆坡：十方。

何啟良。1995b。〈馬來西亞華人政治分析的幾個問題——評《馬來西亞華人政治思潮演變》。《政治動員與官僚參與：大馬華人政治論述》。吉隆坡：華社資料研究中心。頁153-68。

何啟良。1999a。〈文化馬華：略說馬華文化認同的困擾和複歸〉。《文化馬華：繼承與批判》。吉隆坡：十方。頁15-44。

何啟良。1999b。〈從歷史、政策和同化主義談華人正名〉。《文化馬華：繼承與批判》，吉隆坡：十方。頁117-28。

何啟良。1994。〈序〉。《當代大馬華人政治省思》。吉隆坡：華社資料研究中心。頁i-v。

何啟良編著。1994。《當代大馬華人政治省思》。吉隆坡：華社資料研究中心。

余英時。1994。〈中國現代思想史上的激進與保守〉。《錢穆與中國文化》。上海：遠東。

余英時。1995。〈中國現代的文化危機與民族認同〉。《歷史人物與文化危機》。臺北：東大圖書。

克蘭，戴安娜（Crane, Diana）。2012。《文化生產：媒體與都市藝術》（The Production of Culture: Media and The Urban Arts）。趙國新譯。南京：譯林。

汪暉。2000。〈承認的政治、萬民法與自由主義的困境〉。《死火重溫》。北京：人民文學。

沃爾澤，邁克爾（Walzer, Micheal）。2002。《正義諸領域：為多元主義和平等一辯》（Spheres of Justice: A Defense of Pluralism and Equality）。南京：譯林。

周保松。2012。《自由人的平等政治》。北京：生活・讀書・新知三聯。

周憲。2000。〈視覺文化與現代性〉。陶東風等主編。《文化研究》（第一輯）。天津：社會科學院。

林玉玲（Shirley Lim Geok Lin）。2001。《月白的臉：一位亞裔美國人的家園回憶錄》（Among the White Moon Faces: An Asian American Memoir of Homelands）。張瓊惠譯。臺北：麥田。

林孝勝。1995。《新加坡華社與華商》。新加坡：亞洲研究學會。

林開忠。1999。《建構中的華人文化：族群屬性、國家與華教運動》。吉隆坡：華社研

究中心。

林毓生。2019。《中國激進思潮的起源與後果》。新北市：聯經。

金里卡（Kymlicka, Will）。2005a。《少數的權利：民族主義、多元文化主義和公民》（*Politics in the Vernacular: Nationalism*，*Multiculturalism and Citizenship*）。鄧紅風譯。上海：上海譯文。

金里卡（Kymlicka, Will）。2005b。《自由主義、社群與文化》（*Liberalism, Community and Culture*）。應奇、葛水林譯。上海：上海譯文。

金里卡（Kymlicka, Will）。2009。《多元文化的公民身份：一種自由主義的少數群體權利理論》（*Multicultural Citizenship: A Liberal Theory of Minority Rights*）。馬莉、張昌耀譯。北京：中央民族大學出版社。

柯嘉遜。1991。《馬來西亞華教奮鬥史》。吉隆坡：華社資料研究中心。

柯嘉遜。2006。《馬來西亞民權運動》。吉隆坡：策略資訊研究中心。

夏志清。1979。《中國現代小說史》（*A History of Modern Chinese Fiction*）。劉紹銘編譯。香港：友聯出版社。

格雷，約翰。2005。《自由主義的兩張面孔》（*Two Faces of liberalism*）。顧愛彬、李瑞華譯。南京：江蘇人民。

格爾茨，克利福德（Geertz, Clifford）。1999。《文化的解釋》（*The Interpretation of Culture*）。韓莉譯。南京：譯林。

格羅斯，菲利克斯（Gross, Feliks）。2003。《公民與國家：民族、部族和族屬身份》（*The Civic and the Tribal State*）。王建娥、魏強譯。北京：新華出版社。

泰戈爾（Tagore, Rabindranath, Sir）。1986。《民族主義》（*Nationalism*）。譚仁俠譯。北京：商務印書館。

祝家華。1994。《解構政治神話：大馬兩線制政治的評析（1985-1992）》。吉隆玻：華社資料研究中心。

《馬來西亞聯合邦憲法》（華文譯本）。1984。怡保：信雅達法律翻譯出版社。

馬哈迪。1981。《馬來人之困境》（*The Malay Dilemma*）。劉鑑詮譯。吉隆坡：世界書局。

馬華公會編。1994。《馬華公會黨史》。吉隆坡：馬華中央宣傳局。

崔貴強。1989。《新馬華人國家認同的轉向，1945-1959》。廈門：廈門大學出版社。

崔貴強。1990。《新馬華人國家認同的轉向，1945-1959》。新加坡：南洋學會。

康納頓，保羅（Connerton, P.）。2000。《社會如何記憶》（*How Societies Remember*）。納日碧力戈譯。上海：上海人民。

張景雲。1994。〈華團與政治：解去政治化的前景〉。《當代大馬華人政治省思》。何啟良編著。吉隆坡：華社資料研究中心。1994。頁98-104。

教總33年編輯室編。1987。《教總33年》。吉隆坡：馬來西亞華校教師總會。

教總祕書處編。1989。《林連玉公民權案》。吉隆坡：林連玉基金委員會。

陳志明。1984。〈海峽殖民地的華人——峇峇華人的社會與文化〉。《馬來西亞華人史》。林水檺、駱靜山編。八打靈再也：馬來西亞留臺校友會聯合總會。頁167-200。

陳育崧、陳荊和編。1972。《新加坡華人碑銘集錄》。香港：香港中文大學。

陳祖排編。1987。《國家文化的理念：國家文化研討會論文集》。吉隆坡：馬來西亞雪蘭莪中華大會堂。

陳劍紅。1984。〈戰後大馬華人的政治發展〉。《馬來西亞華人史》。林水檺、駱靜山編。八打靈再也：馬來西亞留臺校友會聯合總會。頁91-138。

陳曉律。2006。〈序〉。陳黎陽。《蘇聯解體後的俄羅斯民族主義》。重慶：重慶出版社。

陶東風。2002。《文化研究：西方與中國》。北京：北京師範大學出版社。

斯特龍伯格（Stromberg, Roland N.）。《西方現代思想史》（*An Iintellectual History of Modern Europe*）。劉北成、趙國新譯。北京：中央編譯。

華社資料研究中心編著。1987。《馬來西亞種族兩極化之根源》。吉隆坡，華社資料研究中心。

費修珊（Felman, Shoshana）、勞德瑞（Dori Laub）。1997。《見證的危機：文學・歷史與心理分析》（*Testimony: Crises of Witnessing in Literature, Psychoanalysis, and History*）。劉裘蒂譯。臺北：麥田。

鄂蘭・漢娜（Arendt Hannah）。1995。《極權主義的起源》（*The Origins of Totalitarianism*）。林驤華譯。臺北：時報文化。

馮客（Dikötter, Frank）。1999。《近代中國之種族觀念》（*The Discourse of Race in Modern China*）。南京：江蘇人民。

黃枝連。1971。《馬華社會史導論》。新加坡：萬里文化。

黃錦樹。1998a。〈華文／中文：「失語的南方」與語言再造〉。《馬華文學與中國性》。臺北：元尊文化。頁53-92。

黃錦樹。1998b。〈中國性與表演性——論馬華文學與文化的限度〉。《馬華文學與中國性》。臺北：元尊文化。頁93-162。

黃錦樹。2015。〈華文少數文學——離散現代性的未竟之旅〉。《華文小文學的馬來西亞個案》。臺北：麥田。頁107-20。

塔米爾（Tamir, Yael）。2005。《自由主義的民族主義》（*Liberal Nationalism*）。陶東風譯。上海：上海譯文。

塔利，詹姆斯（Tully, James）。2005。《陌生的多樣性：歧義時代的憲政主義》（*Strange Multiplicity: Constitutionalism in an Age of Diversity*）。黃俊龍譯。上海：上海譯文。

塔羅，西德尼（Tarrow, Sidney）。2005。《運動中的力量：社會運動與鬥爭政治》（*Power in Movement: Social Movement and Contentious Politics*）。吳慶宏譯。南京：譯林。

楊建成。1972。《華人與馬來亞之建國：1946-1957》。臺北：中國學術著作獎助委員會。

楊建成。1982。《馬來西亞華人的困境：西馬來西亞華巫政治關係之探討（1957-1978）》。臺北：文史哲出版社。

楊貴誼。2006。《楊貴誼回憶錄：膠童與詞典》。吉隆坡：南大教育暨研究基金。

葉觀仕。2010。《馬來西亞華文報業史》。士毛月：名人出版社。

葛爾納（Gellner, Ernest）。2001。《國族與國族主義》（*Nation and Nationalism*）。李金梅、黃俊龍譯。臺北：聯經。

熊玠（Hsiung, James C.）。2001。《無政府狀態與世界秩序》（*Anarchy and Order*）。余遜達、張鐵軍譯。杭州：浙江人民。

劉宏。2003。《戰後新加坡華人社會的嬗變》。廈門：廈門大學出版社。

劉夢溪。1996。〈為了文化與社會的重建——余英時教授訪談錄〉。《傳統的誤讀》。石家莊：河北教育。

蔡史君。1984。〈戰時馬來亞的華人〉。《馬來西亞華人史》。林水檺、駱靜山編。八打靈再也：馬來西亞留臺校友會聯合總會。頁67-90。

鄭永年。2003。〈國家重建、大眾抗議和集體行動〉。《兩岸社會運動分析》。張茂桂、鄭永年主編。臺北：新自然主義。

鄭良樹。1999。《馬來西亞華文教育發展史》。吉隆坡：馬來西亞華校教師會總會。

錢永祥。2001。〈自由主義與國族主義——兩種政治價值的反思〉。《縱欲與虛無之上》。臺北：聯經。頁371-80。

錢永祥。2014。〈承認是一項憲政價值嗎？——論承認的政治性格〉。《動情的理性：政治哲學作為道德實踐》。臺北：聯經。頁177-208。

霍布斯鮑姆，埃里克（Hobsbawm, Eric J.）。2000。《民族與民族主義》（*Nation and Nationalism*）。李金梅譯。上海：上海人民。

霍布斯鮑姆，埃里克等著。2004。《傳統的發明》（*The Invention of Tradition*）。顧杭、龐冠群譯。南京：譯林。

霍耐特，阿克塞爾（Honneth, Axel）。2005。《為承認而鬥爭》（*Kampf um Anerkennung: Zur moralischen Grammatik sozialer Konflikte*）。胡繼華譯、曹衛東校。上海：上海人民。

謝詩堅。1984。《馬來西亞華人政治思潮演變》。檳城：友達企業。

薩依德（Said, Edward W.）。2001。《文化與帝國主義》（*Culture and Imperialism*）。蔡源林譯。新店：立緒文化。

顏清湟（Ching-hwang, Yen）。1991。《新馬華人社會史》（*A Social History of the Chinese in Singapore and Malaya, 1800-1911*）。粟明鮮等譯。北京：中國華僑。

羅爾斯，約翰（Rawls, John）。1988。《正義論》（*A Theory on Justice*）。何懷宏等譯。北京：中國社會科學。

羅鋼、劉象愚主編。1999。《後殖民主義文化理論》。北京：中國社會科學。

中文期刊論文

Singh, Mahendra P.、Surya Deva。2009。〈印度憲法：於多樣性中統一的典範〉。《河南省政法管理幹部學院學報》。第5期。總第116期。頁1-22。

方維規。2002。〈論近代思想史上的「民族」、「Nation」與「中國」〉。《二十一世紀》。4月號。總第70期。頁33-43。

王國璋。2015。〈馬來西亞的多語現實和馬華的語言困局〉。《思想》。第28期。5月。頁17-198。

王俐容。2006。〈文化公民權的建構：文化政策的發展與公民權的落實〉。《公共行政學報》。第20期。9月。頁129-59。

王廣濤。2017。〈政治敘事、言說空間與日本政府——對南京大屠殺記憶的操作〉。《南京社會科學》。第8期。頁43-49。

白桂梅。1997。〈土著人與自決權〉。《中外法學》。第6期。頁59-69。

石元康。1993。〈文化認同與民族自決〉。《二十一世紀》。總16號。第4期。頁22-27。

朱聯璧。2008。〈「多元文化主義」與「民族－國家」的建構——兼評威爾‧金里卡的《少數的權利》〉。《世界民族》第1期。頁10-19。

江宜樺。1997。〈社群主義的國家認同觀〉。《政治科學論叢》。第8期。6月。頁85-110。

江宜樺。2002。〈評介《陌生的多樣性》〉。《二十一世紀》。2月號，總第69期。頁149-53。

江宜樺。2003。〈擺盪在啟蒙與後現代之間——評John Gray著，蔡英文譯《自由主義的兩種面貌》〉。《政治與社會哲學評論》。第6期。9月。頁239-48。

何啟良。1997。〈路漫漫其修遠兮：馬來西亞國家機關、公民社會和華人社會〉。《馬來西亞華人研究學刊》。第1期。頁1-16。

何啟良。2001。〈百年連玉——論馬來西亞華人政治史上的林連玉〉。「林連玉百年冥誕國際學術研討會：教育、啟蒙、創新」。林連玉基金會主辦。吉隆坡，9月16日。

何懷宏。2019。〈從現代認同到承認政治——身份政治的一個思想溯源〉。《當代美國評論》。3卷2期。頁88-100。

吳小安。2011。〈移民、族群與認同：東南亞華人方言群的歷史特徵與發展動力〉。《族群、歷史與文化：跨域研究東南亞和東亞——慶祝王賡武教授八秩晉一華誕專集》上冊。黃賢強主編。新加坡：新加坡國立大學中文系及世界科技出版公司聯合出版。頁3-22。

呂豔紅。2009。〈公正與公平、平等差異辨析〉。《嶺南學刊》。第1期。頁29-32。

李永平。2017。〈我的故鄉，我如何講述〉。《見山又是山：李永平追思紀念會暨文學

展特刊》。臺北：文訊雜誌社。

李沐蕾，塔尼亞（Li, Tania Murray）。2003。〈民族淨化、循環知識和原地主義的困境〉（Ethnic Cleansing, Recursive Knowledge, and the Dilemmas of Sedentarism）。《國際社會科學雜誌》（中文版）。第3期。頁85-95。

李明峻、許介鱗。2000。〈國際法與原住民族的權利〉。《政治科學論叢》。第12期。6月。頁161-88。

汪丁丁。1997。〈學術中心何處尋〉。《讀書》。7月。頁38-42。

沈松僑。1997。〈我以我血薦軒轅——黃帝神話與晚清的國族建構〉。《臺灣社會研究季刊》。第28期。12月。頁1-77。

沈松僑。2000。〈振大漢之天聲——民族英雄系譜與晚清的國族建構〉。《中央研究院近史所集刊》。第33期。6月。頁77-158。

周保松。2012。〈論機會平等〉。《南風窗》。第13期。頁90-91。

季衛東。2003。〈自決權與憲政理論〉。《二十一世紀》。2月號。總第75期。頁73-83。

林火旺。1999。〈Will Kymlicka 的自由主義多元文化論〉。「臺大學術典藏」。頁1-12。

林建國專訪。2002。〈蔡明亮閱讀〉。《蕉風》。第489期。12月。頁5-21。

姚新光主編。2001。〈華團提呈之《文化備忘錄》全文〉，《馬來西亞華人文化節資料集（1984-2000）》，吉隆玻：華總－全國華團文化諮詢委員會。頁16-21。

施勳。1956。〈馬華社團大會不同意憲制備忘錄〉。《自由中國》。15卷7期。頁20-21。

柯雪潤。1992a。〈從神話到歷史——葉亞來和馬來西亞華人英勇的過去〉。陳俊華、李寶鑽譯。《吉隆坡開拓者的足跡》。李業霖編著。1997。吉隆坡：華社研究中心。頁186-213。

柯雪潤。1992b。〈從神話到歷史——葉亞來和馬來西亞華人英勇的過去〉。陳俊華、李寶鑽譯。《海外華人研究》。4月。第2期。頁241-56。

胡泳。2009。〈謠言作為一種社會抗議〉。《傳播與社會學刊》。第9期。頁67-94。

孫隆基。2000。〈清季民族主義與黃帝崇拜之發明〉。《歷史研究》。第3期。頁68-79。

徐國琦。1995。〈越南戰爭的現代記憶及其影響〉。《二十一世紀》。12月號。總第32期。頁104-16。

涂少彬、肖登輝。2009。〈憲政認同：民族認同的現代性轉向〉。《河南省政法管理幹部學院學報》。第4期。頁36-44。

茹瑩。2003。〈民族自決的兩種模式：種族化與非殖民化〉。《二十一世紀》。2月號。總第75期。頁84-91。

馬俊峰、甯全榮。2008。〈公正概念的價值論分析〉。《教學與研究》。第4期。頁49-54。

張祖興。2005。〈馬來亞華人抗日武裝與馬來亞聯盟公民權計劃〉。《華僑華人歷史研究》。第2期。6月。頁67-74。

張順洪。1996。〈論英國的反殖民化〉。《世界歷史》。第6期。頁2-10。

張灝。2002。「中國近現代大革命的思想道路」。華東師範大學中國現代思想研究所演
　　講。4月27日。

許德發。1998。〈略論馬華文化貧困與傳統權威〉。《資料與研究》。第31期。頁41-
　　44。

許德發。2000。〈卷首語：馬華問題之大者〉。《人文雜誌》。第2期。3月。頁2。

許德發。2001a。〈shoah的啟示〉。《南洋商報‧人文》。2月18日。

許德發。2001b。〈潮人林連登與北馬華社 —— 兼論華商的公共參與與民間華社〉。「第
　　四屆國際潮州學研討會」論文。香港中文大學歷史系主辦。11月22日至24日。

許德發。2002。〈五一三事件與馬來西亞的記憶政治 —— 論五一三事件的幾種詮釋〉。
　　《人文雜誌》。第15期。頁32-50。

許德發。2006。〈民間體制與集體記憶 —— 國家權力邊緣下的馬華文化傳承〉。《馬來
　　西亞華人研究學刊》。第9期。頁1-18。

許德發。2007a。〈「平等」敘述與馬華人的危機意識〉。《視角》。第4期。3月。頁
　　7-10。

許德發。2007b。〈沒有理論的平等運動〉。《視角》。第8期。7月。頁5-7。

許德發。2007c。〈華人「承認的鬥爭」及其政治困擾〉。「馬來西亞華人的貢獻與國家
　　進展」研討會。馬來西亞華研、華總主辦。吉隆坡，10月6至7日。

許德發。2007d。〈華人、建國與解放：馬來西亞獨立五十週年的再思考〉，《思想》。
　　第6期。7月。頁233-46。

許德發。2012。〈淡去差異性：一九五〇年代政治變動下的華巫關係與次族群間之整
　　合〉。《第六屆中國與東南亞民族論壇論文集》。北京：民族出版社。頁51-69。

許德發。2015。〈書評：《馬來西亞華人人物志》〉。《南方大學學》。卷3。8月。頁
　　140-43。

許德發筆訪、周保松筆談。2015。〈周保松筆談：通識教育與學術語言中文化〉。《當
　　代評論》。總第9期。12月。頁35-42。

陳志明。2002a。〈族群認同與國家認同：以馬來西亞為例〉（Ethnic Identities and
　　National Identities: Some Examples from Malaysia）（上）。羅左毅譯。《廣西民族
　　學院學報》（哲學社會科學版）。24卷5期。9月。頁2-10；原載美國人類學報
　　Identities 6.4 (2000): 441-80。

陳志明。2002b。〈族群的名稱與族群研究〉。《西北民族研究》第1期。總第32期。頁
　　48-54。

陳美萍。2002。〈文學史、華人史與集體記憶拯救者〉。「方修論文集發表暨研討會」
　　論文（未出版）。吉隆坡新紀元學院主辦。

陳運飄。1999。〈廣東地區方言群問題初探〉。《中南民族學院學報》（哲學社會科學
　　版）。第4期。頁101-103。

麥留芳。1990。〈方言群的分化與整合〉，《中央研究院民族研究所集刊》。第69期。

頁27-43。

程廣雲、鹿雲。2014。〈承認理論批判——從黑格爾到泰勒、霍耐特〉。《學習與探索》。第2期。頁1-8。

黃居正。2004。〈國籍與效忠——從意識到規範的探索〉。「了解當代加拿大政治學術研討會」。國立臺灣國際研究學會主辦。臺大法學院，11月6日。

黃順星。2018。〈恐怖的陰謀：一九五〇年代初期匪諜新聞的詮釋〉。《新聞學研究》。第136期。7月。頁91-134。

黃錦樹。1997。〈中國性與表演性：論馬華文化與文學的限度〉。《馬來西亞華人研究學刊》第1期。頁59-96。

黃競涓。2003。〈多元差異做為平等之基礎〉。「全球化與基本人權：政治學與公法學之對話」學術研討會論文。國立臺灣大學政治學系主辦。12月26日。

會稽（陶成章）。1904。〈中國民族權力消長史敘例〉（七則）。《警鐘日報》。7月14號（甲辰六月初二日）。亦收入湯志鈞編。1986。《陶成章集》。北京：中華書局。頁212-316。

楊念群。2006。〈「危機意識」的形成與中國現代歷史觀念的變遷——一個「問題史」的梳理〉。《史苑》。第13期。頁300-19。

楊聰榮。1992。〈暴動歷史・族群關係・政治變遷：印度尼西亞歷史上的政權轉移與反華暴動〉。《南洋學報》。卷54。1999年12月。頁5-21。

溝口雄三。2005。〈作為「態度」的中國研究〉。《讀書》。第4期。頁82-87。

廖元豪。2006。〈憲法何用：讚頌權力，還是控制權力？（書評）〉。《臺灣民主季刊》。3卷1期。3月。頁131-36。

劉小楓。2001。〈刺蝟的溫順〉。《書屋》。第2期。總第40期。頁4-27。

劉敬文。1994。〈電視與當前大馬華人文化〉。《生命圖像》。檳城：理大華文學會。

劉敬文。2001。〈馬華大眾文化與影視媒體〉。《人文雜誌》。5月號。頁6-9。

蔡源林。2004。〈從伊斯蘭法的公共論述看馬來西亞社群主義的建構〉。《亞太研究論壇》。第23期。頁15-36。

鄭震。2013。〈論日常生活〉。《社會學研究》。第1期。頁65-88。

蕭功秦。2002。〈思想史的魅力〉。《開放時代》。第1期。頁102-109。

蕭阿勤。1997。〈集體記憶理論的探討：解剖者、拯救者、與一種民主觀點〉。《思與言》。35卷1期。3月。頁247-96。

蕭高彥。2004。〈國族民主在臺灣：一個政治理論的分析〉。《政治與社會哲學評論》。第11期。12月。頁1-33。

蕭高彥。2005。〈臺灣的憲法政治：過去、現在與未來〉。《二十一世紀》。12月號。總第92期。頁28-43。

蕭高彥。2006。〈共和主義、民族主義與憲政理論〉。《政治科學論叢》。第27期。3月。頁113-46。

蕭揚基。2009。〈公民身份與認同〉。《通識教育學報》。第4期。頁91-106。

錢永祥。2003。〈道德平等與待遇平等：試探平等概念的二元結構〉。《政治與社會哲學評論》。第6期。9月。頁195-229。

關志華。2015。〈馬來西亞國家電影下的馬來西亞華語電影論述〉。《長庚人文社會學報》。8卷1期。頁173-202。

蘇國賢、喻維欣。2007。〈臺灣族群不平等的再探討：解釋本省／外省族群差異的縮減〉。《臺灣社會學刊》。第39期。12月。頁1-63。

中文報刊

〈一人被殺一屋焚毀吉峇四地恢復戒嚴 今晨七時至九時暫解除 其他地方戒嚴時間不變〉。1969。《南洋商報》。7月31日。第5版。

〈一切以社會國家利益為重〉。1969。《南洋商報》社論。5月19日。

〈一華婦墜海〉。1949。《南洋商報》。9月10日。

〈一閩籍私寓遭三匪械劫〉。1949。《南洋商報》。5月25日。

〈人民心理上的自衛與謠言攻勢〉。1969。《南洋商報》社論。5月24日。

〈人民進步黨向首揆呈遞備忘錄 提出有關人權意見 認為新憲制草案未如李特建議 充份保障基本人權及言論自由〉。1957。《南洋商報》。7月10日。第10版。

〈三華人擁有鴉片‧各被判判監三年〉。1954。《南洋商報》。6月23日。

〈大馬局勢全受控制逐漸好轉 政府進行大逮捕 迄昨一四七人喪生‧三百二十一人受傷 南下北上火車恢復載客服務〉。1969。《南洋商報》。5月20日。第1版。

〈大馬副首相敦拉薩昨日正式宣佈成立 國家行動理事會 負治理全國安全 法律與條例將由敦拉薩簽署使能生效 敦陳修信披露隆市各銀行明日將營業〉。1969。《南洋商報》。5月18日。第1版。

〈大選顯示馬來民族四分五裂 王儲：非巫裔不應爭取平權〉。2008。《當今大馬》。4月12日（https://www.malaysiakini.com/news/81275）。

《中國報》。1956年4月25日。

《中國報》。1956年8月25日。

《中國報》。1956年4月4日。

〈丹斯里陳東海談話華人杯葛榴槤〉。1969。《南洋商報》。7月10日。第5版。

《古城月報》，1952年4月1日。

〈司法部長呼籲人民無信謠言〉。1969。《南洋商報》。5月30日。第6版。

〈本報職員 受傷刻留院療治〉。1969。《南洋商報》。5月28日。第6版。

〈任重道遠的動亂善後工作〉。1969。《南洋商報》社論。5月20日。

〈全馬華人踴躍捐款〉。1957。《南洋商報》。4月16日。第9版。

〈吉隆玻一般輿論大體上認為合理〉。1957。《南洋商報》。2月22日。第9版。

〈吉隆玻及其周圍局勢仍嚴重 戒嚴令解除期間 續發生暴動事件 喪生者達七十五人‧

二百七十七人受傷 三十間房屋被焚毀・各種車子百輛遭殃〉。1969。《南洋商報》。5月16日。第1版。

〈吉隆玻局勢仍緊張 其他地區保持寧靜 戒嚴解除時間並無更改 商店不應提早停止營業〉。1969。《南洋商報》。7月1日。第5版。

〈吉隆玻發生騷亂事件中 兩華籍稚齡兄妹入巫籍住家 福利官盼與其家人聯絡〉。1969。《南洋商報》。5月28日。第6版。

〈同意刪除妨礙和諧報導 時代週刊被允許繼續在大馬售賣 新聞週刊迄今尚無反應〉。1969。南洋商報》。5月25日。第5版。

〈在倫敦分發備忘錄指出新憲制缺點〉。1957。《南洋商報》。7月12日。第10版。

〈自騷亂發生以來 吉隆玻警方發出逾五千張通行證〉。1969。《南洋商報》。5月23日。第5版。

〈別讓國陣獨佔獨立榮耀 重寫歷史肯定左翼貢獻〉。2007。《獨立評論在線》。8月30日（http://www.merdekareview.com/news.php?r=16）。

君秀。1956。〈評聯盟的憲制備忘錄〉。《南洋商報》。8月31日。第8版。

吳益婷。2001。〈文明對話了解差異〉。《星洲日報・星洲廣場》。5月13日。

〈巫統最遲爭取獨立卻獨摘成果 左翼組首跨族聯盟史實遭掩蓋〉。2007年。《當今大馬》。8月30日。

〈希山說：馬來短劍守護全民 巫青今後不再回應舉劍爭議〉。2007。《當今大馬》。11月6日（https://www.malaysiakini.com/news/74413）。

〈我們對憲制白皮書的觀感〉。1957。《南洋商報》社論。7月4日。

〈李特勳爵在記者招待會強調指出 調查團工作為獨立性 憲制報告書將於明正完成 聯盟備忘錄具有非常價值文獻〉。1956。《南洋商報》。10月26日。第9版。

〈李特憲制建議四十巴仙被修正 憲制白皮書公佈巫人享有特殊地位列為永久性 議會使用多種語言制度被否定〉。1957。《南洋商報》。7月3日。第9版。

〈李特憲制報告書，並非革命性文件〉。1957。《南洋商報》。2月21日。第9版。

〈兩人醉後吵架起連鎖反應 謠言滿天飛到處有人滋事 吉隆玻復發一場騷亂 五人喪生另一些人士受傷 縱火事件多起局勢受控制〉。1969。《南洋商報》。6月30日。第1版。

《東方日報》。2013年3月17日。

〈東姑押都拉曼昨晚廣播 出生地公民權問題 強調馬來人特權應保留 吵鬧叫囂將引起民族間互不信任〉。1956。《南洋商報》。4月23日。

〈東姑替巫統46打氣發表告選民書 哈侖不是五一三禍首〉。1989。《通報》。1月16日。

林連玉。1985。〈答東姑〉。11月15日。（http://www.djz.edu.my/resource/HWJYDG/20054/hwjy4(PDF)xiuding/linlianyuzhenxie.pdf）。

〈林連玉說我們要生存所以爭取公民權〉。1956。《南洋商報》。4月28日。第9版。

〈爭取公民權中華總商會發公函邀各社團商討步驟〉。1955。《中國報》。8月7日。

〈《前鋒報》讀者：「馬來主權」一詞不適用於馬國政治環境〉。2008。「聯合早報」
　　網。5月1日。

〈南印人公會備忘錄籲巫人 勿自居一等民族〉。1957。《南洋商報》。4月14日。第9
　　版。

《南洋商報》。2006年7月26日。

《南洋商報》。2007年8月28日。

〈哈侖：五一三事件非由巫統引起〉。1999。《南洋商報》。10月9日。

《星洲日報》。2007年8月18日。

《星洲日報》。2008年4月29日。

《星洲日報》。2008年10月28日。

《星洲網》。2013年4月21日。

〈某華籍律師失信遭警方扣留〉。1950。《南洋商報》。10月17日。

〈若馬來人及回教繼續受挑戰 甲巫統準備反挑公民權問題〉。2006。《當今大馬》。11
　　月16日（http://www.malaysiakini.com/news/59620）。

〈英馬昨同時發表李特憲制報告書〉。1957。《南洋商報》。2月21日。第8、9版。

〈英國上議院通過馬來亞獨立法案 工黨代言人認為「折衷產物」表示歡迎 制憲團長李特
　　勳爵對現憲法不能負責〉。1957。《南洋商報》。7月31日。第9版。

〈英國下議院三讀通過馬獨立法案 數議員動議修正未獲接納 將交上議院通過再由女王
　　批准〉。1957。《南洋商報》。7月21日。第9版。

〈倫敦兩著名報章批評李特憲制報告書 泰晤士報認為報告書建議公平 每日電訊指出並
　　無革命性改變〉。1957。《南洋商報》。2月22日。第9版。

〈倫敦泰晤士報評馬憲草 華人的決定將受北京注意 新憲制下馬來亞沒有理由不繁榮〉。
　　1957。《南洋商報》。7月4日。第9版。

孫和聲。2017。〈大馬人口特徵〉。《東方日報》。2月11日。

〈涉嫌縱火散播謠言 兩人被控 訂期審訊〉。1969。《南洋商報》。5月27日。第6版。

〈翁詩傑譴責哈侖圖篡改五一三歷史〉。1989。《新明日報》。1月6日。

〈馬大華文學會調查報告〉第一篇。2001。《南洋商報》。1月4日。

〈馬內政部長保證保安部隊 執行維護法律沒有偏袒態度〉。《南洋商報》。1969年7月6
　　日。第6版。

〈「馬來人議程沒終期」納吉盼馬哈迪阿都拉爭執平息〉。2006。《當今大馬》。11月13
　　日。（http://www.malaysiakini.com/news/59482）

〈馬紅十字會尋人中心盡力協尋十一報失事件〉。1969。《南洋商報》。6月27日。第17
　　版。

〈馬國家行動理事會首次會議 商維持治安步驟……〉。1969《南洋商報》。5月20日。
　　第1版。

〈馬勞工黨及巫人政黨 不滿李特憲制報告書〉。1957。《南洋商報》。2月24日。第12

版。

〈馬華中央暨總委會議通過接納憲制白皮書及憲草修正憲草　第一五二條事已通知英政
　　府〉。1957。《南洋商報》。7月8日。第9版。

〈馬華社團代表工作委會繼續爭取四大要求　憲制白皮書十二日在英議院二讀　致電英首
　　相殖相及工黨領袖抗議〉。1957。《南洋商報》。7月10日。第9版。

〈馬華註冊社團代表大會爭取公民權宣言〉。1956。《南洋商報》。4月28日。第9版。

〈馬華團代大會工作委會　今日在隆討論憲制報告　昨晚先假旺記酒家舉行座談會〉。
　　1957。《南洋商報》。4月14日。第10版。

〈馬華團代工委會昨開會議　不滿四要求未被接納　函詢東姑是否能保證及時發給公民權
　　申請公民權時如被拖緩應即具情報告〉。1957。《南洋商報》。8月7日。

〈馬華團代工委會昨開會議不滿四要求未被接納〉。1957。《南洋商報》。8月7日。第9
　　版。

〈馬華請願團代表陳期岳，返甲在機場發表談話〉。1957。《南洋商報》。7月1日。

〈馬團工委會力爭憲制四大要求決派代表團赴英請願鄭重聲明　馬華公會僅為普通政黨不
　　能代表全馬華人公意〉。1957。《南洋商報》。4月15日。第9版。

〈馬團工委會將呈文聯盟政府提出憲制修正建議　促四大要求在憲法上明文規定　必要時
　　派代表赴英交涉〉。1957。《南洋商報》。4月12日。第9版。

〈馬獨立後華人倘受壓制　英國將開放納閩為華人移植地　臺北高級官員如是說〉。
　　1957，《南洋商報》。7月24日。第9版。

〈推翻「馬來支配權」論述　安華率眾高喊人民作主！〉。2008。「獨立新聞在綫」網
　　站，4月15日。

〈曼徹斯特衛報著論批評　馬憲制白皮書　認為偏重巫人要求〉。1957。《南洋商報》。7
　　月5日。第9版。

梅培實。1957。〈丹娜古默迪卡！看時代巨輪的轉動〉。《南洋商報》。9月5日。第9
　　版。

《通報》，1989年1月16日。

〈造成華裔宰製大專與獎學金　馬來學者主張廢教育績效制〉。2013。《當今大馬》。6月
　　24日。

〈陳修信在立法會強調團結為建國基礎　新憲法雖未臻完善唯極公允　不能盡滿人意但無不
　　良影響〉。1957。《南洋商報》。7月11日。第10版。

〈雪州政府對於娛樂稅收發生騷亂以來　損失五十萬元副州大臣在適耕莊透露〉。1969。
　　《南洋商報》。7月14日。第6版。

〈雪警方正展開掃蕩行動　對付私會黨徒　希望公眾合作〉。1969。《南洋商報》。6月29
　　日。第5版。

〈報章檢查條例絕對需要時　始加以實行　內政部常務祕書指出〉。1969。《南洋商報》。
　　5月25日。第5版。

〈掌璽大臣澄清 關於回教問題〉。1957。《南洋商報》。2月22日。第9版。

〈敦拉薩呼籲公眾人士不要聽信謠言 雪州警方昨擊破無稽謠言 甲一名老人涉嫌散播謠言 被捕〉。1969。《南洋商報》。5月23日。第6版。

〈敦拉薩宣佈各級議會暫停 其任務聯盟將組過渡內閣 馬華議員將受邀入閣 義斯邁醫生 重任內長實施新聞檢查制度〉。1969。《南洋商報》。5月17日。第1版。

〈替陣籲全民支持還歷史真相 五一三列團結日〉。2000。《南洋商報》。5月14日。

〈朝野政黨馬來領袖青年團：馬來主權不等於馬來特權〉。2008。《聯合早報》。5月2 日。

〈欽差大臣向全體人民呼籲鎮靜討論憲制報告書〉。1957。《南洋商報》。7月22日。第 9版。

〈華人社團工作委員會呈請首揆 暫緩通過憲制白皮書 重申人權要求並非基於種族成見 保證以本邦為唯一効忠對象〉。1957。《南洋商報》。7月12日。第10版。

〈隆及八打靈中三學生今日復課 教育局草擬計劃彌補損失上課時間 小學復課日期尚未決 定〉。1969。《南洋商報》。6月2日。第5版。

〈黃錦和呼籲本邦華人發揚容忍傳統精神 踴躍申請公民權爭取政治地位 凡事應從大處 著想勿計較枝節〉。1957。《南洋商報》。7月14日。第10版。

〈傳馬華公會將於下月中旬召開全馬華人社團代表大會 對憲制問題作詳細解釋赴英請願 代表團亦將被邀出席〉。1957。《南洋商報》。7月22日。第9版。

感聲。1957。〈談憲制白皮書〉。《南洋商報》。7月19-20日。

《新華社》。2007年9月14日。

〈新聞管制中心並無檢查新聞 目的是供給重要新聞〉。1969。《南洋商報》。5月30 日。第5版。

〈楊世謀、梁長齡、周文意三氏在立會對新憲制陳詞 獲馬華團代工委讚揚〉。1957。 《南洋商報》。7月12日。第9版。

《當今大馬》。2013年9月12日。

〈當事變倉卒 禍起蕭牆時〉。1969。《南洋商報》社論。5月15日。

葉平玉。1957。〈默迪卡之於新加坡〉。《南洋商報》。9月5日。第5版。

達人。1957。〈泛馬華人代表倫敦請願經過〉。《星洲日報》。5月31日。

〈「對我而言憲法沒有價值」拉惹阿茲：頻密修憲精神蕩失〉。2007。《當今大馬》。11 月1日

〈瑪麗娜促設皇家委會 徹查五一三流血事件〉。2000。《南洋商報》。5月14日。

〈瑪麗娜論五一三惹禍〉。2000。《星洲日報》。1月13日。

〈緊急法令下昨扣留一閩籍〉。1949。《南洋商報》。12月13日。

〈緊急法令復捕一華人・另捕九私會黨徒〉。1949。《南洋商報》。5月20日。

〈緊急狀態宣佈後霹靂州劫案減六十巴仙 大部份私會黨員遭捕〉。1969。《南洋商 報》。7月11日。第6版。

〈臺北對馬來亞還不瞭解〉。1957。《南洋商報》社論。7月31日。第2版。

〈臺灣國民黨官員談話侮辱華人效忠本邦　聯邦華巫人士對記者發表意見〉。1957。《南洋商報》。8月2日。第9版。

〈憲制白皮書全文〉。1957。《南洋商報》。7月3日。第9、10版。

〈憲制白皮書暨憲法草案公佈　聯盟及蘇丹一致稱讚　東姑稱新憲法已為本邦獨立奠下良好基礎〉。1957。《南洋商報》。7月5日。第9版。

〈擁有外國刊物遭禁　文章副本當局將予嚴懲　局勢雖有改善謠言造成緊張〉。1969。《南洋商報》。6月10日。第5版。

《聯合早報網》。2008年5月1日。

〈聯合邦立法會議昨日三讀通過憲制法案　東姑解釋限制言論集會結社自由理由　楊世謀等呼籲「獨立之父」勿忽略基本人權真義〉。1957。《南洋商報》。18月16日。第9版。

〈聯邦華人對新憲制之態度〉。1957。《南洋商報》社論，7月12日。

〈聯盟主張制憲十五年內　保障巫人特權　馬獨立後改名南卡蘇卡　規定英巫語為官方語文〉。1956。《星洲日報》。8月23日。第9版。

〈聯盟理事會對巫人特權　將有折衷辦法提出　以聯邦協定對馬來人地位規定　作為聯盟向憲制團所提建議〉。1956。《星洲日報》。8月29日。第9版。

〈聯盟憲制備忘錄　昨呈李特調查團　雙方曾作成功之會談〉。1956。《南洋商報》。9月28日。第10版。

〈聯盟憲制備忘錄　將於下星期呈遞　對於國名有兩個意見　馬來西亞及馬來亞〉。1956。《南洋商報》。9月22日。第9版。

〈聯盟憲制備忘錄草案主張　為國會式民主政府　人民思想言論信仰自由　檳甲出生者自然成為聯邦公民〉。1956。《南洋商報》。8月23日。第9版。

〈檳僑生公會參加聯盟事　巫統昨重申立場　必須成為馬華附屬才能入盟　東姑表明對僑生公會入盟態度〉。1957。《南洋商報》。2月26日。第9版。

〈藉原住民土著論反擊「寄居論」陳蓮花痛批友黨選後羞辱民政〉。2008。「當今大馬」新聞網，10月10日。

〈繼吉隆玻宣佈戒嚴之後　雪靂及檳城　亦實施戒嚴〉。1969。《南洋商報》。5月14日。第1版。

〈警方揭露首都私會黨改變策略　各派放棄地盤觀念　互動聲息逃避追緝　高金清助理警監昨日談話指出　一般上私會黨活動已受控制〉。1969。《南洋商報》。7月11日。第5版。

〈騷亂白皮書已開始發售〉。1969。《南洋商報》，10月9日。第5版。

英文、馬來文書目

Abdul Aziz, Bari. 2003. *Malaysian Constitution: A Critical Introduction*. Kuala Lumpur: The

Other Press.

Amoroso, Donna J.. 2014. *Traditionalism and the Ascendancy of the Malay Ruling Class in Colonial Malaya*. Petaling Jaya and Singapore: SIRD and NUS press.

Anderson, Benedict. 1983. *Imagined Communities: Reflections on the Origin and Spread of Nationalism*. London: Verso.

Arendt, Hannah. 1973. *The Origins of Totalitarianism*. New York: Harcourt, Brace, Jovanovich.

Berlin, Isaiah. 1991. "The Bent Twig: On the Rise of Nationalism," in *Against the Current: Essays in the History of Ideas* (Henry Hardy ed.). Oxford: Oxford University Press.

Carstens, Sharon A. 2005. *Histories, Cultures, Identities: Studies in Malaysian Chinese Worlds*. Singapore: Singapore University Press.

Chander, R. (ed.). 1975. *The Population of Malaysia*, C. I. C. R. E. D.

Comber, Leon. *13 May 1969: A Historical Survey of Sino-Malay Relations*. Kuala Lumpur: Heinemann Educational Books Ltd., 1983.

Federal Constitution. 1999. *Federal Constitution*. Kuala Lumpur: International Law Book Services.

Federation of Malaya Constitutional Commission. 1957. *Report of the Federation of Malaya Constitutional Commission 1957*. Rome: Food and Agriculture Organisation.

Federation of Malaya. 1957. *Report of the Federation of Malaya Constitutional Commission*. Kuala Lumpur: Government Press, February.

Funston, John. 1980. *Malay Politics in Malaysia: A Study of UMNO and PAS*. Singapore: Heinemann Education Book Ltd.

Glad, Ingrid. 1998. *An Identity Dilemma: A Comparative Study of Primary Education for Ethnic Chinese in the Context of National Identity and Nation-Building in Malaysia and Singapore*. Oslo and Cambridge, Mass.: Scandinavian University Press.

Gray, John. 2000. *Two Faces of Liberalism*. Cambridge: Polity Press.

Gullick, J. M. 1969. *Indigenous Political Systems of Western Malaya*. London: University of London, Athlone Press.

Gullick, J. M. 1978. *Sistem Politik Bumiputera Tanah Melayu Barat* [馬來半島西部土著的政治制度]. Kuala Lumpur: Dewan Bahasa dan Pustaka.

Gulliver, P. H. 1995. *The Family Herds, A Study of Two Pastoral Tribes in East Africa, the Jie and Turkana*. London: Routledge and Kegan Paul Ltd.

Halbwachs, Maurice. 1992. *On Collective Memory*. Lewis A. Coser (ed. and trans.). Chicago: University of Chicago Press.

Harper, T. N.. 1999. *The End of Empire and the Making of Malaya*. Cambridge: Cambridge University Press.

Heng, Pek Koon. 1988. *Chinese Politics in Malaysia: A History of the Malaysian Chinese Association*. Singapore: Oxford University Press.

Huntington, Samuel P. 1971. "Political Modernization: America vs. Europe," *in Nation and State Building in America*. J. Rogers Hollingsworth (ed.). Boston: Little, Brown & Co., pp. 27-62.

Husin Mutalib. *Islam and Ethnicity in Malay Politics*. New York: Oxford University Press, 1990.

Kennedy, Joseph. 1993 (1962). *A History of Malaya* (third edition). Kuala Lumpur: S. Abdul Majeed Co..

Khor, Teik Huat. 2008. "Towards the Larger Objective of Malayan Independence: The Chinese Community and the Independence Movement," *Malaysian Chinese and Nation Building Before Merdeka and Fifty Years After*. Voon Phin Keong (ed.). V. 1: Historical Background and Economic Perspective. Kuala Lumpur: Centre For Malaysian Chinese Studies, pp. 85-128.

Kratoska, Paul, and Batson Ben. 1992. "Nationalism and Modernist Reform," in *The Cambridge History of Southeast Asia* (Nicholas Tarling ed.). Cambridge; New York: Cambridge University Press, 1992.

Kua, Kia Soong. 2007. *May 13: Declassified Documents on the Malaysian Riot of 1969*. Petaling Jaya: Suaram Komunikasi.

Kymlicka, Will. 2001. *Politics in the Vernacular: Nationalism, Multiculturalism and Citizenship*. New York: Oxford University Press.

Lee, Kam Hing and Heng Pek Koon. "The Chinese in the Malaysian Politics System," *The Chinese in Malaysia*. Lee Kam Hing and Tan Chee Beng (ed.). New York: Oxford University Press, 2000, pp. 194-227.

Loh, Francis Kok Wah. 2003. *The Marginalization of the Indians in Malaysia: Contesting Explanations and the Search for Alternatives*. James T. Siegel, and Audrey R. Kahin (eds.). *Southeast Asia over Three Generations: Essays Presented to Benedict R. O'G. Anderson*. Ithaca, New York: Cornell University Press. pp. 223-44.

Majlis Gerakan Negara (MAGERAN). 2008. *Laporan MAGERAN: Tragedi 13 Mei*. 〔國家行動理事會報告：五一三悲劇〕

Means, Gordon P.. 1991. *Malaysia Politics: The Second Generation*. Singapore: Oxford University Press.

Milne, R. S., and Diane K. Mauzy. 1982. *Politik dan Kerajaan di Malaysia* [馬來西亞政治與政府]. Kuala Lumpur: Dewan Bahasa dan Pustaka.

PMFCA. August. 1956. *Confidental Memorandum submitted to the Reid Constitutional Commission* (English Edition).

Ramlah Adam. 1992. *Dato' Onn Ja'afar: Pengasas Kemerdekaan* [拿督翁嘉法：獨立的奠基者]. Kuala Lumpur: Dewan Bahasa.

Ramlah Adam. 1994. *Ahmad Boestamam*. Kuala Lumpur: Dewan Bahasa dan Pustaka.

Ratnam, K. J. 1965. *Communalism and the Political Process in Malaya*. Kuala Lumpur: University of Malaya Press.

Roff, William. 1994. *The Origins of Malay Nationalism*. Kuala Lumpur: Oxford University Press.

Second Malaysia Plan, 1971-1975. 1971. Kuala Lumpur, Printed at the Government Press.

Shamsul, A. B.. 2004. A History of An Identity, An Identity of A History: The Idea and Practice of 'Malayness' in Malaysia Reconsidered," *Contesting Malayness: Malay Identity across Boundaries*. Timothy P. Barnard (ed.). Singapore: Singapore University Press, pp. 135-48.

Sheridan, L. A.. 1961. *The Federation of Malaya Constitution: Texts, Annotations and Commentary*, Singapore/New York: University of Malaya Law Review and Oceana Publication.

Sidhu, Manjit Singh, and Gavin V. Jones. 1981. *Population Dynamics in a Plural Society: Peninsular Malaysia*. Kuala Lumpur: UMCB Publication.

Slimming, John. 1969. *Malaysia Dealth of Democracy*. London: Fohn Murray.

Spinner, Jeff. 1994. *The Boundaries of Citizenship*. Baltimore: The Johns Hopkins University Press.

Stockwell, A. J.. 1992. "Southeast Asia in War and Peace: The End of European Colonial Empires," in *The Cambridge History of Southeast Asia* (Nicholas Tarling ed.). Cambridge; New York: Cambridge University Press, 1992.

Tamir, Yael. 1993. *Liberal Nationalism*. Princeton N.J.: Princeton University Press.

Tan, Chee Khoon. 1991. *From Village Boy to Mr. Opposition: An Autobiography*. Petaling Jaya: Pelanduk Publication.

Tan, Cheng Lock. 1947. Memorandum to Sir Samuel Wilson (December 1932). *Malayan Problems: From A Chinese Point of View*. Singapore: Tannsco, pp. 74-88.

Tan, Liok Ee 1997. *The Politics of Chinese Education in Malaya 1945-1961*. Kuala Lumpur: Oxford University Press.

Taylor, Charles. 1994. *The Politics of Recognition, Multiculturalism: Examining the Politics of Recognition* (Amy Gutmann ed. and intro.). Princeton, N.J.: Princeton University Press.

Tey, Nai Peng. 2004. "Causes and Consequences of Demographic Change in the Chinese Community in Malaysia," Voon Phin Keong (ed.). *Malaysian Chinese and Nation Building Before Merdeka and Fifty Years After, V. 1: Historical Background and Economic Perspective*. Kuala Lumpur: Centre For Malaysian Chinese Studies, pp. 15-48.

Tunku Abdul Rahman. 1969. *May 13: Before and After*. Kuala Lumpur: Utusan Melayu Press.

馬來文、英文期刊論文

Abdul Aziz, Bari. 2004. "The Evolution of Malaysian Constitutional Tradition," in ASLI Inaugural Conference.

Ainon Mohd. 2002. "Dasar dan Perlaksanaan Bahasa Melayu sebagai Bahasa Rasmi dan Bahasa Kebangsaan" [馬來文作為官方語文與國語之政策與執行]. *Kongres Bahasa Dan Persuratan Melayu IV*. Kuala Lumpur: Dewan Bahasa dan Pustaka, pp. 443-45.

Andre, James St.. 2006. "'You Can Never Go Home Again': Cultural Memory and Identity Formation in the Writing of Southeast Asian Chinese," *Journal of Chinese Overseas* 2.1 (May): 33-55.

Azmi Sharom. 2009. "Broken Promises: The Malaysian Constitution and Multiculturalism," Paper presented at "Revisiting Pluralism in Malaysia", a seminar organised by the South East Asian Studies programme. Singapore: National University of Singapore, 9-10 July.

Carstens, Sharon A.. 2003. "Constructing transnational identities? Mass media and the Malaysian Chinese audience," in *Ethnic and Race Studies* 26.2 (March): 321-44.

Chang, Wen-Chen (張 文 貞). 2008. "East Asian Foundations for Constitutionalism: Three Models Reconstructed," *National Taiwan University Law Review* 3.2: 111-41.

Freedman, Amy L.. 2001. "The Effect of Government Policy and Institutions on Chinese Overseas Acculturation: The Case of Malaysia," *Modern Asian Studies* 35.2 (May): 411-40.

Hirschman, Charles. 1986. "The Making of Race in Colonial Malaya: Political Economy and Racial Ideology," *Sociological Forum* 1.2 (Spring): 330-61.

Janet, Carsten. 1995. "The Politics of Forgetting: Migration, Kinship and Memory on the Periphery of the Southeast Asian State," *The Journal of the Royal Anthropological Institute* 1.2 (Jun): 317-35.

M. Elangko A/L Muniandy. 2015. "Perkembangan Sosioekonomi Masyarakat India Sebelum Dan Selepas Dasar Ekonomi Baru (1957-2000)," [新經濟政策前後的印度人社會經濟發展]. Tesis Ijazah Kedoktoran Universiti Sains Malaysia, Penang.

Masron, Tarmiji, Fujimaki Masami, and Norhasimah Ismail. 2013. "Orang Asli in Peninsular Malaysia: Population, Spatial distribution and socio-economic condition," *Journal of Ritsumeikan social Sciences and Humanities* 6: 75-115.

Mohamad Zahir Zainudin, and Roziah Omar. 2012. "Implementasi Dasar Sosial di Malaysia dan Indonesia: Perbandingan Konsep," [馬來西亞與印尼社會政策之實行：概念之比較]. *Journal of Human Capital Development* 5.2 (July-December): 27-45.

Nazri Muslim, Nik Yusri Musa dan Ahmad Hidayat Buang. 2011. "Hubungan Etnik Di

Malaysia Dari Perspektif Islam," [從回教視角論馬來西亞族群關係]. *Kajian Malaysia* 29.1: 1-28.

Shamsul, A. B.. 1997. "The Economic Dimension Of Malay Nationalism-The Socio-Historical Roots of the New Economic Policy and Its Contemporary Implications," *The Developing Economies* XXXV.3 (September): 240-61.

Shamsul, A. B.. 2002. "Text and Collective Memories: The Construction of 'Chinese' and 'Chineseness' from the Perspective of a Malay," International Conference on Ethnic/Race Relation and Nation-building in Singapore, Malaysia and Indonesia: The Case of Ethnic Chinese. 23 Nov.. Singapore: Mandarin Hotel, pp. 1-26.

Siddique, Sharon and Leo Suryadinata. 1981-1982. "Bumiputra and Pribumi: Economic Nationalism (Indiginism) in Malaysia and Indonesia," *Pacific Affairs* 54.4: 662-87.

Singh, Promod. 2019. *Indian And Chinese Diaspora in Malaysia. International Jounal of Scientific & Technology Research* 8.11 (November): 2065-2067.

Soenarno, RADIN. 1960. "Malay Nationalism, 1896-1941," *Journal of Southeast Asian History* I (March): 1-33.

Sundaram, Jomo Kwame. 2004. "The New Economic Policy and Interethnic Relations in Malaysia," Identities, Conflict and Cohesion Programme Paper. Number 7. September. United Nations Research Institute for Social Development.

Tan, Chee Beng. 2000. "Ethnic Identities and National Identities; Some Examples from Malaysia," *Identities* 6.4: 441-48.

Tan, Yao Sua. 2015. "Education Language Policy and the Development of Chinese Education in Malaysia,"《2014年第二屆馬來西亞華人研究國際雙年會論文集》。吉隆玻：華社研究中心。頁43-45。

Thomas, Tommy. 2007. "The Social Contract: Malaysia's Constitutional Conenant," 14th Malaysian Law Conference.

馬來文、英文報刊

"600 lagi penjahat komunis di-berkas," [再有600馬共歹徒被捕]. 1969. *Berita Harian*, 19 May, p. 1.

Al-Ikwan, 16 Feb. 1931.

Azly Rahman. 2008. "A Malay view of 'Ketuanan Melayu'", http://azlyrahman-illuminations. blogspot.com/2008/02/155-malay-view-of-ketuanan-melayu.html (4 Feb).

"Beribu2 berebut2 membeli akhbar," [上千人爭購報紙]. 1969. *Berita Harian*, 19 May, p. 1.

"Blazing the trail for umno and mnp," 1948. *The Straits Times*, 27 Jan, p. 6.

Farish A. Noor. 2008. "The perils of assimilationist politics," *Aliran*.

"Hamzah: anasir2 jahat sibar khabar2 angin," [韓沙：壞份子散播謠言]. 1969. *Berita*

Harian, 18 May, p. 1.

"Konsep kesemarataan DAP akan sebabkan yang tercicir makin ketinggalan," [民主行動的平等概念將導致落後者更滯後]. 2013. *The Malaysianinsider*, 21 April.

"Laporan wartawan-wartawan asing-Tengku merasa dukacita," [東姑對外國新聞記者的報導感到難過]. 1969. *Berita Harian*, 19 May, p. 2.

"Mahkamah dapat \$11700 dari wang2 denda berkurung," [法庭從違反戒嚴令罰款中獲得11700馬幣]. 1969. *Berita Harian*, 21 May, p. 6.

"Malays are not immigrants, says Dr M 2011," *Malaysian Insider*, 4 March.

"NGO bidas Lian Hoe," [非政府組織批評蓮花]. 2008. *Utusan Melayu*, 13 Oct.

Nik Nazmi Nik Ahmad. 2008. "Dilema tongkat Melayu," [馬來人的拐杖困境]. *Malaysian Insider*, 9 October.

"Penghijrahan Melayu dalam zon budaya sendiri." [馬來人在自身的文化區遷徙]. 2008. *Utusan Melayu*, 15 Oct.

"Polis diberi kuasa tanam mayat korban kekacauan," [警察被賦權埋葬騷亂犧牲者]. 1969. *Berita Harian*, 21 May, p. 2.

"Ramai lagi anasir-anasir komunis diberkas. berkurung kendor lagi," [更多共產份子被捕. 戒嚴令再放寬]. 1969. *Berita Harian*, 20 May, p. 1.

Shanon Shah. 2008. "Ketuanan Melayu rebutted," *The Nut Graph*, 24 Nov.（http://www.thenutgraph.com).

"Tengku: Ada 3 golongan yang mencetuskan kekacauan," [三個集團激發騷亂]. 1969. *Berita Harian*, 19 May, p. 2.

The Straits Times. 19 May 1969.

Utusan Melayu, 10 September 2008.